SPSS 및 R을 활용한 연구조사 데이터 분석

'유의성 검정 사례 중심'

이은수 김상우
전희주 김종호

한나래 아카데미

SPSS 및 R을 활용한 연구조사 데이터 분석
'유의성 검정 사례 중심'

2026년 1월 10일 1판 1쇄 박음
2026년 1월 15일 1판 1쇄 펴냄

지은이 | 이은수, 김상우, 전희주, 김종호
펴낸이 | 조광재

펴낸곳 | (주) 한나래아카데미
등록 | 1991. 2. 25. 제2011-000139호
주소 | 서울시 마포구 토정로 222, 한국출판콘텐츠센터 418호
전화 | 02) 738-5637 · 팩스 | 02) 363-5637 · e-mail | hannarae91@naver.com
www.hannarae.net

ISBN 978-89-5566-049-4

본서의 저술 목적

본서는 마케팅리서치 및 사회여론조사 실무자, 설문조사를 이용한 각종 연구논문을 쓰는 학계의 연구자들을 대상으로 저술하였다. 본서의 저자들은 20~30년 기간 설문조사 및 마케팅 데이터 분석, 연구논문을 위한 설문조사 데이터 분석 분야에서 실무 및 컨설팅, 대학 강의 등을 진행하였다. 저자들은 그동안 겪은 노하우와 경험을 바탕으로 표본조사 및 설문조사를 진행하는 실무자와 연구자들이 어려움에 부딪치거나 시행착오를 겪는 상황들에 대해서 사례 중심으로 설명을 제시하여 자그마한 도움이 되고자 하는 목적으로 저술하였다.

대부분의 설문조사는 표본조사이다. 제품 테스트, 시장상황 진단, 광고효과 조사, 시장세분화 및 표적시장 선정 조사, 고객만족도 조사 등의 마케팅 조사나 사회적 이슈 및 정치여론조사를 진행하는 업계나 각종 연구논문을 위한 설문조사를 진행하는 대부분은 표본조사이다. 따라서 표본에 의한 표본오차가 발생하고 이에 따라 표본조사 결과를 모집단의 실제 현상으로 일반화해도 되는가를 확인·검증하기 위하여 가설을 설정하고 이러한 가설에 대한 통계적 검정이라는 과정을 거치는 것이 필요하다.

현재 설문조사를 전문으로 진행하는 실무자들의 조사설계와 측정 척도에 따른 가설검정 방법의 유형 및 특징에 대한 이해가 다소 부족하며 이러한 통계적 유의성 검정이 거의 확인되지 않은 상태에서 확률적 근거 없이 보고서가 작성되고 제출되고 있는 것이 대부분 업계의 안타까운 현실이다.

또한 학계의 연구자들은 연구가설을 설정하고 그에 적합한 설문지를 작성하여 데이터를 수집하고 분석하여 가설을 검정하는 과정에서 연구가설에 적합하지 않은 설문지 척도(질문방법)를 사용하기도 한다. 그에 따라 연구목적에 맞는 통계적 분석방법을 사용할 수 없어 연구를 포기하거나 심지어는 논문 제출일에 맞추기 위해서 데이터의 상태에 맞게 연구가설을 변경하는 상황도 종종 목격된다.

한편, 조사설계와 통계적 분석방법이 잘못되거나 다소 단편적인 검정을 통해 결론을 도출하고 보고서나 연구논문을 작성함으로 인해 모집단의 실질적인 현상과 전혀 다른 결론을 도출하는 경우도 종종 발견된다. 예를 들면 출시하지 말아야 할 신제품을 출시하거나 출시해야 할 신제품을 출시하지 않아서 고객사 또는 기업에 치명적인 손해를 끼치거나, 또는 사회적 이슈에 대한 여론조사 결과를 잘못 분석해서 막대한 정치/사회적 기회비용을 초래할 수 있다.

본서는 업계나 학계의 연구자들이 설문조사를 통한 표본조사를 진행하는 과정에서 반드시 알아야 하는 조사설계별, 척도유형별 연구가설에 대한 통계적 검정방법들의 특징 및 진행방법을 매뉴얼 방식으로 소개하여 연구자들에게 작은 도움이 되고자 하는 목적으로 저술되었다.

조사설계에 따른 검정의 유형은 크게 다섯 가지 방법으로 나눌 수 있다. ① 단일집단의 평균 및 비율 검정, ② 독립적인 2집단에 대한 평균 및 비율차이검정, ③ 2집단 대응표본의 평균 및 비율차이검정, ④ 3개 이상 독립 집단들의 평균 및 비율차이검정, ⑤ 3개 이상 대응표본의 평균 및 비율차이검정으로 나눌 수 있다.

한편, 설문조사에서 사용하는 척도는 크게 4가지로 나눌 수 있는데 ⓐ 비율 척도, ⓑ 등간 척도, ⓒ 순서형 척도, ⓓ 명목형 척도이며 비율 척도와 등간 척도는 계량형 척도이고 순서형 척도와 명목형 척도는 비계량형 척도이다. 각 척도의 특징 및 조사 설계방법에 대해서는 본문에서 자세히 설명한다.

본서는 각각 조사설계 유형과 질문 척도 유형별 조합의 가설 검정방법을 SPSS와 R 프로그램을 이용해서 매뉴얼 방식으로 실제 조사 사례 데이터를 분석하는 과정을 제시하고 있다. 독자들은 각자의 연구 환경에 따라서 SPSS나 R 프로그램 중 편의대로 공부하고 사용하면 될 것이다.

부디 조사연구를 하는 업계 및 학계 연구자들에게 조그마한 도움이 된다면 저자들에게는 큰 감사와 보람이 될 것이다.

늦은 2025년

저자들

본서의 구성 및 사용방법

본서는 총 4개의 절과 20개 장으로 구성되어 있으며 조사설계 유형에 따른 척도 유형별로 사례 데이터를 제시하고 SPSS와 R 프로그램을 이용해서 분석 및 가설검정 방법을 매뉴얼 형식으로 설명한다.

SPSS의 경우 분석 메뉴 또는 탭을 선택해서 대화창이 나타나면 분석하고자 하는 통계량과 옵션을 선택하는 방식으로 진행된다. 그러나 R 프로그램은 분석을 위해 직접 코드를 작성해야 하므로 기본 문법에 대한 이해 및 숙지가 필요하다. 따라서 본격적인 내용을 설명하기 이전에 R 프로그램 설치 및 이용방법, 기본 명령어에 대한 내용을 앞부분 '제 0장. R 설치 및 기본 명령어'에서 설명한다.

'제 1부 표본조사 및 가설검정'에서는 표본조사의 개념과 표본오차, 가설검정의 개요 및 필요성, 척도 유형 및 조사설계에 따른 가설검정 방법과 특징에 대해서 소개한다.

'제 2부 계량형 척도의 가설 검정'에서는 비율 척도와 등간 척도의 가설검정 방법으로 단일집단, 2개 집단, 3개 이상 집단들의 평균 차이에 대한 유의성 검정과 공분산분석, 이원분류 분산분석에 대해서 설명한다.

제 3부와 제 4부에서는 단일집단, 2개 집단, 3개 이상 집단들의 명목형 변수 검정과 비모수 검정에 대해서 설명한다. 비모수 검정은 설문조사에서 비계량형 척도인 순서형 변수, 범주형 변수에 사용하거나 또는 등간/비율 척도의 정규성 가정에 어긋날 때 사용하지만, 본서는 설문조사에 주로 사용되는 리커트 척도의 경우 정규성 가정이 기각되는 사례를 주로 설명한다.

각 장에서는 먼저 SPSS의 예제 데이터를 제시한 뒤, 해당 예제를 바탕으로 검정하고자 하는 가설을 설정하고, SPSS를 활용한 검정 절차를 소개한 후, 결과 해석 방법을 설명한다. 다음은 해당 예제에 대해서 R 프로그램을 이용해서 가설 검정하는 프로그램을 제시한 후 각 명령어에 대한 설명을 부연하였다.

결과물에 대한 해석은 SPSS에서 먼저 자세히 설명을 하지만 R 프로그램을 이용하는 독자들을 고려하여 중요한 결과물은 다시 반복하여 설명을 하였다.

단 평균, 분산, 표준편차 등의 기본적 통계 용어와 그밖에 기초통계에 대한 개념을 별도로 설명하지 않았다. 이는 이 책을 읽는 사람이 이미 어느 정도의 기초 통계에 대한 이해가 있는 상황에서 연구가설을 설정하고 이를 분석/검정하고자 하는 사람일 것으로 추측되기 때문이다. 그러나 표본오차 및 가설검정에 대한 가장 기본적인 개념은 제 1부에서 간략히 설명을 해 놓았다.

본서는 처음부터 끝까지 순서대로 보아야 할 필요는 없을 것으로 보인다. 다만 표본오차와 유의확률, 유의수준, 신뢰수준 등에 대한 기본 개념이 필요하신 독자들은 반드시 제1부의 1장과 2장을 학습한 다음에 제2부 이후 필요한 내용을 찾아서 학습하면 되고 제1장과 2장에 대한 기본 개념에 대한 이해가 이미 갖추어진 독자는 제 2부부터 목차를 보고 필요한 내용을 찾아서 학습하면 될 것이다.

본서에 사용된 모든 예제는 출판사 홈페이지(www.hannarae.net)에서 다운받을 수 있다.

실무와 학계에서 연구활동을 하시는 분들에게 작은 도움이 되기를 기원한다.

목차

제 3 부 | 명목형 척도의 가설 검정

제 4 부 | 비모수 가설 검정

CHAPTER

0

R 및 R studio 설치 및 기본 사용법

R 소프트웨어는 통계적 분석을 위한 프로그래밍 언어로서, 다양한 통계적 분석을 위한 오픈소스 형태의 라이브러리를 제공하고 있으며 지속적으로 발전하고 있다. 본서에서 다루는 다양한 형태의 리서치 데이터에 대한 가설검정은 기본적인 통계 분석 지식 및 경험을 갖춘 분들이 관심을 가지는 영역이지만 R을 이용한 분석은 익숙하지 않을 것으로 가정하고 설치 방법 및 사용법을 설명하고자 한다.

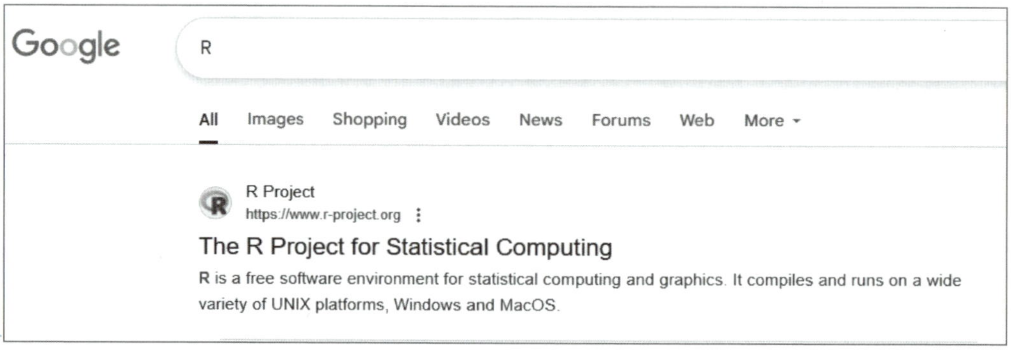

[그림 0-1] 구글 검색 화면

먼저 R을 다운로드받고 설치하기 위해 https://www.r-project.org/ 사이트에 접속한다. 또는 구글 등 검색엔진을 통해 해당 사이트 URL을 클릭하여 접속할 수 있다.

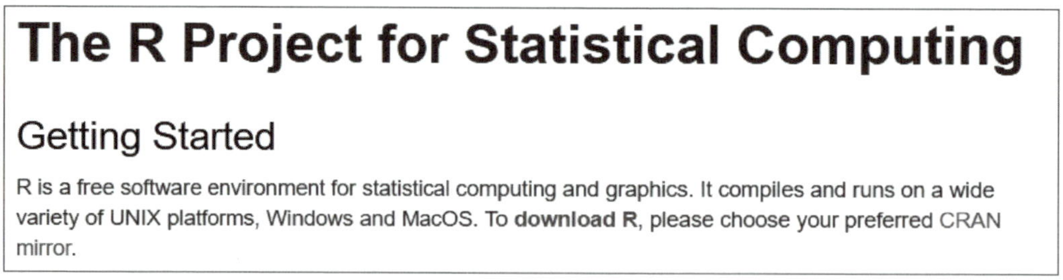

[그림 0-2] R 사이트 화면 일부

사이트에 접속하게 되면 R과 관련된 다양한 정보를 확인할 수 있다. 다운로드를 받기 위해서는 화면 상단에 보이는 "download R–"이라고 보이는 링크를 클릭하면 된다. 클릭을 하게 되면 여러 미러 사이트(전 세계에 분산된 R 공식 저장소(CRAN)의 복사본 서버를 의미)를 확인할 수 있으며, 그중 하나를 클릭한다.

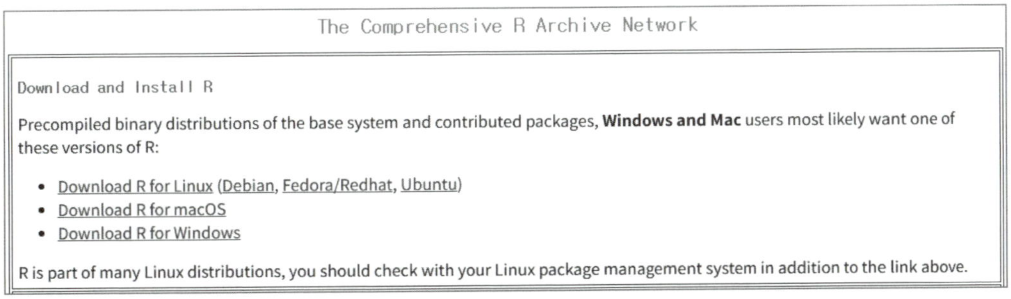

[그림 0-3] R 다운로드 화면

Linux, macOS, Windows에 적합한 R 설치를 제공하고 있으며, 사용자의 컴퓨터 OS 환경에 맞는 버전을 찾아 다운로드를 받아 설치하면 된다. 여기서는 Windows OS 환경을 기준으로 설명을 이어 나가고자 한다. 해당 페이지는 https://cloud.r-project.org/ 를 이용하여 바로 접속할 수도 있다.

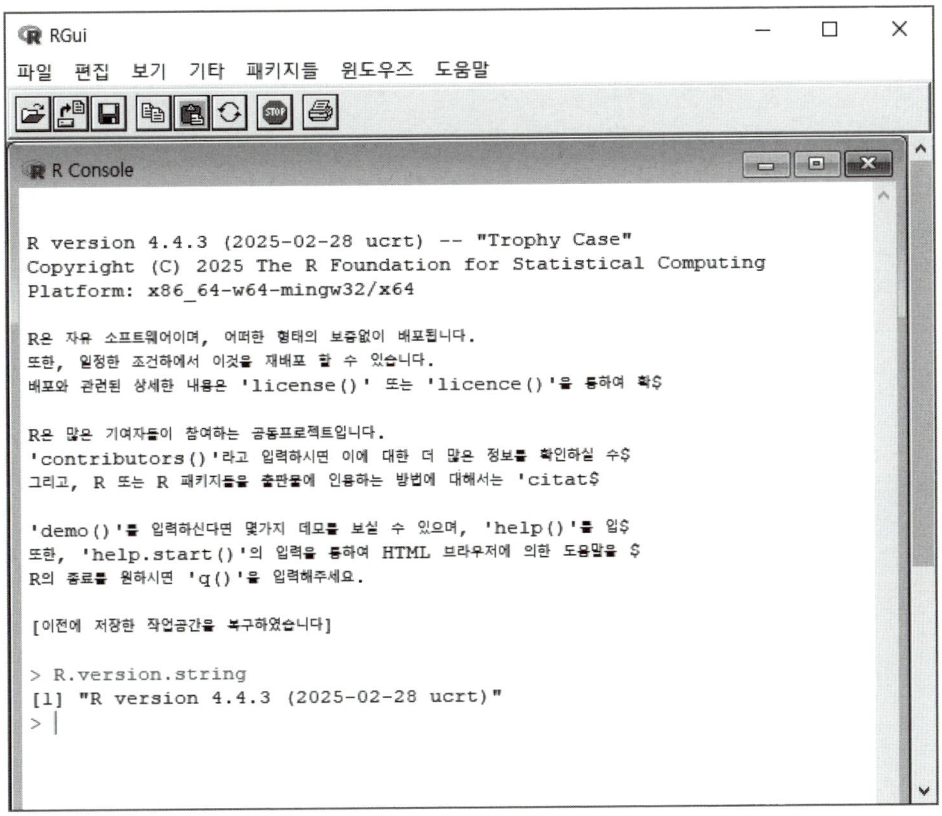

[그림 0-4] RGui 화면

R을 설치한 후 시작 메뉴를 통해 R을 찾아서 클릭하거나, 윈도우 탐색기 등을 통해 설치된 R의 경로를 찾아 들어가 직접 실행 파일 Rgui.exe(R기본 GUI)를 실행하면 R 콘솔(Console) 화면이 [그림 0-4]와 같이 나온다. R 콘솔에서는 기본적으로 하나의 명령어를 “>” 기호 형태로 나오는 프롬프트(prompt) 뒤에 입력을 하고 엔터 키를 누르면 실행되는 구조를 가진다. 예를 들어, 여기서는 R.version.string 명령어를 실행시켜 현재 사용하는 R의 버전을 확인해 볼 수 있으며 그 결과 4.4.3 버전의 R이 설치되어 있음을 확인해 볼 수 있다. 하지만 R 콘솔에서는 여러 개의 명령어를 한번에 실행시키거나 작업 중에 과거의 명령어를 다시 불러와 사용하는 등의 작업을 할 때 인터페이스가 불편한 점이 있다. 이러한 점을 고려하여 많은 사용자들이 선호하는 R studio를 사용하여 이 책에서 다루는 분석을 진행하고자 한다. R studio는 「https://posit.co/download/rstudio-desktop」 사이트에 직접 접속하거나 구글 등에서 R studio를 검색하여 사이트 접속하여 다운로드 받을 수 있다.

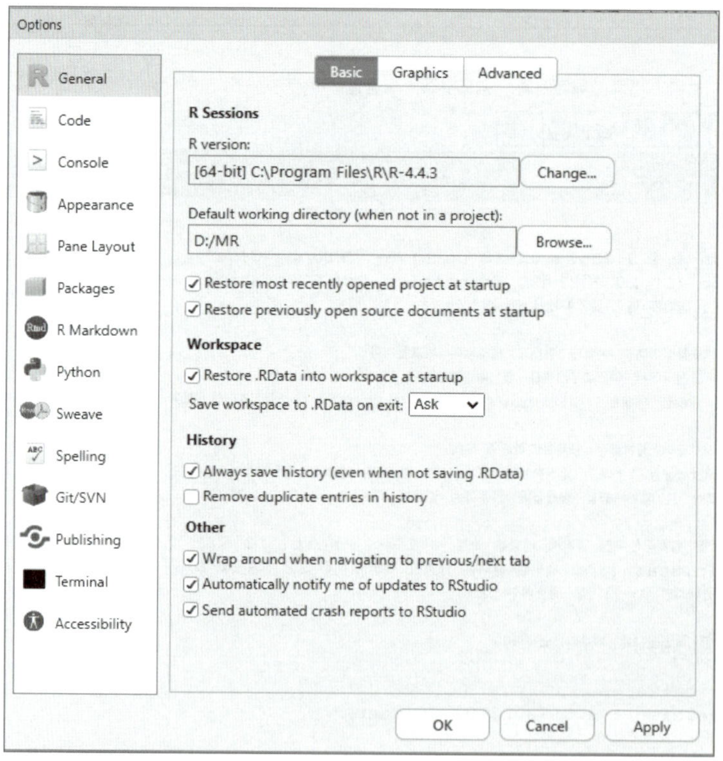

[그림 0-5] R studio tools > Global options 화면

R studio를 실행시키면 여러 개의 창(pane)이 기본적으로 나눠져 있으며, 콘솔(Console), 프로그래밍(Source) 등이 4분할되어 보이게 된다. R studio에서는 다양한 분석 환경을 제공하며, 메뉴바 『Tools > Global options』를 클릭하여 [그림 0-5] 화면에서 사용자 맞춤형으로 환경을 설정할 수 있다. 먼저 General 옵션을 보게 되면 현재 연결되어 있는 R 버전을 확인할 수 있으며 여러 개의 버전이 설치되어 있다면 Change 버튼을 클릭하여 원하는 버전으로 바꿀 수 있다.

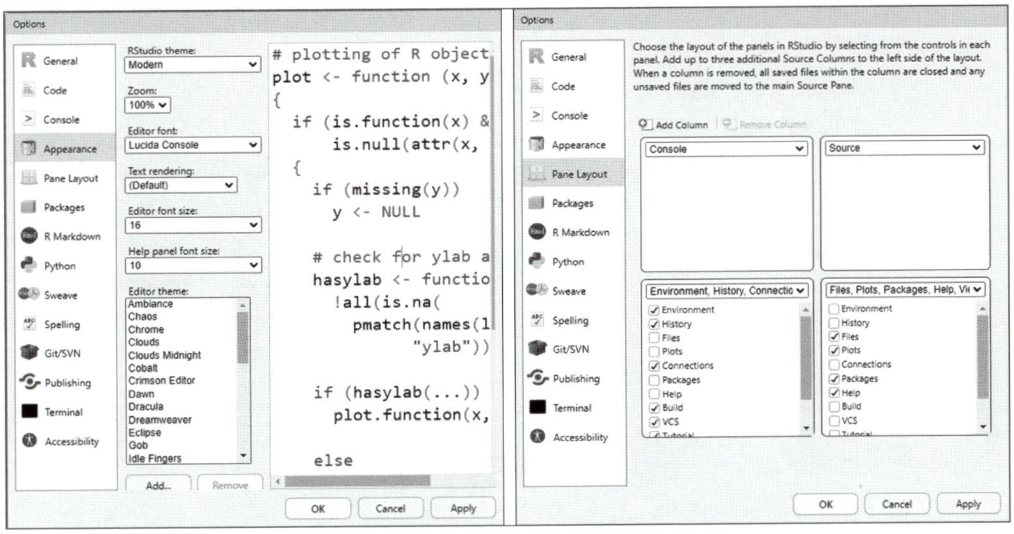

[그림 0-6] Options 내 Appearance 및 Pane Layout 화면

Appearance 옵션은 프로그래밍과 인터페이스의 시각적 스타일을 설정하는데 도움을 주는 메뉴이며, Pane Layout 옵션은 사용자가 원하는 대로 화면 구성을 하는데 도움을 준다.

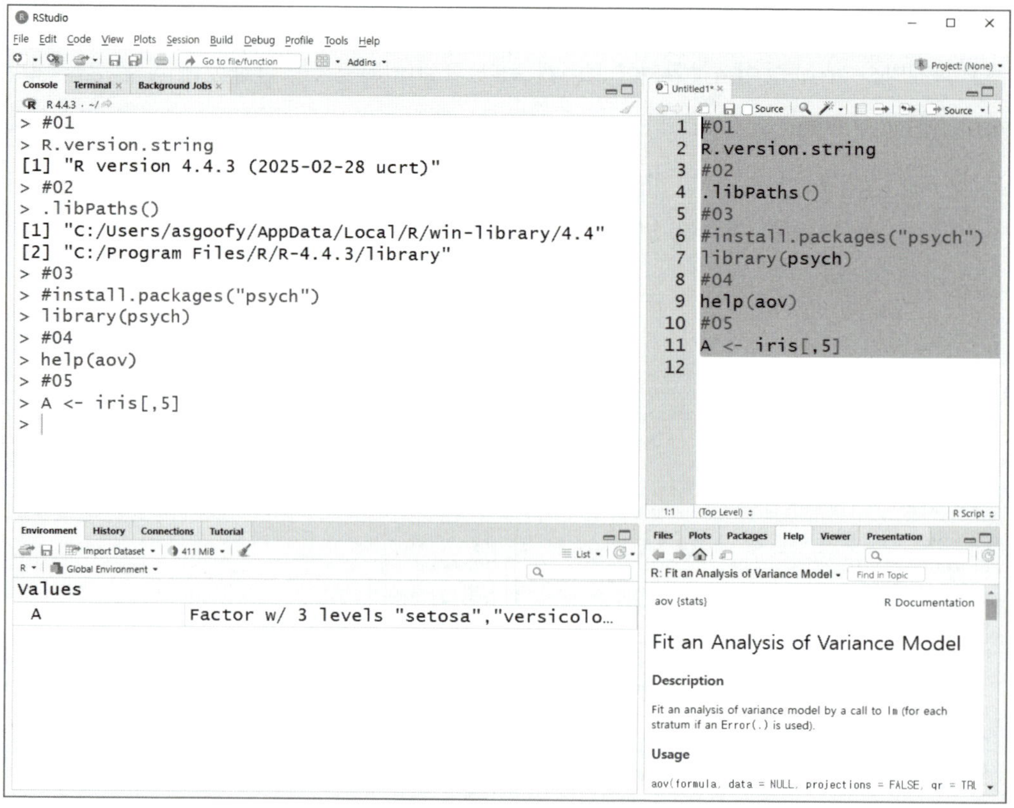

[그림 0-7] R Studio 화면

기본적인 프로그래밍 방법에 대해서 설명하고자 한다. R Studio 콘솔 창에 직접 명령어를 입력한 후 실행시켜도 되지만, 일반적으로는 프로그래밍(Source) 창(화면 우측 상단)에 사용자가 원하는 명령어를 입력하고 『Ctrl + Enter』 키를 눌러 실행결과를 콘솔 창에서 확인하는 형태로 사용한다. 또한 실행을 원하는 여러 개의 명령어를 『Shift + 방향키』를 이용해 선택하거나 마우스 드래깅(마우스 왼쪽 버튼을 누른 상태에서 원하는 구역을 선택하는 방법)을 통해 원하는 구역만큼을 선택한 후 『Ctrl + Enter』 키를 눌러서 한꺼번에 모든 명령어를 실행할 수 있다. 그럼 5개의 명령어를 통해 기본적인 R 사용법에 대해서 살펴보고자 한다. "#"으로 시작하는 내용은 주석에 해당하는 내용으로 실행되지 않는다. 하지만 주석은 프로그램에 대한 설명, 메모, 참고사항을 작성하여 프로그램에 대한 이해도를 높이고 타 사용자가 알아볼 수 있도록 해주어 매우 유용하다.

#01 : R.version은 R에서 제공하는 시스템 정보 객체로, 현재 실행 중인 R에 대한 다양한 메타정보를 담고 있는 리스트(list)이다. R.version.string 명령어를 통해 리스트 내용 중에 사용하는 R의 버전을 확인할 수 있다.

#02 : .libPaths 명령어는 R에서 패키지 라이브러리 경로를 확인하거나 설정하는 데 사용하는 함수이다. 즉, R이 패키지를 어디에 설치하고, 어디서 불러오는지를 관리할 수 있다.

#03 : R에서 제공하는 기본 라이브러리 외에도 오픈 소스로 개발된 다양한 분석용 라이브러리를 사용할 수 있다. 해당 라이브러리를 사용하기 위해서는 먼저 install.packages 명령어를 통해 해당 패키지를 설치해야 하며 쌍따옴표 또는 따옴표 안에 해당 패키지의 이름을 입력하는 형태로 사용한다(예. install.packages("psych")). 또한 메뉴『tools → install packages...』를 통해서도 설치할 수 있다. 한 번 설치된 패키지에 내장된 라이브러리를 사용하기 위해서는 library 명령어를 통해 활성화(active)를 해야 한다(예. library(psych)).

#04 : help 또는 ?명령어를 통해 사용하고자 하는 명령어의 사용법 및 예시 등을 확인할 수 있다. 예를 들어, help(aov) 또는 ?aov를 실행하면 aov 명령어에 대한 사용법을 우측 아래쪽의 설명 창을 통해 확인할 수 있다.

#05 : R에서의 기본적인 프로그래밍 방법은 할당(assign) 개념을 이해하는 것이며, 이때 사용하는 핵심 기호가 바로 "<−" (할당 연산자)이다. 즉, 기호의 오른쪽 부분에서 작업한 내용을 기호의 왼쪽에 할당하는 형태이다. 예를 들어, A <− iris[,5]의 의미는 iris (내장되어 있는 데이터) 데이터에서 다섯 번째 열만을 가지고 와서 A에 할당한다는 의미이다. 만약 다섯 번째 행만을 A에 할당하고 싶다면 A <− iris[5,] 형태로 프로그래밍을 하면 된다.

이번 책은 조사 연구자를 위한 통계적 가설검정에 초점이 맞추어져 있어서 R에서 제공하는 라이브러리 및 명령어의 기본적인 활용에 초점이 맞추어져 있다. 책에 나와 있는 가설검정에 대한 R 프로그램을 직접 실행하고 분석 결과를 해석하다 보면 그 재미와 함께 실력이 더욱 더 향상되리라 믿으며, 다음 장부터는 이 기초 위에 실제 데이터를 불러오고 분석하는 방법을 설명하고자 한다.

PART

1

표본조사 및 가설 검정

CHAPTER

1

표본조사 개요

1-1 | 표본조사 정의

연구가설의 검정을 논하기 이전에 먼저 표본 조사에 대한 개념을 짚어 보고자 한다. 우리는 자연적 현상이나 사회적 인식에 대한 일정한 법칙(경향, 가설)을 설정하고, 그 가설을 확인하기 위해 통계학이라는 언어와 데이터를 사용한다. 이때, 특정 현상이나 이슈에 관심이 있는 집단의 전체를 관찰하거나 파악하기에는 시간과 비용 또는 기타 현실적 제한 때문에 어려움이 많거나 불가능하다. 따라서 전체 대상 집단의 일부인 표본을 대상으로 조사 또는 관찰하여 얻은 표본의 특성치(통계량, statistic)로 전체 집단의 특성(모수, parameter)을 추정한다. 또한, 이러한 표본의 특성치를 모집단의 특성치로 일반화해도 되는가를 확인하기 위하여 가설 검정이라는 단계를 거친다.

예를 들면, A 통신사에서 제공하는 서비스에 대한 만족/불만족 정도를 파악하기 위해 A 통신사 고객들을 대상으로 고객만족도 조사를 진행한다고 가정하자. 이때 수천만 명이 넘는 A 통신사 고객 전체를 대상으로 조사를 진행할 수 없으므로, 표본 조사를 진행하기 위하여 먼저 표본을 추출할 표본(표집) 모집단을 정의한다.

관심이 있는 전체 집단은 A 통신사를 가입하여 사용하고 있는 모든 고객이지만 실제 표본 조사를 진행할 집단은 "**수도권에 거주하면서, 해당 통신사를 3개월 이상 사용한 고객**"이라고 정의하는 방식이다. 통신사에서 제공하는 서비스의 품질 및 이에 따른 고객들의 만족/불만족 정도가 수도권과 비수도권의 차이가 없다는 가정하에 비용/시간 효율성 등을 고려하여 수도권에서만 조사를 진행하고, 해당 통신 서비스를 최소한 3개월 이상은 사용해 본 사람이 서비스 품질에 대한 고객만족도 질문에 응답할 수 있을 것이라는 판단하에 표본을 추출할 집단의 특성을 정의한다.

이렇게 **관심 있는 대상인 전체 집단을 대상 모집단**(target population)이라 하고, **표본을 추출할 모집단을 표본 모집단 또는 표집 모집단**(sampled population)이라 하며 **표집 모집단은 대상 모집단의 전체 또는 일부**가 될 수 있다. 이때, 표본 모집단의 특성(정의)은 필요한 몇 가지 조건을 충족하여야 하는데, ① 모집단의 특성을 대표할 수 있어야 하며, ② 접근 조사가 가능해야 하고, ③ 조사된 결과를 확인하는 검증이 가능한 집단이어야 한다. 이에 대한 자세한 내용은 조사연구 방법론 서적을 참고하도록 하고, 본서는 연구방법론 서적이 아니므로 이에 대한 자세한 설명은 생략한다.

표집 모집단의 특성이 정의되면 표본을 추출하는데, 연구 조사의 목적과 환경, 모집단의 특징에 따라 구체적 표본추출법, 표본크기, 표본추출 프레임(frame) 등을 결정해야 하며, 이러한 요인들에 의해 연구 조사 결과가 매우 민감하게 영향을 받으므로 유의해야 한다.

표집 모집단 중 500명의 고객(표본)을 추출한다고 가정하고, 표본을 대상으로 고객만족도 조사를 실시한다. 이렇게 얻은 점수(표본의 고객만족도 점수)로 전체 모집단의 고객만족도 점수를 추정하는데, 이때, 표본 고객 500명의 고객만족도 점수와 같은 표본의 특성치를 통계량(statistic)이라 하며, 전체 고객의 고객만족도 점수와 같은 모집단의 특성치를 모수(parameter)라고 한다.

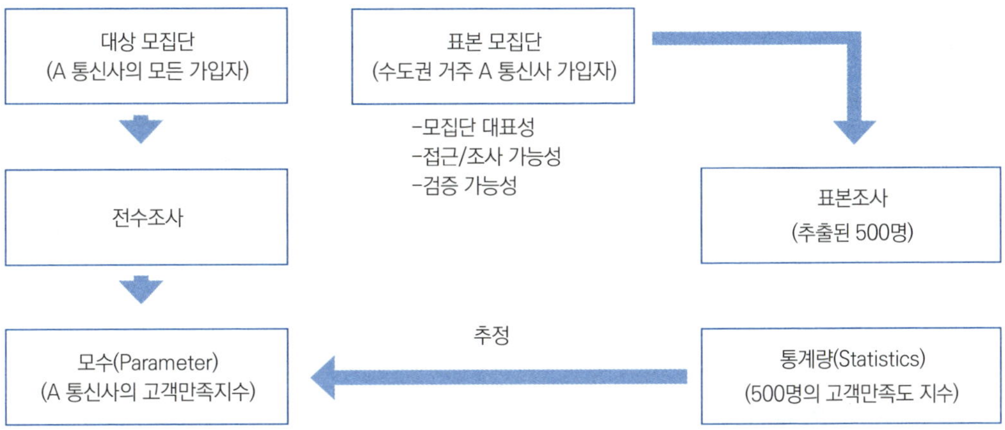

즉, **표본조사란 관심이 있는 전체 집단인 대상 모집단**(target population)**으로부터 표집 모집단**(sampled population)**의 특성을 정의하고, 표집 모집단으로부터 표본을 추출하여, 표본조사를 통해 얻은 표본**(sample)**의 특성치인 통계량**(statistic)**으로 모집단의 특성인 모수**(parameter)**를 추정**하는 과정이라 할 수 있다.

여기서 모집단의 특성치인 모수는 고정된 상수, 즉, 변하지 않고 고정된 미지(unknown)의 상수(constant)인 반면, 표본의 특성치인 통계량은 측정 가능(measurable)하지만 측정할 때마다 수치가 변할 수 있는 기지(known)의 변수(variable)이다.

예를 들어, A 통신사에서 500명씩 n번 반복해서 표본을 추출하여 고객만족도 조사를 진행한다고 할 때, n개의 표본에 의한 각각의 고객만족도 점수가 모두 다를 가능성이 있는 것이며, 이는 표본을 추출하는 과정에서 발생하는 표본오차와 연구 설계 및 조사 진행, 분석 과정에서 발생하는 비표본오차에 기인한다.

1-2 | 표본오차와 비표본오차

이처럼 조사 연구에서 진행하는 표본 조사에는 표본오차와 비표본오차가 발생한다. 특히 사회과학에서 많이 사용하는 설문조사는 비표본오차와의 싸움이라고 할 수 있는데, 조사 설계(표본 설계, 조사 방법 결정, 설문지 작성 등), 자료 수집(응답자 오류와 조사자 오류 등), 자료 처리(코딩, 데이터 에디팅, 자료 입력 등), 통계분석(통계적 분석방법 선택, 분석 옵션 선택 등) 등 전 과정에서 야기될 수 있는 수많은 비표본오차를 줄이는 것이 핵심이기 때문이다.

비표본오차는 전수조사에서도 발생 가능한데, 무엇보다 그 크기가 어느 정도인지 측정이 불가하다는 것에 유의해야 한다. 즉, 조사 설계, 데이터 수집, 데이터 처리, 분석 등 전 과정에서 발생하는 비표본오차를 줄이는 것이 연구 조사의 핵심임에도 그 크기의 측정이 불가하므로 최대한 원칙적으로 모든 과정을 관리하는 것이 설문조사에서 가장 중요하다고 할 수 있다.

일반적으로 **표본 수를 결정할 때, 표본 수와 표본오차의 관계만을 고려하여 허용할 수 있는 오차의 크기에 따라 표본 수를 결정**한다. 그러나, **설문조사에서는 동일한 표본 수라도 해도 비표본오차의 크기에 따라 데이터의 안정성이 달라**진다. 따라서, **비표본오차의 크기를 측정할 수는 없지만, 최대한 원칙적으로 관리하여 비표본오차 크기를 줄이면 데이터 안정성을 담보할 수 있는 최소한의 표본 수가 달라질 수도** 있다.

반면, 표본오차란 모집단의 일부인 표본을 추출하는 과정에서 발생하는 오차로 앞서 A통신사의 예를 들면 표본을 추출하는 과정에서 해당 통신사의 서비스에 만족하는 사람이 조금 많이 추출될 수도 있고, 조금 더 적게 추출될 수도 있으며 이에 따라 고객만족도 점수가 영향을 받을 것이다. 이렇게 표본을 추출하는 과정에서 발생되는 오차를 표본오차라고 한다.

한편, 이러한 표본오차의 크기를 무한정 가정할 수 없으므로 일정한 확률적 근거하에 표본오차의 범위를 제한하는 데 이를 표본오차한계라고 한다.

표본오차한계는 표본크기 및 신뢰수준 등에 의해서 영향을 받는다. 표본의 크기와 신뢰수준이 결정되면 수리적으로 표본오차한계를 구할 수 있으며, 이러한 표본오차는 모집단 전체를 대상으로 하는 전수조사에서는 발생하지 않는다.

표본오차	비표본오차
모집단의 일부인 표본을 추출하는 과정에서 발생하는 오차	조사 설계, 자료 수집, 자료 처리, 분석 과정에서 발생하는 오차
전수조사에서 발생하지 않음	전수조사에서도 발생
측정 가능	측정 불가능
표본 설계 및 표본크기에 의해 줄일 수 있음	조사 설계, 자료 수집, 분석의 정교한 관리로 줄일 수 있음
	비표본오차를 줄이면 유의한 표본의 크기도 줄일 수 있음

전수조사일 경우는 집단 간 평균이나 비율 등의 수치가 아주 미세한 차이만 있어도 모집단의 현상으로 규명해도 된다고 하지만, 비표본오차가 고려되지 않았기 때문에 해석에 유의할 필요가 있다. 표본오차는 표본의 크기에 매우 민감하게 반비례하므로 표본오차와 표본크기의 관계 및 표본오차의 의미에 대해 간단히 살펴보자.

1-3 | 표본수와 표본오차

크기가 n 인 표본을 대상으로 대통령 지지 여부를 질문하여 x 명이 지지한다고 응답하였으면 표본의 대통령 지지율은 x/n 이 될 것이다. 이때, 표본의 지지율을 $p(=x/n)$, 모집단(전체 국민)의 지지율을 P라 한다면 표본의 비율 p로 모집단의 비율 P를 추정하게 된다.

> 통상적으로 표본의 비율을 소문자 p, 모집단의 비율을 대문자 P로 표현한다. 즉, 500명의 표본을 추출하여 질문한 결과 이 중 350명이 지지한다고 응답하였다면 표본의 대통령 지지율은 p = 350/500 = 0.7(70%)이고, 전체 국민의 대통령 지지율이 P = 70%일 것으로 추정하는 것이다.

이번에는 또 다른 500명의 표본을 추출하여 질문한 결과 300명이 지지한다고 응답하였으면 p = 300/500 = 0.6(60%), 즉, 전 국민의 60%가 대통령을 지지한다고 추정할 수 있다. 이렇게 동일한 집단으로부터 동일한 표본 수를 추출하여 동일한 질문을 해도 조사마다 결과가 다르게 나타나는 이유는 표본오차 때문이다. 예를 들면, 매 표본을 추출하는 과정에서 대통령을 지지하는 응답자가 상대적으로 많이 추출될 수도 있고 적게 추출될 수도 있으며 이에 따라 각 표본의 대통령 지지율은 변동될 수 있는 것이다. 단, 여기에서는 표본오차에 관한 내용을 설명하기 위함이므로 비표본오차에 관한 내용은 논외로 한다.

이러한 표본오차 때문에 표본의 특성치인 통계량(표본의 대통령 지지율)으로 모집단의 특성치인 모수(전 국민의 대통령 지지율)를 정확하게 추정할 수는 없다. 그러나 표본오차의 크기(한계)를 구할 수 있다면 최소한 모집단의 특성인 모수(전 국민의 대통령 지지율)의 범위를 구할 수가 있을 것이다.

예를 들어 표본의 비율이 p이고 표본오차의 한계가 a라면 모집단의 비율인 P는 최소한 $(p-a)$보다는 클 것이고, 최대한 $(p+a)$보다는 작을 것이다. 즉 모집단의 비율인 P는 $(p-a,\ p+a)$ 구간 사이에 있을 것이다.

그런데, 모든 통계적 추정은 확률적 근거 하에 진행된다. 모집단의 비율인 P가 $(p-a,\ p+a)$ 구간 사이에 있을 확률이 100%라고 확신하기는 불가능한 것이다. 따라서, 통계학의 추정은 모집단 비율인 P가 $(p-a,\ p+a)$ 사이에 있을 확률이 어느 정도일 것이라는 가정 하에 구간을 추정한다. 예를 들어, 모집단의 비율인 P가 $(p-a,\ p+a)$ 사이에 있을 확률이 x% 이상이라는 전제하에 구간을 추정하게 된다.

만약 95% 신뢰수준이라면 모집단 비율 P가 포함될 구간과 표본의 비율 p, 표본오차(a)의 관계는 다음과 같이 된다.

$$\Pr(p-a \leq P \leq p+a) \geq 0.95$$

이때, $(p-a,\ p+a)$ **를 95% 신뢰수준 하에서 모비율 P의 신뢰구간이라고 한다. 그리고 95% 신뢰수준 하에서 표본오차(a)는 다음과 같이 계산된다.**

$$a = \pm 1.96\sqrt{\frac{p(1-p)}{n}}$$

즉, 95% **신뢰수준하에서 모집단의 비율 P가 다음과 같은 신뢰구간 안에 포함될 확률이 95% 이상이라는 의미**이다($\sqrt{\frac{p(1-p)}{n}}$는 $\frac{p(1-p)}{n}$의 제곱근을 의미).

$$\Pr\left(p - 1.96\sqrt{\frac{p(1-p)}{n}} \leq P \leq p + 1.96\sqrt{\frac{p(1-p)}{n}}\right) \geq 0.95$$

앞의 예에서 500명의 표본 중에 350명이 대통령을 지지한다고 응답하였으면 표본의 비율 p는 350/500=0.7(70%)이 되고, 95% 신뢰수준하에서 표본오차(a)는 $a = \pm 1.96\sqrt{\frac{0.7(1-0.7)}{500}}$ $= \pm 0.0402(\pm 4.02\%)$가 되며, 이는 모집단의 비율P가 다음의 신뢰구간에 포함될 확률이 95% 이상이라는 의미이다.

$$\Pr\left(p - 1.96\sqrt{\frac{p(1-p)}{n}} \leq P \leq p + 1.96\sqrt{\frac{p(1-p)}{n}}\right) \geq 0.95$$

$$\Pr\left(0.7 - 1.96\sqrt{\frac{0.7(1-0.7)}{500}} \leq P \leq 0.7 + 1.96\sqrt{\frac{0.7(1-0.7)}{500}}\right) \geq 0.95$$

$$\Pr(0.7 - 0.0402 \leq P \leq 0.7 + 0.0402) \geq 0.95$$

$$\Pr(0.6598 \leq P \leq 0.7402) \geq 0.95$$

이번에는 동일한 표본을 대상으로 대통령 지지도가 아닌 또 다른 정치인의 지지 여부를 질문한 결과, 500명 중 450명이 지지한다고 응답하였다고 가정하자. 그러면, 표본의 지지율은 p= 450/500 = 0.9(90%), 95% 신뢰수준 하에서 표본오차의 크기는 $\pm 1.96\sqrt{\frac{0.9(1-0.9)}{500}}$ $= \pm 0.0263(\pm 2.63\%)$, 모비율(전 국민의 지지율)의 신뢰구간은 다음과 같게 된다.

$$\Pr\left(p - 1.96\sqrt{\frac{p(1-p)}{n}} \leq P \leq p + 1.96\sqrt{\frac{p(1-p)}{n}}\right) \geq 0.95$$

$$\Pr\left(0.9 - 1.96\sqrt{\frac{0.9(1-0.9)}{500}} \leq P \leq 0.9 + 1.96\sqrt{\frac{0.9(1-0.9)}{500}}\right) \geq 0.95$$

$$\Pr(0.9 - 0.0263 \leq P \leq 0.9 + 0.0263) \geq 0.95$$

$$\Pr(0.8737 \leq P \leq 0.9263) \geq 0.95$$

이렇게 동일한 표본으로부터 각각 다른 두 정치인의 지지율을 질문한 결과 각각 70%, 90%로 응답하였으면, 이때, 각각의 표본오차가 다르게 나타나게 된다. 즉, 대통령에 대한 모집단의 지지율과 표본의 지지율을 $(P_1,\ p_1)$, 다른 정치인에 대한 모집단과 표본의 지지율을 $(P_2,\ p_2)$라고 한다면 각각의 95% 신뢰수준하에서 표본오차는 $\pm 1.96\sqrt{\frac{p_1(1-p_1)}{500}}$과 $\pm 1.96\sqrt{\frac{p_2(1-p_2)}{500}}$이 되는 것이다.

그렇다면 개별 정치인의 지지율에 대한 표본오차가 아니라 해당 조사 자체에 대한 표본오차는 어떻게 정의할 것인가? 즉, 동일한 표본을 대상으로 여러 정치인에 대한 지지율을 조사했다고 가정할 때, 개별 정치인의 지지율에 대한 표본오차가 아니라 **일반적인 조사 전체의 표본오차를 구할 때는** $p(1-p)$**를 가장 크게 하는** p**를 사용한다.** $p(1-p)$**를 가장 크게 하는** $p=0.5$**이므로** 특정 문항에 대한 표본오차가 아니라 일반적인 조사 전체의 95% 신뢰수준 하에서 표본오차는 다음과 같이 계산한다.

$$\pm 1.96\sqrt{\frac{p(1-p)}{n}} = \pm 1.96\sqrt{\frac{0.5(1-0.5)}{n}} = \pm 1.96\sqrt{\frac{0.25}{n}}$$

언론이나 방송에서 여론조사 결과를 발표할 때 언급하는 표본오차는 표본의 비율이 0.5인 경우를 가정하여 계산하는 것이고 이는 하나의 조사에 있는 문항별 표본오차, 또는 집단별 표본오차를 일일이 언급할 수 없어서 오차한계를 가장 크게 하는 $p=0.5$ 를 기준으로 계산하여 발표하는 것이다.

원칙적으로는 전체 집단이 아닌 성별이나 연령, 지역별로 지지율을 구한다면 각 집단별로 표본오차를 계산하여 해석을 해야 하는 것이다.

또한 만약, 신뢰수준이 95%가 아니고 90%나 99%라면 표본오차는 다음과 같으며 그밖에 신뢰수준에 따른 임계치는 대부분 통계학 교과서의 부록에 있는 정규분포 임계치를 참고하도록 한다.

90% 신뢰수준 $\rightarrow \pm 1.645\sqrt{\frac{p(1-p)}{n}} = \pm 1.645\sqrt{\frac{0.5(1-0.5)}{n}} = \pm 1.645\sqrt{\frac{0.25}{n}}$

99% 신뢰수준 $\rightarrow \pm 2.576\sqrt{\frac{p(1-p)}{n}} = \pm 2.576\sqrt{\frac{0.5(1-0.5)}{n}} = \pm 2.576\sqrt{\frac{0.25}{n}}$

지금까지 설명한 표본오차는 모집단의 크기가 무한한 모집단일 경우이다. 만약 모집단의 수가 유한하다고 생각해 보자. 예를 들어, 전체 **모집단의 수** N **명 중에 표본수** n **명을 추출했을 때 95% 신뢰수준 하에서 표본오차는 다음과 같으며** $\sqrt{\frac{(N-n)}{(N-1)}}$ **를 유한모집단 수정계수**라고 한다.

$$\pm\sqrt{\frac{(N-n)}{(N-1)}}\,1.96\sqrt{\frac{p(1-p)}{n}} \;=\; \pm\sqrt{\frac{(N-n)}{(N-1)}}\,1.96\sqrt{\frac{0.5(1-0.5)}{n}}$$

> $\sqrt{\frac{p(1-p)}{n}}$ 를 '표준오차'라고 하며 이는 표본비율 분포의 표준편차인데 추정값인 p와 모비율 P의 표준적 차이 정도로 이해하면 된다.
>
> 또한, $\left(\frac{표준오차}{추정값}\right)\times 100$을 '상대표준오차'라고 하는데 $\left(\frac{\sqrt{\frac{p(1-p)}{n}}}{p}\right)\times 100$과 같이 백분율로 계산하며 추정치의 크기에 대비한 표준오차의 상대적 크기로서 추정치의 상대적인 정확성 정도로 이해하면 되며, 일반적으로 25% 이상이면 오차가 너무 커서 추정치를 신뢰할 수 없으므로 사용하기 무리라고 판단한다.

이번에는 추정하고자 하는 값이 비율이 아니라 연속형 변수의 평균값이라고 해보자. 앞의 사례처럼 A 통신사 고객들을 대상으로 고객만족도 조사를 진행한다고 가정하고 모집단의 평균(전체 고객의 고객만족도 점수 평균)을 μ, 모집단의 분산을 σ^2, 모집단의 표준편차를 σ, 표본의 평균을 $\bar{x}$라고 한다면, 95% 신뢰수준하에서 오차한계와 신뢰구간을 다음과 같이 구할 수 있다. 단, 모집단의 표준편차 σ를 알 수 없으므로 표본의 표준편차 s로 대체하여 계산한다.

95% 신뢰수준 하에서 표본평균 $\bar{x}$ 의 오차한계 $\pm 1.96\sqrt{\frac{s^2}{n}}$

95% 신뢰수준하에서 모평균 μ의 신뢰구간 $\left(\bar{X}-1.96\sqrt{\frac{s^2}{n}}\;,\;\bar{X}+1.96\sqrt{\frac{s^2}{n}}\right)$

이는 모평균 μ가 $\left(\bar{X}-1.96\sqrt{\frac{s^2}{n}}\;,\;\bar{X}+1.96\sqrt{\frac{s^2}{n}}\right)$ 사이에 있을 확률이 95% 이상이라는 의미이다.

지금까지는 표본 수와 신뢰수준이 정해졌을 때 표본오차를 구하는 방법에 대해서 살펴보았다. 그렇다면 역으로 표본오차한계가 정해져 있을 때 필요한 표본의 크기를 구할 수 있을 것이다. 즉, 연구자가 허용할 수 있는 최대 오차의 한계를 결정하면 추정치가 그 오차의 범위 내에 존재하기 위한 최소한의 표본 수를 구할 수 있다.

모비율 P를 추정하기 위한 표본비율의 95% 신뢰수준하에서 오차한계를 a% 이내로 하기 위한 최소한의 표본 수는 다음과 같다.

$$n \geq p(1-p)\left(\frac{1.96}{\text{오차한계}(a)}\right)^2$$

마찬가지로 $p(1-p)$를 가장 크게 하는 p는 0.5이므로 특정한 표본의 비율 p가 정해져 있지 않은 경우, 일반적인 표본비율의 95% 신뢰수준하에서 오차한계를 a% 이내로 하기 위한 최소한의 표본 수는 다음과 같다.

$$n \geq 0.25\left(\frac{1.96}{\text{오차한계}(a)}\right)^2$$

예를 들어 95% 신뢰수준하에서 표본오차의 크기를 $\pm 3.1\%$ 이내로 하기 위해서는 다음과 같이 최소한 1,000명 이상의 표본 수가 필요하다고 판단할 수 있다.

$$n \geq 0.25\left(\frac{1.96}{\text{오차한계}(a)}\right)^2 = 0.25\left(\frac{1.96}{0.031}\right)^2 = 999.4$$

만약, 95% 신뢰수준하에서 표본오차의 한계를 $\pm 5.1\%$ 이내로 하기 위해 필요한 최소한의 표본 수는 다음과 같이 약 370명 정도의 표본 수가 필요함을 알 수 있다. 즉, **표본의 크기가 커질수록 표본오차의 크기가 줄어든 것처럼, 허용할 수 있는 표본오차의 한계가 커지면 필요한 최소한의 표본 수는 적어지는 것**을 알 수 있다.

$$n \geq 0.25\left(\frac{1.96}{\text{오차한계}(a)}\right)^2 = 0.25\left(\frac{1.96}{0.051}\right)^2 = 369.2$$

이번에는 A 통신사의 고객만족도 조사를 진행하여 전체 모집단의 평균 점수 μ를 추정하기 위한 표본평균 $\overline{X}$의 최대 오차한계를 d점, 모집단의 표준편차를 σ라고 한다면 필요한 최소한의 표본 수는 다음과 같다. 단, **모집단의 표준편차를 알 수 없으므로 사전 조사를 통한 표본의 표준편차를 사용하거나, 과거 유사한 조사의 표준편차를 대체**하여 사용한다.

$$n \geq \left(1.96\left(\frac{\text{모집단 표준편차}}{\text{오차한계}}\right)\right)^2 \fallingdotseq \left(1.96\left(\frac{\text{표본표준편차}}{\text{오차한계}}\right)\right)^2$$

예를 들어 A 통신사의 고객만족도 조사를 통해 전체 고객의 고객만족도 평균 점수를 추정하고자 한다. 사전 조사 결과 표준편차가 10이고, 95% 신뢰수준하에서 허용할 수 있는 최대 오차한계를 2점 이내로 하기 위해 최소한의 표본 수는 다음과 같이 약 97개 이상의 표본 수가 필요함을 알 수 있다.

$$n \geq \left(1.96\left(\frac{\text{모집단 표준편차}}{\text{오차한계}}\right)\right)^2 \fallingdotseq \left(1.96\left(\frac{\text{표본표준편차}}{\text{오차한계}}\right)\right)^2 = \left(1.96\left(\frac{10}{2}\right)\right)^2 = 96.04$$

한편, 이렇게 표본 조사를 통해 추정한 모집단의 값이 실제 모집단의 특성으로 일반화해도 되는가를 확인하기 위해 연구자는 가설을 설정하고 검정 단계를 거치게 된다.

CHAPTER

2

가설 설정 및 가설 검정

2-1 | 가설 설정

A 통신사의 고객만족도 점수 목표가 70점이고, 전체 고객집단으로부터 500명의 표본을 추출하여 조사를 진행한 결과 고객만족도 점수가 71점이 나왔다고 가정하자. 그렇다면 목표 점수를 달성했다고 할 수 있는가? 아직은 목표를 달성했다고 할 수 없다. 이는 500명이라는 표본을 대상으로 조사하여 얻은 고객만족도 점수일 뿐이기 때문이다. 동일한 시점에 동일한 모집단으로부터 또 다른 500명의 표본을 추출하여 동일한 조사를 진행했을 때, 이번에는 70점보다 낮은 68점이 나타날 수도 있는 것이며 이렇게 동일한 모집단을 대상으로 동일한 조사를 해도 결과가 달라지는 것은 표본오차 때문이다.

따라서, 단순히 표본조사 결과를 모집단의 특성으로 일반화할 수 없으며 이를 확인하기 위해서 통계학에서는 모집단에 대한 가설을 설정하고, 표본조사 결과를 기초로 모집단의 가설에 대한 채택 여부를 결정하는 **가설 검정**이라는 단계를 거친다.

즉, A 통신사 고객만족도 조사 예에서 목표 점수가 70점이기 때문에, 연구자가 확인하고 싶은 것은 모집단의 고객만족도 평균 점수가 70점보다 크다는 가설이다. 이렇게 **연구자가 주장하여 증명하고 싶은 가설을 대립가설**(alternative hypothesis)이라고 한다. 반면, 표본의 고객만족도 점수가 71점이지만 모집단의 점수는 70점 이하일 수 있으며, 이렇게 **대립가설과 반대되는 가설을 귀무가설**(null hypothesis)이라 하고, 이는 **통계적 가설 검정의 대상**이 되는 가설이다.

또한, 모집단의 고객만족도 점수가 70점보다 크거나 작은지는 모르지만 70점은 아니라는 가설을 설정할 수도 있을 것이다. 전자처럼 **모집단의 모수인 평균(또는 비율)이 특정 수치보다 크거나 작다고 방향성을 설정하는 대립가설을 방향적 가설**(directional hypothesis)이라 하고, 후자처럼 크거나 작은 방향은 없지만 모수가 특정 수치와 같지는 않다고 설정하는 대립가설을 **비방향적 가설**(non-directional hypothesis)이라 한다.

방향적 가설은 아래와 같이 부등호의 방향이 〈 와 〉 두 가지가 있을 수 있으며, 각 가설에 대한 검정을 좌측 검정(left-sided test)과 우측 검정(right-sided test)이라 하고 **두 검정을 통칭하여 단측 검정**(one-sided test)이라 한다. 즉, 방향적 가설에 대한 검정 방법을 단측 검정이라 하며, **비방향적 가설에 대한 검정을 양측 검정**(two-sided test)이라고 한다. 통계학에서 일반적으로 귀무가설은 H_0, 대립가설은 H_1으로 표현하고, μ는 모집단의 평균, μ_0는 검정하려는 모집단 평균의 가설 값(예에서는 70)이다.

	단측 검정		양측 검정
	좌측 검정	우측 검정	
귀무가설 : H_0	$\mu \geq \mu_0$	$\mu \leq \mu_0$	$\mu = \mu_0$
대립가설 : H_1	$\mu < \mu_0$	$\mu > \mu_0$	$\mu \neq \mu_0$

한편, 확인하고자 하는 가설 값이 평균이 아니라 정치인 지지율, 구매 의향률, 제품의 불량률 등과 같이 비율인 경우는 다음과 같이 가설이 설정된다.

	단측 검정		양측 검정
	좌측 검정	우측 검정	
귀무가설 : H_0	$P \geq P_0$	$P \leq P_0$	$P = P_0$
대립가설 : H_1	$P < P_0$	$P > P_0$	$P \neq P_0$

방금 설명한 예는 단일집단 평균값의 가설에 대한 검정 방법이었다. 만약, 확인하고자 하는 가설이 두 개 집단의 평균값 비교일 경우에도 같은 방법으로 가설이 설정될 수 있다. 예를 들면, "수도권과 비수도권 거주자들의 행복지수는 같다"를 확인하기 위해 각각 1,000명씩 표본을 추출하여 행복지수에 대한 조사를 진행한 결과 수도권은 70점, 비수도권은 80점으로 나타났다고 가정하자. 그렇다고 전국 모집단 기준으로 수도권 거주자보다 비수도권 거주자들의 행복지수가 높다고 일반화할 수는 없는 것이다. 표본의 행복지수가 그렇게 나타났을 뿐이지, 다른 표본을 추출하여 조사를 진행했을 때는 결과가 반대로 나타날 가능성이 있는 것이다. 따라서, 수도권 거주자와 비수도권 거주자의 표본을 대상으로 한 행복지수의 점수 차이 10점이 "통계적으로 유의한 차이인가?"에 대해 확인해야 한다.

이렇게 두 집단의 평균값 또는 비율의 차이에 대한 통계적 유의성을 확인하기 위해서는 다음과 같은 가설을 설정한다. μ_1, μ_2는 두 개 집단의 모집단 평균이며 P_1, P_2는 모집단의 비율을 의미한다.

	단측 검정		양측 검정
	좌측 검정	우측 검정	
귀무가설 : H_0	$\mu_1 \geq \mu_2$	$\mu_1 \leq \mu_2$	$\mu_1 = \mu_2$
대립가설 : H_1	$\mu_1 < \mu_2$	$\mu_1 > \mu_2$	$\mu_1 \neq \mu_2$

	단측 검정		양측 검정
	좌측 검정	우측 검정	
귀무가설 : H_0	$P_1 \geq P_2$	$P_1 \leq P_2$	$P_1 = P_2$
대립가설 : H_1	$P_1 < P_2$	$P_1 > P_2$	$P_1 \neq P_2$

이번에는 비교하고자 하는 집단이 세 개 이상일 경우를 생각해 보자. 예를 들어, 3개 은행의 광고에 대한 소비자 선호도를 평가하기 위해서, 500명씩을 대상으로 광고를 보여 주고 광고 선호도, 구매 의향 유발 정도에 대한 설문조사를 했다고 가정하자. 이때 표본조사에 의해 도출된 A, B, C 3개 은행 광고에 대한 선호도 점수가 각각 70점, 75점, 80점, A < B < C의 순서로 나타났다면 이 표본조사 결과를 모집단의 현상으로 일반화해도 되는가를 확인하기 위해 3개 은행 광고 선호도 점수의 차이가 통계적으로 유의한가에 대한 확인을 해야 한다.

이처럼 세 개 이상 집단의 평균값 또는 비율값 차이에 대한 통계적 유의성을 확인하기 위해서 다음과 같이 가설을 설정한다.

귀무가설 : H_0	$\mu_1 = \mu_2 = \mu_3 = \cdots = \mu_k$
대립가설 : H_1	not H_0 (모든 집단의 평균값이 동일하지는 않다)

귀무가설 : H_0	$P_1 = P_2 = P_3 = \cdots = P_k$
대립가설 : H_1	not H_0 (모든 집단의 비율값이 동일하지는 않다)

※ k : 집단의 수

한편, 두 개 이상 집단의 평균값이나 비율값 차이에 대한 통계적 유의성을 확인하기 위한 가설 검정 방법은 비교하고자 하는 집단의 독립성 여부와 측정 척도의 유형에 따라 달라진다. 따라서, 본격적으로 가설검정 방법을 설명하기 이전에 먼저 척도의 유형에 대해서 살펴보겠다.

2-2 | 척도 유형

척도란 사회적/자연적 현상이나 이슈, 사람/사물의 특성을 관찰(조사)하여 수량화하기 위해서 일정한 규칙으로 숫자를 부여하는 도구를 의미한다. 척도의 유형에는 질적(qualitative) 척도와 양적(quantitative) 척도가 있는데 질적 척도는 숫자의 크기가 계산되지 않는 비계량형 척도이고 양적 척도는 평균, 편차 등 계산이 가능한 계량형 척도라고 이해하면 된다.

질적 척도에는 명목형(nominal) 척도와 서열/순서형(ordinal) 척도가 있고, 양적 척도에는 비율형(ratio) 척도와 등간/구간형(interval) 척도가 있다.

먼저, **명목형 척도는 관찰 대상을 분류하기 위해 숫자를 부여할 뿐 숫자 자체에는 의미가 없는 척도**로서 선호 브랜드, 직업, 성별 등 특정 범주에 속하는 것을 의미할 뿐이다.

서열/순서형 척도는 명목형 척도와 달리 숫자의 의미는 있지만, 측정 대상의 순서를 구분하기 위하여 숫자를 부여할 뿐 크기를 의미하지는 않는 척도이다. 예를 들면, 키 순서, 몸무게 순서, 좋아하는 브랜드 순서, 성적순 등으로 1등/2등/3등, 1순위/2순위/3순위, 1번째/2번째/3번째 등의 경우이다. 즉, 1순위로 좋아하는 브랜드와 2순위로 좋아하는 브랜드는 구별이 가능하지만 1순위와 2순위 브랜드의 좋아하는 정도의 차이를 의미하지는 않는다.

등간/구간 척도는 숫자의 순서뿐 아니라 차이의 크기도 표현하는데, **척도 간 크기를 동일하게 측정하는 척도로서 절대 0점이 없다.** 예를 들면 온도의 경우 0도라고 하면 이것은 절대 0점이 아니라 0도라고 하는 온도를 의미하므로 절대 0점이 없는 척도이다.

사회과학에서 흔히 사용하는 5점 척도, 7점 척도 등의 리커트 척도(likert scale)를 등간/구간 척도로 간주하고 많이 사용을 하는데 리커트 척도의 경우 점간 차이가 동일하지 않은 경우가 많으므로, 엄밀하게 얘기하면 등간/구간 척도가 아니라 서열(순서) 척도로 분류하는 것이 맞다. 예를 들면 '① 매우 불만 ② 약간 불만 ③ 보통/중간 ④ 약간 만족 ⑤ 매우 만족'과 같은 5점 척도의 경우 '① 매우 불만'과 '② 약간 불만'의 간격이 '③ 보통/중간'과 '④ 약간 만족'의 간격의 차이와 동일하지 않을 수 있으므로 리커트 척도는 크기의 순서만을 의미하는 서열 척도로 분류하는 것이 더 타당하다.

그러나 등간 척도의 경우 모수적 통계분석 방법과 비모수적 통계분석 방법 모두 자유롭게 사용이 가능하지만 순서형 척도의 경우 비모수적 통계 분석 방법으로 사용이 제한된다. 따라서 비계량형 척도인 순서형 척도보다는 계량형 척도인 등간 척도로 간주하는 것이 사용할 수 있는 통계적 분석 방법의 범위가 더 넓기 때문에 등간 척도로 분류하여 사용한다. 한편, 순서형 척도와 등간 척도, 비율 척도 모두 명목형 척도로 전환하여 분석도 가능하다.

비계량형 척도 (질적 척도)	명목형 척도	□ 측정 대상을 구분하기 위하여 숫자를 부여 - 선호 브랜드 / 성별 / 직업 등 예) 다음 중 귀하가 가장 좋아하는 브랜드는?
	서열 척도	□ 측정 대상의 순서를 구분하기 위하여 숫자를 부여 □ 숫자는 순서만을 의미할 뿐 크기를 나타내지는 않는다 - 키순서, 몸무게 순서, 선호 순서 예) 다음 브랜드들의 좋아하는 순서를 응답하시오.
계량형 척도 (양적 척도)	등간 척도	□ 척도 점 간 간격이 동일하며 절대 0점이 없음 - 온도 등 - 5점 / 7점 척도 등의 리커트 척도(Likert) 예) 다음 브랜드의 좋아하는 정도를 보기의 척도에 의해서 응답하시오 (5점 척도).
	비율 척도	□ 척도 점 간 간격이 동일하며 절대 0점이 있음 - 40kg은 20kg의 2배 - 사용 빈도, 구매빈도, 연봉, 나이 등 예) A 브랜드의 라면을 1년에 몇 봉지나 구매하십니까?

비율 척도 역시 척도 점 간 간격이 동일한 것은 등간/구간 척도와 같지만 절대 0점이 있다는 것이 다른 점이다. 예를 들어 1년 동안 라면 구매빈도의 경우 '0'이라면 이는 한 번도 구매하지 않은 절대 0점인 것이다. 앞의 등간/구간 척도에서처럼 온도에서의 '0'은 그 자체로서 존재 의미가 있는 것이기 때문에, 절대 0점이 아닌 반면, 구매빈도, 연봉, 사용 빈도 등은 '0'이라 하면 존재 자체가 없는 절대 0점인 것이다.

명목형 척도, 순서형(서열) 척도인 비계량형 척도보다는 등간 척도, 비율 척도인 계량형 척도가 사용 가능한 통계적 분석 방법이 더욱 많고 제약이 적으므로 설문지 작성 시 더 많이 고려된다.

조사연구 설계에 따라 단일집단의 평균값/비율 검정, 두 개 집단의 평균값/비율 차이 검정, 세 개 이상 집단의 평균값/비율 차이 검정으로 나눌 수 있으며 두 개 집단과 세 개 이상 집단은 다시 독립표본과 대응표본으로 나눌 수 있다.

한편, 등간척도와 비율척도는 계량형 척도로, 모수적 방법이 가설 검정에 사용되며, 순서형 척도와 명목형 척도는 비계량형 척도로서 비모수적 방법이 주로 사용된다.

본서는 5가지 조사연구 유형과 이에 따른 척도 유형별 평균/비율 차이 검정에 대해 SPSS와 R 프로그램을 이용하여 분석하는 방법에 대해서 설명한다.

2-3 | 가설 검정

앞서 "조사를 통해 얻은 표본의 특성인 통계량으로 모집단의 특성인 모수를 추정하는 것이 표본조사"라고 했다. 그런데, 통계량은 표본조사 결과 나타난 수치일 뿐이고 표본조사와 비표본오차를 포함하고 있는 변수이므로, 모집단의 특성으로 일반화하기 위해서는 연구자가 확인하고 싶은 가설을 설정하고 이를 통계적으로 검정하는 과정을 거친다고 했다. 이때, 연구자가 증명하고 싶은 가설을 대립가설(H_1)이라 하고 대립가설과 반대되는 가설을 귀무가설(H_0)이라 한다.

조사 설계별, 측정 척도별 가설 및 검정 방법은 다음과 같다.

<table>
<tr><th colspan="2">구분</th><th>설정 가설
(양측 검정기준)</th><th>등간/ 비율
척도</th><th>서열 척도</th><th>명목형 척도</th></tr>
<tr><td colspan="2">단일집단</td><td>$H_0 : \mu = \mu_0$
$H_1 : \mu \neq \mu_0$</td><td>단일표본
t-검정</td><td></td><td>이항검정</td></tr>
<tr><td rowspan="2">두 개
집단</td><td>대응
표본</td><td>$H_0 : \mu_1 = \mu_2$
$H_1 : \mu_1 \neq \mu_2$</td><td>대응표본
t-검정</td><td>윌콕슨 부호 순위 검정
(Wilcoxon)</td><td>McNemar
검정</td></tr>
<tr><td>독립
표본</td><td>$H_0 : \mu_1 = \mu_2$
$H_1 : \mu_1 \neq \mu_2$</td><td>독립표본
t-검정</td><td>맨-위트니 검정
(Mann-Whitney)</td><td>독립표본
χ^2 검정</td></tr>
<tr><td rowspan="2">세 개
이상
집단</td><td>대응
표본</td><td rowspan="2">$H_0 : \mu_1 = \mu_2 = \cdots = \mu_k$
H_1 : not H_0</td><td>반복측정
분산분석</td><td>프리드만 검정
(Friedman)</td><td>Cochran's
검정</td></tr>
<tr><td>독립
표본</td><td>일원배치
분산분석</td><td>크루스칼-왈리스 검정
(Kruskal-wallis)</td><td>K표본
χ^2 검정</td></tr>
</table>

통계학에서는 **귀무가설을 기각할 수 있는가를 기준으로 가설 검정을 수행한다. 즉, 귀무**

가설을 기각할 수 있는 확률적 근거를 기준으로 귀무가설의 기각 여부를 결정한다. 먼저, **제1종 오류와 제2종 오류에 대한 개념을 이해해야 하는 데 제1종 오류란 실제로 귀무가설이 참인데도 불구하고 귀무가설을 기각하는 오류**이다. 반면 **제2종 오류란 귀무가설이 거짓임에도 불구하고 기각하지 않는 오류**이다.

구분	귀무가설	
	참	거짓
H_0를 기각	제1종 오류	
H_0를 기각하지 않음		제2종 오류

한편, 표본조사에서 나타난 결과로 **귀무가설을 기각할 때 제1종 오류가 발생할 확률을 p-value(p-값)라고 하는 유의확률**(significance probability)이고, **제1종 오류를 범할 최대 허용 확률을 유의수준(significance level)**이라고 한다. 즉, 유의수준이 5%(0.05)인 검정은 제1종 오류를 범할 최대 허용 확률이 5% 이하인 검정이라는 의미이며, 이는 반대로 신뢰수준이 95% 이상이라는 의미이다.

따라서, 유의확률이 유의수준보다 작으면 귀무가설을 기각하는데 **(1−유의수준) × 100% 신뢰수준하에서 유의확률이 유의수준보다 작으면 귀무가설을 기각**한다. 예를 들어, 유의확률이 0.05(5%)보다 작으면 95(100−5)% 신뢰수준 하에서 귀무가설을 기각할 수 있다.

- **유의수준**(significance level α) : 제1종 오류를 발생할 최대 확률
- **유의확률**(significance probability, p−value) : 귀무가설을 기각할 때, 제1종 오류가 발생할 확률
- 유의확률 < 유의수준(α) 이면 $(1-\alpha)\times100\%$ 신뢰수준하에서 귀무가설을 기각

단, **유의확률의 경우 표본 수가 증가할수록 작아지는 경향**이 있으므로 실제 검정통계량의 크기 등을 종합적으로 고려하여 판단하여야 한다. 필자들이 그동안 경험한 다양한 설문조사 데이터 분석 경험으로 볼 때, 연구 분야의 이해를 바탕으로 한 직관적 판단도 실무에서는 중요하게 고려되어야 할 것으로 생각한다.

유의확률뿐 아니라 검정통계량과 기각역을 같이 살펴보아야 하는데, **검정통계량은 귀무가설의 기각 여부를 판단하기 위해 사용되는 해당 분포의 통계량이며, 기각역은 귀무가설의 기각 여부를 결정하는 기준이 되는 검정통계량의 영역**이다. 즉, **검정통계량이 기각역에 해당하면 귀무가설을 기각**하는 방식으로 가설 검정을 진행한다.

– **검정통계량** : 귀무가설의 기각 여부를 판단하기 위해 사용되는 해당 분포의 통계량
– **기각역** : 귀무가설을 기각하는 기준이 되는 검정 통계량의 기준 영역

이제 실제 조사연구에서 진행되었던 데이터를 사용하여 다양한 가설 검정 방법을 살펴보도록 한다.

PART

2

계량형 척도의 가설 검정

CHAPTER

3

단일집단 평균값 검정 (t-검정)

A 은행 새로운 광고 시안의 사전 소비자 평가를 통해서 80점이 넘어야 동영상으로 제작하여 방송하는 방침이 있다고 하자. 이때, 확인하여 검증하고 싶은 것은 모집단의 광고 선호도 평균 점수가 80점보다 크다는 것이며 다음과 같은 우측 검정의 가설을 설정할 수 있다.

귀무가설 $H_0 : \mu \le 80$ vs. 대립가설 $H_1 : \mu > 80$

본 예와 같이 단일집단의 평균값에 대한 가설 검정을 위해서는 다음과 같은 자유도 $(n-1)$인 T−분포의 통계량이 사용된다.

$$T_0 = \frac{\bar{x} - \mu}{\frac{s}{\sqrt{n}}} \sim t(n-1)$$

$\bar{x}$: 표본평균
s : 표본 표준편차
n : 표본 수

이를 위해서 A 은행의 고객 중 표본 50명을 대상으로 추출하여 광고 시안을 보여 준 후 평가를 받은 결과 '예제 3'과 같은 데이터를 얻었다. (본서의 모든 예제는 출판사 홈페이지를 통해서 받을 수 있다.)

머리말에서 언급한 것과 같이 본서의 모든 예제는 SPSS, R로 분석하여 결과를 함께 제시할 것이며, 평균, 분산, 표준편차, 유의확률, 유의수준 등의 기본적인 통계 용어에 대한 설명은 더 이상 추가하지 않으니, 기초통계에 대한 개념이 필요하신 독자는 통계학 입문 수준의 교재를 참고하기 바란다.

또한, 모든 설명은 SPSS를 기준으로 하며, 동일한 결과를 산출하는 R 프로그램을 함께 배치하였다.

먼저, SPSS를 이용하여 분석하는 방법부터 설명한다. SPSS 메인화면의 『분석(A) → 평균비교(M) → 일표본 T검정』 **메뉴를 차례대로 선택하면 분석 대화창**이 나타난다.

(예제 3)

본 예제에서 확인하고 싶은 것은 광고 시안 평가 점수의 모집단 평균에 대한 것이다. 따라서 광고 시안 평가 변수를 선택하여 오른편에 있는 화살표를 클릭하여 **검정변수로 설정하고 아래측에 있는 검정값을 80으로 입력**한다. 이는 확인하고자 하는 가설이 "모집단의 평균값이 80보다 크다($\mu > 80$)"이기 때문이다.

확인을 클릭하여 실행하면 결과가 나타난다. 표본의 평균값은 83점으로 80점보다 크게 나타났다. 그러나 유의확률(귀무가설을 기각할 때 제1종 오류가 발생할 확률)이 0.178로서 0.05(유의수준)보다 크므로 95% 신뢰수준하에서 귀무가설($\mu \le 80$)을 기각할 수 없다.

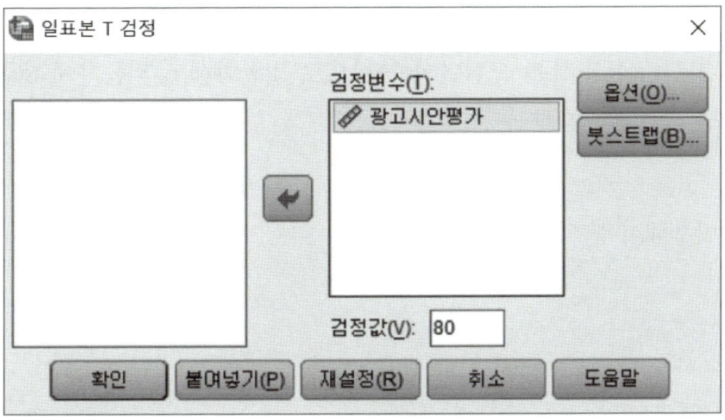

또한 90% 신뢰수준하에서 분석해도 유의확률(0.178) > 유의수준(0.1) 이므로 귀무가설을 기각할 수 없다. 앞서 **'유의확률 < 유의수준'이어야 귀무가설을 기각**할 수 있다고 설명한 것을 기억하자.

일표본 통계량

	N	평균	표준화 편차	표준오차 평균
광고시안평가	50	83.0000	15.51826	2.19461

일표본 검정

	검정값 = 80					
	t	자유도	유의확률 (양측)	평균차이	차이의 95% 신뢰구간	
					하한	상한
광고시안평가	1.367	49	0.178	3.00000	-1.4102	7.4102

결과 아랫부분 '차이의 95% 신뢰구간'은 '표본평균값(83) - 검정값(80)'의 차이에 대한 신뢰구간(-1.41, 7.41)으로 '0'을 포함하고 있다. 즉 표본평균값과 검정값의 차이가 0을 포함하고 있으므로 이는 차이가 '0' 일 수도 있다는 의미이며 차이가 0이라는 것은 표본 평균값과 귀무가설값이 차이가 나지 않는다(평균이 귀무가설값(80)보다 크지 않다)는 것이다. 따라서 귀무가설을 기각할 수 없다.

이는 표본의 평균값이 목표 점수인 80점보다 큰 83점으로 나타났지만, 모집단의 평균 점수가 80점보다 크다고 할 수 없으므로 광고 시안에 대한 재검토가 필요하다고 판단해야 하는 것이다.

고객만족도 조사 등과 같이 표본조사 결과로, 모집단의 경향을 판단하는 연구 조사의 경우 마찬가지로 항상 표본조사를 모집단의 특징으로 일반화해도 되는가에 대한 가설 검정을 반드시 진행하여 의사결정을 해야 한다.

다음은 R을 이용해서 분석한다.

R

예 3.1 데이터 처리 및 데이터 구조 확인

```
① > library(foreign)
② > data03 <- read.spss('D:/MR/예제/03_평균값검정_단일집단.sav')
③ > str(data03) #데이터 형태 확인 : List
   List of 1
   $ 광고시안평가: num [1:50] 100 75 100 75 75 75 75 75 50 75 ...
   - attr(*, "label.table")=List of 1
   ..$ 광고시안평가: NULL
   - attr(*, "codepage")= int 65001
④ > head(data03)
   $광고시안평가
   [1]  100  75 100  75  75  75  75  75  50  75  75  75  75  75  75
   [16]  75  75  50  75 100  75  75  75 100  75 100 100 100 100 100
   [31] 100 100  75 100  75 100  75  50  75  75  50 100 100  75 100
   [46]  75 100 100 100 100
⑤ > dt03 <- data.frame(data03) # 데이터 프레임으로 전환
   > head(dt03, 5L) # 5개 행 출력
   광고시안평가
   1      100
   2       75
   3      100
   4       75
   5       75
```

① foreign 라이브러리를 활성화하여 SPSS 데이터를 불러올 준비를 한다. 만약 설치되어 있지 않다면 사전에 install.packages("foreign") 명령어를 실행하여 설치한다.

② read.spss(데이터가 있는 경로와 파일명)을 지정하여 SPSS 데이터를 읽어 들인다. read.

spss 명령어에는 SPSS 데이터를 불러올 때 다양한 옵션을 함께 제공한다. 만약 옵션 지정 없이 경로 및 파일명만 지정하면 리스트(list) 형태로 데이터를 불러오게 된다.

③ str 명령어를 이용하여 불러들인 데이터의 구조를 확인하다. 'List'로 저장되어 있는 것을 확인할 수 있으며, 광고시안평가는 숫자형(num)으로 저장되어 있음을 확인할 수 있다.

④ head 명령어를 통해 저장된 리스트 데이터의 구조를 확인할 수 있다. 리스트로 저장되어 있기 때문에 만약 head 명령어를 통해 일부분만 확인하고 싶을 경우, 데이터 프레임으로 변환하여야 한다.

⑤ data.frame 명령어를 통해 data03 리스트 데이터를 데이터 프레임으로 변환한다. 데이터 프레임은 행과 열의 구조를 가지므로, 테이블 형태의 데이터를 더 직관적이고 명확하게 표현할 수 있으며, 대부분의 통계/시각화 함수는 데이터 프레임 형식을 기본으로 사용하기 때문에, 분석 도구 사용이 좀 더 쉬워진다.

data.frame으로 전환한 후, head 명령어를 통해 일부 행의 데이터를 확인할 수 있다. head 명령어에서 5L은 처음부터 다섯 개의 행을 출력해서 확인하고 싶을 때 사용하며, 반대로 마지막부터 데이터를 확인하고 싶을 때에는 tail 이라는 명령어를 사용하면 된다.

dt03 데이터는 A 은행의 고객 중 표본 50명을 대상으로 추출하여 광고 시안을 보여 준 후 평가를 받은 데이터이며, A 은행은 광고 콘셉트의 사전 소비자 조사를 통해서 80점이 넘어야 동영상으로 제작하여 on-air 한다는 방침이 있다고 하자. 이에 모집단의 광고 선호도 평균 점수가 80점보다 크다는 것을 검정하고자 한다.

R

예 3.2 **평균값 검정 분석**

⑥ > t.test(dt03$광고시안평가, mu=80, alternative="two.sided")

⑦ One Sample t-test

```
data: dt03$광고시안평가
t = 1.367, df = 49, p-value = 0.1779
alternative hypothesis: true mean is not equal to 80
95 percent confidence interval:
   78.58976   87.41024
sample estimates:
mean of x
```

⑥ t.test 명령어를 통해 평균값 검정을 수행한다. 해당 명령어는 t.test(데이터, 귀무가설 평균값(mu)) 형태로 사용한다. 따라서 가설검정을 원하는 mu 값을 mu=80으로 한다. 옵션으로 alternative에는 two.sided(양측 검정), less 또는 greater(단측검정)를 설정할 수 있다.

⑦ 검정 결과 p-value가 0.1779로 95% 신뢰수준하에서 귀무가설을 기각할 만큼의 충분한 차이가 있다고 말할 수 없다. 또한 신뢰구간이 (78.59, 87.41)로서 귀무가설의 평균값 80이 신뢰구간에 포함되어 있어서 귀무가설을 기각할 수 없음을 알 수 있다.

CHAPTER

4

두 집단 독립표본 평균값 검정 (t–검정)

A 보험회사의 강남본부 고객과 강북본부 고객들의 고객만족도 점수를 파악하여 연말 수당에 추가 인센티브를 지급하려 한다. 즉, 강남본부와 강북본부 중 고객만족도 점수가 더 높은 지역에 차등적인 인센티브를 지급하려고 한다. 이 경우 다음과 같이 두 집단의 평균값에 대한 가설을 설정할 수 있다.

	단측검정(one-sided test)		양측 검정 (two-sided test)
	좌측 검정 (left-sided test)	우측 검정 (right-sided test)	
귀무가설 H_0	$\mu_1 > \mu_2$	$\mu_1 < \mu_2$	$\mu_1 = \mu_2$
대립가설 H_1	$\mu_1 < \mu_2$	$\mu_1 > \mu_2$	$\mu_1 \neq \mu_2$

이러한 두 집단의 평균값 차이에 대한 검정의 경우 모집단의 분산인 모분산을 알 수 있다면 정규분포를 이용한 z-검정 방법을 사용할 수 있지만 일반적으로 모집단의 분산을 알 수가 없으므로, 모분산 대신 표본의 분산을 대체하여 사용하는 t-분포를 중심으로 한 t-검정을 사용한다.

또한, 이렇게 비교하고자 하는 두 집단이 서로 독립인 경우도 있지만, 독립이 아닌 대응표본의 경우도 있다. 예를 들면 동일한 응답자 집단에 2개의 다른 맛에 대한 피자를 순서대로 취식하게 한 다음 각 피자의 맛에 대한 평가를 받는다면 이는 각 피자 맛에 반응도 있지만 개별 응답자의 취향과 입맛에 따른 영향력도 개입이 될 것이다. 따라서, 두 피자 맛에 대한 평가 점수는 서로 독립일 수 없으며, 이와 같은 표본을 대응표본이라 하고, **두 개 집단 대응표본의 평균값 검정을 대응표본 t-검정 또는 대응비교**라고 한다. 반면, 보험회사의 강남본부, 강북본부 고객만족도 점수와 같이 서로 영향을 받지 않는 **독립적인 두 개 집단의 평균값 검정을 독립표본 t-검정**이라고 한다.

한편, **독립표본 t-검정의 경우 두 집단의 모분산이 같은지 다른지에 따라 다시 등분산 t-검정, 이분산 t-검정**으로 나뉜다. 왜냐하면 두 집단의 분산이 같을 경우와 다를 경우의 t-검정 통계량 값이 다음과 같이 다르게 계산되기 때문이며 수리적 표현이 익숙하지 않은 독자는 넘어가도 좋다.

두 집단의 분산이 같을 경우

$$t = \frac{\overline{X}_1 - \overline{X}_2}{S_p \sqrt{1/n_1 + 1/n_2}} \ , \ S_p^2 = \frac{(n_1 - 1)S_1^2 + (n_2 - 1)S_2^2}{n_1 + n_2 - 2}$$

두 집단의 분산이 다를 경우

$$t = \frac{\overline{X}_1 - \overline{X}_2}{\sqrt{s_1^2/n_1 + s_2^2/n_2}} \ , \ S_1^2 = \frac{\Sigma(X_{1j} - \overline{X}_1)^2}{n_1 - 1} \ , \ S_2^2 = \frac{\Sigma(X_{2j} - \overline{X}_2)^2}{n_2 - 1}$$

t	:	t-검정 통계량
$\overline{X}_1$	:	첫 번째 집단의 표본평균
$\overline{X}_2$	:	두 번째 집단의 표본평균
n_1	:	첫 번째 집단의 표본 수
n_2	:	두 번째 집단의 표본 수
s_1^2	:	첫 번째 집단의 표본 분산
s_2^2	:	두 번째 집단의 표본 분산
s_p^2	:	두 집단의 공통 표본 분산

따라서, 독립표본 t-검정의 경우 두 집단의 분산이 같은지 다른지에 대한 확인을 먼저 하여야 하는 데 이러한 두 집단의 등분산성에 대한 검정은 F-분포를 이용한 F-검정을 중심으로 수행한다.

두 집단 분산의 동질성 검정을 위해서는 다음과 같은 가설을 설정한다.

귀무가설 $H_0 : \sigma_1^2 = \sigma_2^2$ vs. 대립가설 $H_1 : \sigma_1^2 \neq \sigma_2^2$

정리하면 두 집단 평균값 검정의 경우 ① 먼저 독립표본인지 대응표본인지 확인을 한다. ② 대응표본일 경우 대응비교를 선택하여 진행하고 ③ 독립표본인 경우 등분산성 검정(F-검정)을 실시한다. ④ 등분산성 검정 결과에 따라 '등분산 가정 t-검정' 또는 '이분산 가정 t-검정'을 선택하여 수행한다.

(예제 4)는 A 보험회사의 강남본부와 강북본부 각각 150명씩 표본을 추출하여 다음과 같은 척도에 의해 고객만족도를 조사한 결과 데이터이다. 강북본부는 '1', 강남본부는 '2'로 입력한다.

"A 회사의 설계사, 상품, 보험금, 기타 서비스 등을 종합적으로 고려할 때 전반적으로 얼마나 만족 또는 불만족하십니까?"

①	②	③	④	⑤
매우 불만	불만	보통/중간	약간 만족	매우 만족

(예제 4)

	만족도	지역본부	변수
1	3.00	1.00	
2	3.00	1.00	
3	4.00	1.00	
4	4.00	1.00	
5	3.00	1.00	
6	3.00	1.00	
7	3.00	1.00	
8	4.00	1.00	
9	3.00	1.00	
10	4.00	1.00	
11	3.00	1.00	
12	2.00	1.00	

먼저 SPSS로 분석하기 위해서 SPSS 메인화면에서 『분석 → 평균비교 → 독립표본 T-검정』을 차례로 선택하면 [그림 4-1]과 같은 대화창이 나타난다. 만족도를 검정변수, 지역본부를 집단변수로 입력하고 집단정의를 클릭한 후, [그림 4-2] 대화창이 나타나면 집단 1과 집단 2를 설정한다.

계속을 클릭한 후 확인을 클릭하면 결과가 나타난다. 먼저 강북본부와 강남본부의 표본평균 고객만족도 값은 각각 3.82와 3.68로서 강남본부보다 강북본부의 고객만족도 표본평균값이 다소 높게 나타났다.

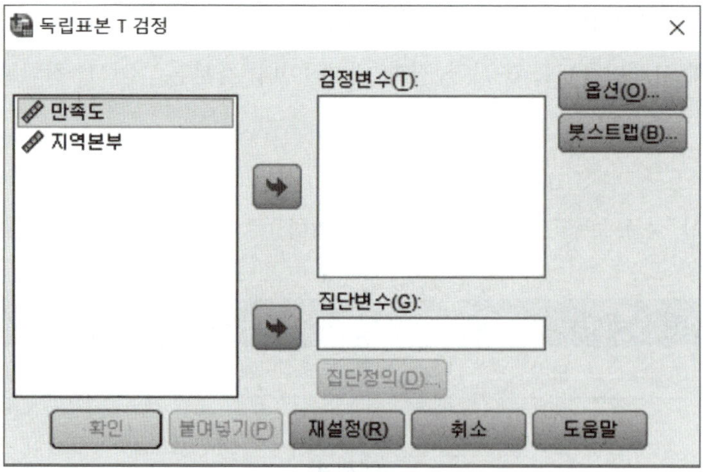

[그림 4-1]

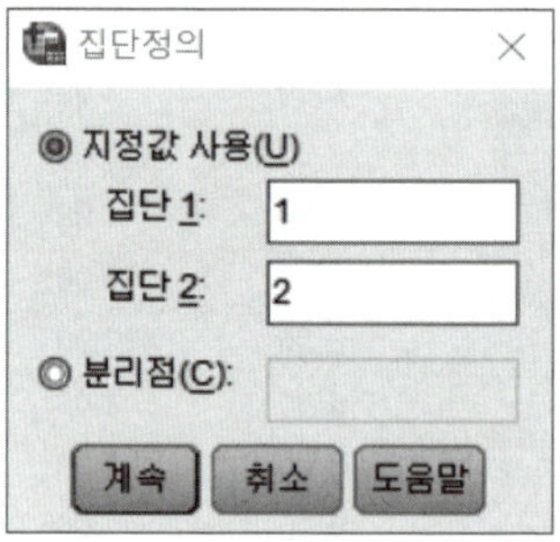

[그림 4-2]

집단 통계량					
	지역본부	N	평균	표준편차	평균의 표준오차
만족도	강북본부	150	3.8200	.89044	.07270
	강남본부	150	3.6800	.85389	.06972

표본평균값의 차이가 모집단의 두 집단 간 고객만족도 값 차이로 일반화할 수 있는지를 확인하기 위해서 다음과 같은 가설 중 우측 검정을 진행한다.

	단측 검정(one-sided test)		양측 검정 (two-sided test)
	좌측 검정 (left-sided test)	우측 검정 (right-sided test)	
귀무가설 H_0	강북본부 ≥ 강남본부	강북본부 ≤ 강남본부	강북본부 = 강남본부
대립가설 H_1	강북본부 < 강남본부	강북본부 > 강남본부	강북본부 ≠ 강남본부

먼저 두집단의 분산이 같은지를 확인해야 하는데 두 집단 분산의 동질성 검정은 Levene 등분산 검정을 살펴본다. 유의확률이 0.906으로 매우 높다. 따라서 두 집단의 분산이 동일하다는 귀무가설($\sigma_1^2 = \sigma_2^2$)을 기각할 수 없다. **유의확률이 유의수준(α)보다 작을 때 $(1-\alpha) \times 100\%$ 신뢰수준 하에서 귀무가설을 기각할 수 있음을 기억하자.**

		Levene의 등분산 검정	
		F	유의확률
만족도	등분산이 가정됨	.014	.906
	등분산이 가정되지 않음		

두 집단의 분산이 동일하다는 귀무가설을 기각할 수 없으므로 등분산이 가정될 때 유의확률 값과 t-통계량 값을 살펴본다. 여기서는 유의확률이 0.166으로 유의수준 0.05보다 크므로 95% 신뢰수준하에서 두 집단의 모평균이 같다는 귀무가설을 기각할 수 없다. 즉, 강북본부와 강남본부의 고객만족도 표본평균값이 각각 3.82, 3.68로 다소 다르게 나타났지만, 두 집단의 모평균이 같다는 귀무가설을 기각할 수 없으므로 표본 평균값의 차이는 통계적으로 유의미한 차이가 아니라고 판단할 수 있다.

본 예에서는 등분산일 경우와 이분산일 경우의 통계량 값들이 같게 나타났지만 다르게 나타나는 경우도 종종 있으므로 반드시 등분산성 확인 후 t-검정 통계량을 선택하여 귀무가설 기각 여부에 대한 결정을 해야 한다.

		평균의 동일성에 대한 t-검정						
		t	자유도	유의확률 (양쪽)	평균차	차이의 표준오차	차이의 95% 신뢰구간	
							하한	상한
만족도	등분산이 가정됨	1.390	298	.166	.14000	.10073	-.05823	.33823
	등분산이 가정되지 않음	1.390	297	.166	.14000	.10073	-.05824	.33824

한편, **SPSS에서는 양측 검정 기준의 유의확률을 제공하는 데 단측검정의 유의확률은 '양측 검정 유의확률/2' 로 계산**된다. 즉, 0.166/2 = 0.083으로 계산된다. 이제 다음과 같은 가설의 우측 검정(단측검정)을 살펴보자.

> 귀무가설 H_0 : 강북본부 ≤ 강남본부 vs. 대립가설 H_1 : 강북본부 > 강남본부

유의확률이 0.083 > 0.05(유의수준)이므로 95% 신뢰수준하에서 귀무가설을 기각할 수 없다. 즉, 강북본부의 고객만족도가 강남본부보다 크다고 할 수 없다. 표본의 점수는 각각 3.82, 3.68이지만 이는 표본의 점수가 그렇게 나타났을 뿐 모집단의 현상으로 일반화할 수는 없는 것이다.

그러나, 90% 신뢰수준하에서는 유의수준이 0.1이 되고 (1−유의수준) × 100% = 90% 신뢰수준 하에서 유의확률 < 유의수준(0.1)이면 귀무가설을 기각할 수 있다. 본 예의 단측검정 유의확률은 0.083 < 0.1이므로 90% 신뢰수준하에서는 귀무가설을 기각할 수 있다.

이와 같이, 동일한 데이터와 가설도 유의수준에 따라서 가설검정의 결과가 달라짐을 유의해야 한다. 유의수준은 연구 결과의 중요성 등을 고려하여 연구자가 결정한다.

이제 R 프로그램을 이용하여 살펴본다.

R

예 4.1 데이터 처리 및 데이터 구조 확인

```
① > library(foreign)
  > data04 <- read.spss('D:/MR/예제/04_평균값검정_두집단_독립표본.sav')
  > dt04 <- data.frame(data04)
② > library(dplyr)
  > a2 <- dt04 %>%
  group_by(지역본부) %>%
  summarise(샘플수 = n(),
            평균 = mean(만족도),
            표준편차 = sd(만족도),
            평균의 표준오차=sd(만족도)/sqrt(n()))

> data.frame(a2)
    지역본부  샘플수   평균    표준편차   평균의표준오차
  1 강북본부    150   3.82  0.8904414   0.07270424
  2 강남본부    150   3.68  0.8538896   0.06971980
```

① foreign 라이브러리를 활성화하여, data04라는 이름의 리스트로 SPSS 데이터를 저장한 후, dt04 라는 이름의 데이터 프레임 형태로 저장한다. dt04 데이터는 A 보험회사의 강남본부와 강북본부 각각 150명씩 표본을 추출하여 5점 척도에 의해 고객만족도를 조사한 결과이며, 두 집단의 평균값 차이가 있는지를 검정하고자 한다.

② dplyr 라이브러리를 활성화하여, 계산하고자 하는 요약 통계를 %>%(pipe 연산자) 기호를 통해 계산할 수 있다.
group_by 명령어를 통해 범주형으로 묶고자 하는 변수를 설정하고, summarise 명령어를 통해 구하고자 하는 요약 통계를 '변수명 = 함수()'와 같은 형태로 작성하고, 콤마(,)로 연결한다. 최종적으로 data.frame 명령어를 통해 위에서 구한(a2) 요약 통계 결과

를 출력하여 확인해 볼 수 있다.

R

예 4.2 두 집단 독립표본 평균값 검정 분석

```
③ > library(car)
  > leveneTest(만족도~지역본부, data04, center="mean") #default: median
  Levene's Test for Homogeneity of Variance (center = "mean")
          Df  F value  Pr(>F)
  group   1   0.0139   0.9064
        298
④ > t.test(만족도~지역본부, data=data04,
          alternative = "two.sided", var.equal=TRUE)

     Two Sample t-test

  data: 만족도 by 지역본부
  t = 1.3898, df = 298, p-value = 0.1656
  alternative hypothesis: true difference in means between group 강북본부
  and group 강남본부 is not equal to 0
  95 percent confidence interval:
  -0.05823444  0.33823444
  sample estimates:
  mean in group 강북본부   mean in group 강남본부
                    3.82                   3.68
```

③ 등분산성 검정을 지원하는 car 라이브러리를 활성화한 후, leveneTest(종속변수 ~ 범주형 독립변수, 데이터 이름) 형태로 설정한다.

옵션으로 center 값을 median(이상치에 덜 민감한 방법) 또는 mean(각 그룹 내 평균으로

부터의 절대편차를 사용하는 전통적인 방법)을 설정한다.

분석 결과를 보면, 자유도는 (1, 298)이며 (집단 개수-1, 샘플 수 - 집단 개수)로 계산되며, 유의확률은 0.9064로 매우 높아, 두 집단의 분산이 동일하다는 귀무가설을 기각할 수 없다.

④ 평균값 차이 검정 분석을 위해 t.test 명령어를 사용한다. 해당 명령어는 t.test(종속변수 ~범주형 독립변수, 데이터 이름) 형태로 설정한다. alternative 옵션에서 양측(two.sided) 또는 단측(less, greater) 중에 하나를 선택하고, var.equal 옵션을 통해 등분산성을 가정한다.

분석 결과 p-value는 0.1656으로 0.05 유의수준보다 크고, 95% 신뢰구간도 (-0.058, 0.338)로서 0을 포함하기 때문에 모평균이 동일하다는 귀무가설을 기각할 충분한 근거가 없는 것으로 해석할 수 있다.

CHAPTER

5

두 집단 대응표본 평균값 검정 (t-검정)

앞서 언급했던 것처럼 비교하고자 하는 두 집단의 데이터가 서로 독립적이지 않은 경우가 있다. 예를 들어 어떤 음료회사에서 신제품을 만들어서 출시하기 이전에 사전 소비자 조사를 통하여 신제품의 경쟁력을 알아보고자 한다. 이를 위해서 소비자 50명에게 신제품과 기존 제품을 차례대로 모두 음용하게 한 후 (예제 5)와 같은 데이터를 얻었다고 하자.

(예제 5)

신제품	기존제품
75.00	100.00
75.00	100.00
100.00	75.00
100.00	100.00
75.00	50.00
65.00	100.00
100.00	75.00
75.00	100.00
68.00	100.00
75.00	100.00

물론, 서로 독립적인 다른 2집단에게 각각 한 개의 제품씩 음용하게 하는 조사 설계 방법도 있지만 표본 수가 2배로 늘어나게 된다. 즉, 독립표본의 경우 50명씩 2개의 집단으로 조사를 진행하려면 모두 100명의 표본 수가 필요하다. 표본 수가 증가하는 것은 비용과 시간의 필요한 자원이 증가한다는 것이다. 따라서 조사연구 실무에서는 한 명의 응답자에게 1개의 제품만 테스트하는 독립적 테스트(monadic test)보다는 한 명의 응답자에게 2개 이상의 제품을 테스트하는 대응적 테스트(sequential test)가 빈번하게 사용된다. monadic 테스트의 집단 간 조사결과는 서로 영향을 받지 않으므로 **독립표본**이라 하는 반면 sequential 테스트의 경우 2개 제품에 대한 평가(반응)가 서로 독립적이지 않으므로 **대응표본**이라고 한다.

예제 5에서 우리가 확인하고 싶은 것은 신제품의 소비자 평가가 기존제품보다 더 높은지 여부일 것이다. 즉 다음과 같은 가설을 설정할 수 있다.

귀무가설 H_0 : 신제품 ≤ 기존제품 vs. 대립가설 H_1 : 신제품 > 기존제품 먼저 SPSS를 이용하여 2개 집단 대응표본의 평균값 차이에 대한 통계적 유의성 여부를 검정하는 방법을 살펴보자. 메인 화면에서 『분석 → 평균비교 → 대응표본』 T검정을 선택하면 [그림 5-1]과 같은 대화창이 나타난다. 신제품을 선택하여 변수1에, 기존제품을 변수2에 입력한다.

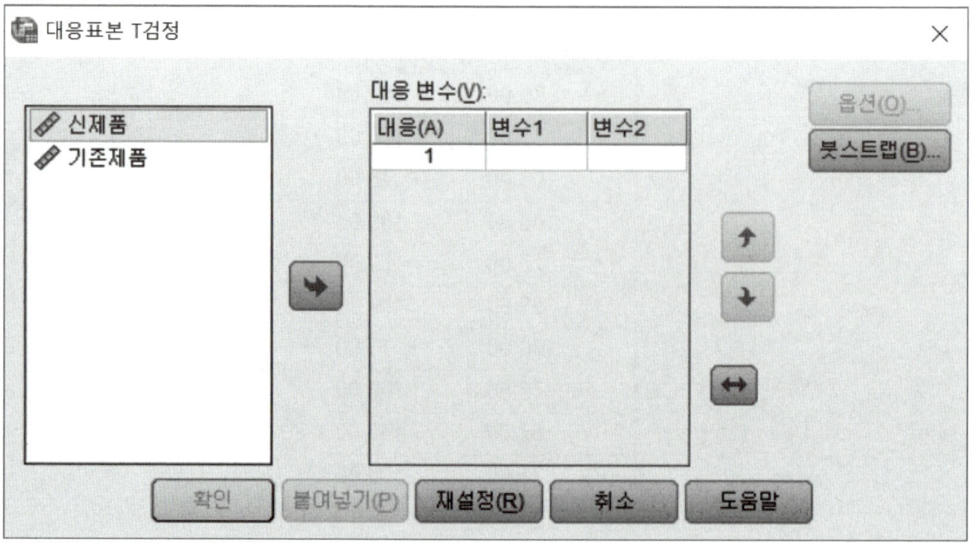

[그림 5-1]

옵션을 클릭하여 [그림 5-2]의 대화창이 나타나면 검정하고자 하는 신뢰수준을 입력한다. 기본은 95%로 설정되어 있으나 연구자의 편의나 연구결과의 중요성에 따라 90%나 99% 등으로 설정할 수 있다.

계속을 클릭하여 이전 화면으로 돌아와서 확인을 선택하면 결과가 나타난다. 신제품에 대한 평가점수의 표본평균이 84.5점으로 기존제품의 평가점수 82.2점보다 (+2.3점) 높은 것으로 나타났다.

그러나 이는 표본의 평균 점수일 뿐 모집단의 현상으로 일반화해도 되는가를 확인하기 위해서는 두 집단의 점수 차이(+2.3점)가 통계적으로 유의한가를 확인하여야 한다.

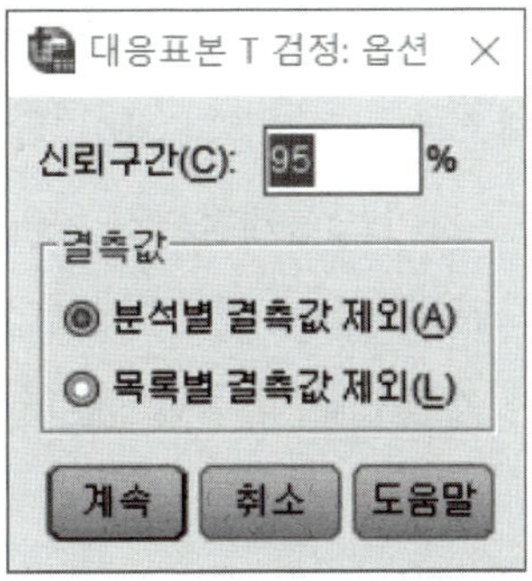

[그림 5-2]

		평균	N	표준편차	평균의 표준오차
대응 1	신제품	84.5	50	13.97	1.98
	기존제품	82.2	50	19.54	2.76

대응표본 검정

		대응차					t	자유도	유의확률 (양쪽)
		평균	표준편차	평균의 표준오차	차이의 95% 신뢰구간				
					하한	상한			
대응 1	신제품 - 기존제품	2.34	25.12	3.55	-4.799	9.479	0.659	49	0.513

양측 검정의 유의확률이 0.513으로 우측 검정인 단측 검정의 유의확률은 0.513/2 = 0.2566으로서(0.05보다 크므로) 95% 신뢰수준하에서 귀무가설을 기각할 수 없다. 즉, 표본집단의 신제품에 대한 평가점수가 기존제품보다 높게 나타났지만 이는 표본의 점수일 뿐 실제 모집단의 점수로 일반화할 수 없는 것이다.

또한 '신제품 – 기존제품' 차이에 대한 95% 신뢰수준하에서 신뢰구간이 (–4.799, 9.479)로서 '0'을 포함하고 있고 이는 신제품과 기존제품의 차이가 '0'일 수도 있다는 의미이며 따라서 신제품과 기존제품의 평가 점수 차이는 통계적으로 유의하지 않다고 판단한다.

참고로 실무적 관점에서 바라보면, 본 조사 실험설계의 경우 표본 수가 적다는 점에 유의해야 한다. 유의확률은 표본 수가 커질수록 작아지는 반면 표본 수가 적을수록 유의확률은 커진다.

즉 집단 간 평가점수 차이가 동일해도 표본 수가 적으면 통계적으로 유의하지 않고, 표본 수가 많으면 통계적으로 유의하게 나타난다는 것이다.

실제 실무에서는 이와 같은 제품 테스트의 경우 FGI, Gang Survey, CLT와 같은 조사 방법을 사용하는 데 비용과 시간이 많이 소요되어 100표본 이하를 테스트하는 경우가 많다. 이렇게 표본이 적을 경우는 유의확률이 상대적으로 크게 나타나는데, 실제 모집단의 신제품에 대한 소비자 평가가 기존 제품보다 높음에도 불구하고 표본 수가 적음으로 인해 통계적으로 유의하지 않게 나타날 수 있는 것이다.

반대로 실제 모집단의 신제품에 대한 평가가 기존제품보다 차이가 나지 않음에도 불구하고 표본 수가 많으면 표본 집단의 두 제품에 대한 점수 차이가 통계적으로 유의하게 나타날 수도 있다. 신제품 출시 여부를 결정해야 하는 신제품 개발 부서나 마케팅 관련 부서에서는 이러한 유의확률의 맹점에 주의를 하고 의사결정에 신중을 기해야 한다.

다음은 R에 의한 분석결과를 살펴보겠다.

R

예 5.1 데이터 처리 및 데이터 구조 확인

```
① > library(foreign)
  > data05 <- read.spss('D:/MR/예제/05_평균값검정_두집단_대응표본.sav')
  > dt05 <- data.frame(data05)
  > str(dt05)
  'data.frame' : 50 obs. of  2 variables:
  $ 신제품 : num  75 75 100 100 75 65 100 75 68 75 ...
  $ 기존제품 : num  100 100 75 100 50 100 75 100 100 100 ...
② > library(psych)
  > dt05.output <- describe(dt05[, c("신제품", "기존제품")])
  > dt05.output[, c("mean", "n", "sd", "se")]
              mean    n     sd     se
  신제품      84.54   50    13.97  1.98
  기존제품    82.20   50    19.54  2.76
```

① foreign 라이브러리를 활성화하여, data04라는 이름의 리스트로 SPSS 데이터를 저장한 후, dt05 라는 이름의 데이터 프레임 형태로 저장한다. dt05 데이터는 어떤 음료회사에서 신제품을 만들어서 출시하기 이전에 사전 소비자 조사를 통 하여 신제품의 경쟁력을 알아보고자 소비자 50명에게 신제품과 기존제품을 차례대로 모두 음용하였다. 이를 통해 신제품의 소비자 평가가 기존제품보다 더 높은지를 검정하고자 한다. str 명령어를 통해 데이터 프레임으로 저장되어 있으며, 50개의 관측치(obs.) 와 2개 변수(variables)가 있는 것을 확인할 수 있으며, 변수들은 '신제품', '기존제품'으로 저장되어 있고 모두 숫자형(num)으로 저장된 것을 확인할 수 있다.

② psych 라이브러리를 활성화하여, 요약 통계를 계산할 수 있는 describe 명령어를 사용할 수 있다. describe 명령어는 describe(행 기준, 열 기준) 으로 필요로 하는 요약 통계를 계산할 수 있다. 특정 행 또는 열만 선택하고자 하는 경우에는 c("선택1", "선택2")와

같은 형태로 작성하면 된다.

describe 명령어를 통해 n(결측값을 제외한 관측값 개수), mean(평균), sd(표준편차), median(중앙값), min(최솟값), max(최댓값), range(범위), skew(왜도), kurtosis(첨도), se(표준 오차)를 계산할 수 있다.

R

예 5.2 두 집단 대응표본 평균값 검정 분석

```
③ > t.test(dt05$신제품, dt05$기존제품, paired=TRUE,
                                    alternative = "two.sided")
④ Paired t-test

   data: dt05$신제품 and dt05$기존제품
   t = 0.65874, df = 49, p-value = 0.5131
   alternative hypothesis: true mean difference is not equal to 0
   95 percent confidence interval:
   -4.798507   9.478507
   sample estimates:
   mean difference
           2.34
```

③ 두 집단에 대한 대응표본 평균값 검정 분석을 위해서는 t.test 명령어에서 paired = TRUE를 지정한다.

④ 분석 결과, 대응표본의 평균 차이는 2.34이며(신제품 84.54 – 기존제품 82.20), 유의성 검정 결과 p-value는 0.5131로 유의수준 0.05보다 크고, 95% 신뢰구간도 (–4.798507, 9.478507)로서 0을 포함하기 때문에 대응표본의 평균 차이 2.34는 유의미한 차이라 볼 수 없다. 즉, 모평균이 동일하다는 귀무가설을 기각할 충분한 근거가 없는 것으로 해석할 수 있다.

CHAPTER

6

3개 이상 집단 독립표본 평균값 검정 : 일원배치분산분석

어떤 보험회사가 자사의 고객들과 2개 경쟁사 고객들의 고객만족도 조사를 진행한 결과 각각 75점, 70점, 66점으로 나타났다고 가정하자. 자사의 점수가 가장 높은 75점으로서 경쟁사보다 높게 나타났지만 이는 표본의 점수일 뿐 모집단의 점수도 유의미한 차이가 있는지 확인을 위해서 다음과 같은 가설을 설정한다. 3개 이상 모집단의 평균점수가 모두 같은지 아니면 서로 다른 차이가 있는지에 대한 가설이다.

귀무가설 H_0	$\mu_1 = \mu_2 = \mu_3 = \ldots = \mu_k$
대립가설 H_1	not H_0

방금 언급한 예에서는 브랜드별로 고객만족도 점수 평균이 모두 같은지 여부를 확인하고자 했다. 또 다른 예를 들어보면 4가지 종류 감기약(A, B, C, D)의 치료 효과, 3개 자동차(S, G, H)의 연비 효과, 특정 은행의 기업이미지에 대한 지역별(서울, 부산, 광주, 대전, 대구) 평가 등 수많은 사례가 있을 수 있다.

이렇게 한 가지 기준에 의해서 분류되는 **3개 이상 집단의 평균값 차이에 대한 통계적 유의성 여부를 검정하는 것을 일원배치분산분석**(one-way ANOVA, ANalysis Of VAriance)이라고 한다. 이때 감기약, 브랜드, 자동차 등과 같이 분류하는 기준을 '요인'(factor)이라 하고 감기약(A, B, C, D)이나 자동차 (S, G, H)와 같이 각 요인들의 특정한 값을 갖는 개별 요소들을 **'수준'**(level) **또는 '처리'**(treatment)라고 한다. 또한 치료 효과, 연비 효과, 기업이미지 등과 같이 측정하고자 하는 변수를 **반응변수**(response variable) **또는 종속변수**(dependent variable)라고 하고 감기약, 브랜드, 자동차 등과 같은 분류의 기준이 되는 변수를 **설명변수**(exploratory variable) **또는 독립변수**(independent variable)라고 한다.

일원배치분산분석은 전체 데이터의 변동량을 처리(요인)에 의한 변동량과 오차에 의한 변동량으로 나누어서 오차에 의한 변동량 대비 처리에 의한 상대적 변동량이 크면 모집단의 평균 차이가 유의하다고 판단하는 방식이다.

즉, 측정 데이터의 전체제곱합(TSS, total sum of squares)을 처리제곱합(SST, sum of squares for treatment)과 잔차제곱합(SSE, sum of squares for residual)으로 나눈 다음 잔

차제곱평균(MSE, mean squares of residual) 대비 처리제곱평균값(MST, mean squares of treatment)이 크면 모집단의 처리별 평균값이 모두 동일하다는 귀무가설을 기각하는 방식이다.

처리제곱평균(MST)과 잔차제곱평균(MSE)은 각각 처리제곱합(SST)과 잔차제곱합(SSE)에서 자유도를 나누어 구한다.

잔차제곱평균(MSE) 대비 처리제곱평균의 비는 F-분포를 하고, F = MST/MSE를 F-통계량이라 하며 결국 처리와 잔차의 분산비에 기인하는 분석으로 분산분석이라고 하며 아래와 같은 표를 분산분석표(ANOVA table)라 한다.

자세한 이론적 수식은 분산분석 통계학 교과서를 참고하며 본서는 SPSS, R의 매뉴얼 형식으로 자세한 이론적 설명은 생략한다.

	제곱합	자유도	평균제곱	분산비(F-통계량)
요인(처리) 잔차	SST SSE	t-1 n-t	SST/(t-1) MSE/(n-t)	F = MST / MSE
계		n-1		

※ t : 수준의 수, n : 전체 표본수

(예제 6)은 3개(S, D, G)의 브랜드 제품에 대한 구매의향에 대한 조사 결과이다. 각각 다음과 같은 5점 척도로 질문하였다.

"O 브랜드의 제품을 구매할 의향이 어느 정도인지 보기의 척도에 의해서 응답해 주십시오."

구매할 의향이 전혀 없다	구매할 의향이 없는 편이다	보통/중간	구매할 의향이 있는 편이다.	구매할 의향이 매우 많다.
1	2	3	4	5

(예제 6)

구매의향	브랜드
4.00	1.00
4.00	1.00
3.00	1.00
3.00	1.00
3.00	1.00
4.00	1.00
5.00	1.00
3.00	1.00
4.00	1.00
4.00	1.00

일반적으로 이러한 5점 척도 데이터는 100점으로 환산을 하여 사용하는데 아래와 같이 환산하기 위하여 '100점 환산 점수 = (응답점수 −1) / 4 × 100' 공식을 이용한다.

구매할 의향이 전혀 없다	구매할 의향이 없는 편이다	보통/중간	구매할 의향이 있는 편이다.	구매할 의향이 매우 많다.
1	2	3	4	5
↓	↓	↓	↓	↓
0	25	50	75	100

100점 환산을 위해 SPSS의 메인화면에서 『변환 → 변수계산』을 차례대로 클릭하면 [그림 6-1]과 같은 대화창이 나타난다. 대상 변수에 변환하고 싶은 변수명을 설정한다. (여기서는 '구매의향_100점'으로 명명했다.) 다음은 숫자표현식에 원하는 변환식을 입력한다. 확인을 클릭하면 데이터에 [그림 6-2]와 같이 100점 만점 환산 점수가 추가되어 있음을 확인할 수 있다.

이제 메인화면에서 『분석 → 평균비교 → 일원배치분산분석』을 차례대로 선택하면 [그림 6-3]과 같은 대화창이 나타난다. 종속변수는 연구의 대상이 되는 변수, 즉 구매의향_100점 변수을 선택하고, 요인은 분류하여 보고 싶은 기준 변수 즉, 브랜드를 선택하여 입력한다.

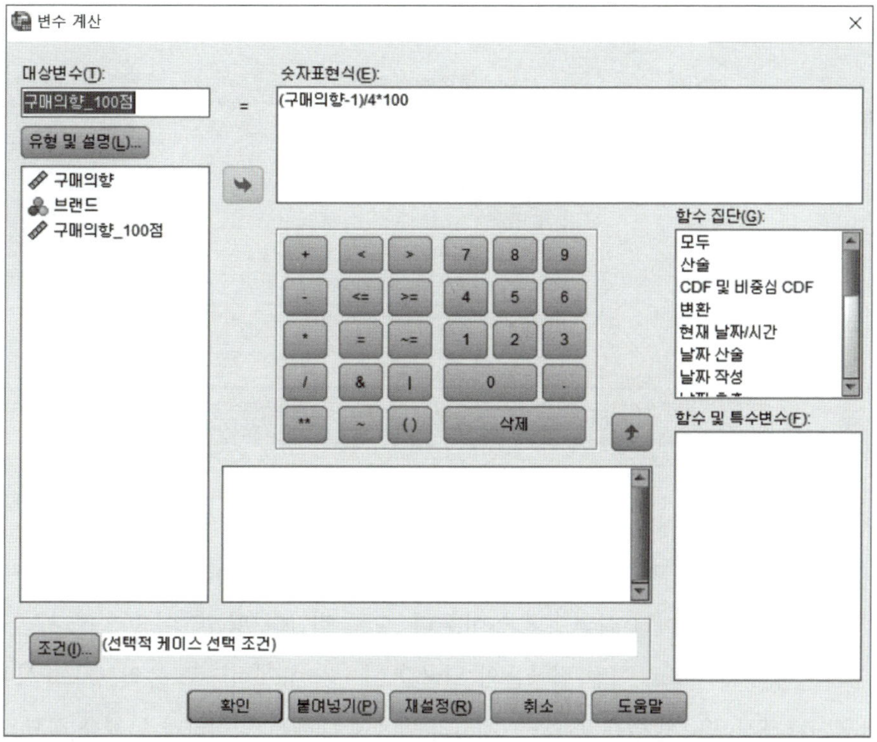

[그림 6-1]

구매의향	브랜드	구매의향_100점
4.00	1.00	75.00
4.00	1.00	75.00
3.00	1.00	50.00
3.00	1.00	50.00
3.00	1.00	50.00
4.00	1.00	75.00
5.00	1.00	100.00
3.00	1.00	50.00
4.00	1.00	75.00
4.00	1.00	75.00

[그림 6-2]

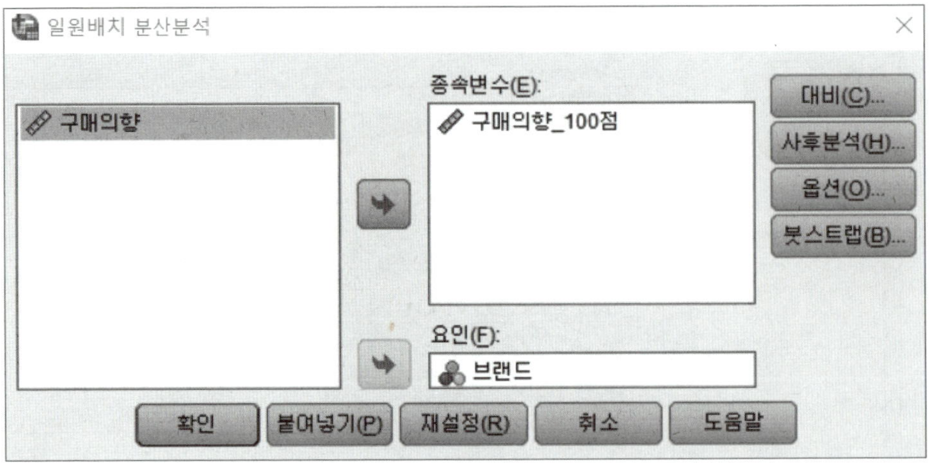

[그림 6-3]

사후분석을 클릭하여 [그림 6-4]와 같은 대화창이 나타나면 Scheffe, Tukey 방법을 선택한 후 계속을 클릭하여 이전 화면으로 돌아온다. 모든 집단의 평균값이 동일하다는 귀무가설을 기각할 시 구체적으로 어떤 집단들의 평균값 차이가 통계적으로 유의한지를 사후분석하는 옵션이다. Scheffe 방법은 TypeⅠ 에러의 발생에 대해서 엄격하게 통제를 하므로 유의한 차이가 나타난다고 판단하는 경향이 다른 옵션들에 비해서 상대적으로 낮으며 집단 간 표본 수의 동일성 여부에 상관없이 사용할 수 있다. Tukey 방법은 집단 간 표본의 수가 모두 동일할 때 사용하며 Scheffe 방법보다 덜 엄격하게 집단 간 평균값 차이의 유의성을 발견한다.

계속을 클릭하여 이전 화면으로 돌아온 후 옵션을 선택하면 [그림 6-5]와 같은 화면이 나타나며 '기술통계'와 '분산동일성 검정'을 선택한 후 계속을 클릭하여 이전 화면으로 돌아온다.

확인을 클릭하면 결과가 나타난다. 3개 브랜드의 구매의향에 대한 표본평균값과 표준편차, 신뢰구간 등 기초통계량이 값이 제공되며 이는 앞서 '옵션'을 선택하여 '기술통계'를 체크했기 때문에 주어지는 결과이다.

한편, 분산분석은 각 집단들의 모집단 분산이 모두 동일하다는 가정이 필요하다. 모집단의 분산 동질성 가설을 검정하기 위해서는 Levene 통계량을 이용하는데 유의확률이 0.153 > 0.05(유의수준)보다 크므로 95% 신뢰수준하에서 모집단의 분산이 동일하다는 귀무가설을 기각할 수 없다. 따라서 분산분석을 진행해도 무방하다.

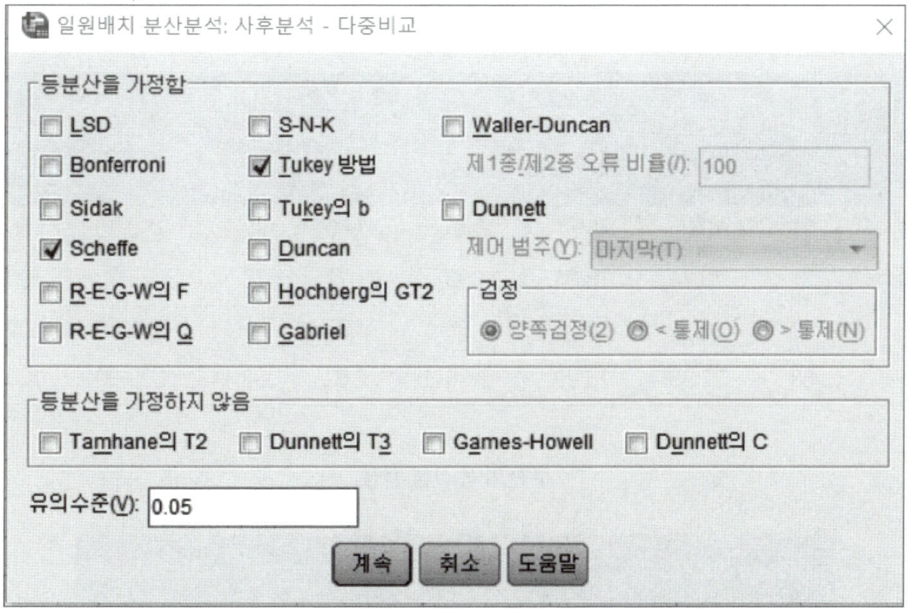
일원배치 분산분석: 사후분석 - 다중비교
등분산을 가정함
LSD
S-N-K
Waller-Duncan
Bonferroni
Tukey 방법
제1종/제2종 오류 비율(/): 100
Sidak
Tukey의 b
Dunnett
Scheffe
Duncan
제어 범주(Y): 마지막(T)
R-E-G-W의 F
Hochberg의 GT2
검정
R-E-G-W의 Q
Gabriel
양쪽검정(2)
< 통제(O)
> 통제(N)
등분산을 가정하지 않음
Tamhane의 T2
Dunnett의 T3
Games-Howell
Dunnett의 C
유의수준(V): 0.05
계속
취소
도움말

[그림 6-4]

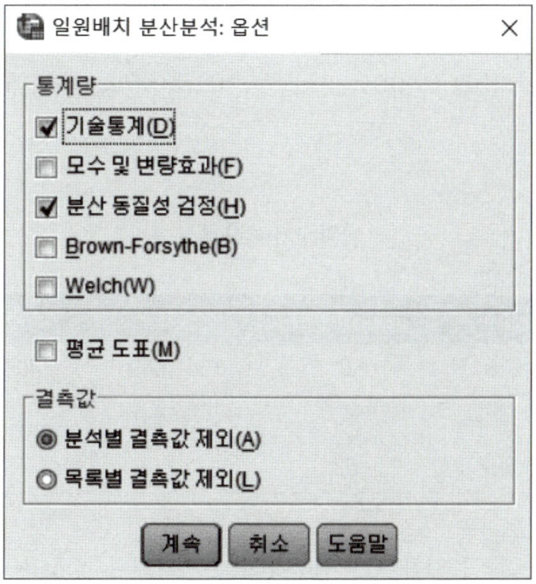
일원배치 분산분석: 옵션
통계량
기술통계(D)
모수 및 변량효과(F)
분산 동질성 검정(H)
Brown-Forsythe(B)
Welch(W)
평균 도표(M)
결측값
분석별 결측값 제외(A)
목록별 결측값 제외(L)
계속
취소
도움말

[그림 6-5]

기술통계

구매의향_100점

	N	평균	표준 편차	표준 오차	평균에 대한 95% 신뢰구간		최솟값	최댓값
					하한값	상한값		
S	21	75.00	15.81	3.45	67.80	82.20	50.00	100.00
D	21	70.24	18.74	4.09	61.71	78.77	25.00	100.00
G	21	86.90	18.74	4.09	78.37	95.44	50.00	100.00
합계	63	77.38	18.90	2.38	72.62	82.14	25.00	100.00

분산의 동질성 검정

구매의향_100점

Levene 통계량	df1	df2	유의확률
1.934	2	60	.153

3개 브랜드의 구매의향이 동일하다는 가설을 검정하기 위해서는 분산분석의 F-통계량을 살펴보는데 유의확률이 0.011 < 0.05(유의수준) 이므로 95% 신뢰수준 하에서 귀무가설을 기각할 수 있다.

일원배치 분산분석

구매의향_100점

	제곱합	df	평균제곱	F	유의확률
집단간	3095.238	2	1547.619	4.875	.011
집단내	19047.619	60	317.460		
합계	22142.857	62			

모집단의 평균값이 모두 동일하다는 귀무가설을 기각한다는 것은 모평균의 차이가 유의한 브랜드가 있다는 것이다. 그렇다면 어느 브랜드 간 유의한 차이가 있는지를 분석하여야 하는데 이를 위하여 앞서 사후분석을 선택한 것이다.

아래 다중비교표를 살펴보면 D브랜드와 G브랜드 간 구매의향의 차이가 유의하고 다른 브랜드 간 차이는 유의하지 않은 것으로 나타났다.

다중비교

종속변수: 구매의향_100점

(I) 브랜드			평균차 (I-J)	표준오차	유의확률	95% 신뢰구간	
						하한값	상한값
Tukey HSD	S	D	4.76	5.50	0.66	-8.45	17.98
		G	-11.90	5.50	0.09	-25.12	1.31
	D	S	-4.76	5.50	0.66	-17.98	8.45
		G	-16.67*	5.50	0.01	-29.88	-3.45
	G	S	11.90	5.50	0.09	-1.31	25.12
		D	16.67*	5.50	0.01	3.45	29.88
-Scheffe	S	D	4.76	5.50	0.69	-9.04	18.56
		G	-11.90	5.50	0.10	-25.71	1.90
	D	S	-4.76	5.50	0.69	-18.56	9.04
		G	-16.67*	5.50	0.01	-30.47	-2.86
	G	S	11.90	5.50	0.10	-1.90	25.71
		D	16.67*	5.50	0.01	2.86	30.47

*. 평균차는 0.05 수준에서 유의합니다.

동일집단군을 살펴보면 D브랜드와 S브랜드가 각각 70.24, 75.0이지만 통계적으로 유의한 차이는 아니며 S브랜드와 G브랜드도 통계적으로 유의한 차이는 아닌 것으로 나타났다. 그러나 D브랜드와 G브랜드는 다른 집단에 소속하여 통계적으로 유의하게 구매의향의 차이가 있다고 판단할 수 있다.

구매의향_100점

브랜드		N	유의수준 = 0.05에 대한 부집단	
			1	2
TukeyHSD[a]	D	21	70.2381	
	S	21	75.0000	75.0000
	G	21		86.9048
	유의확률		.664	.086
Scheffe[a]	D	21	70.2381	
	S	21	75.0000	75.0000
	G	21		86.9048
	유의확률		.689	.105

동일 집단군에 있는 집단에 대한 평균이 표시됩니다.

이제 R 프로그램을 이용해서 살펴본다.

R

예 6.1 데이터 처리 및 데이터 구조 확인

```
① > library(foreign)
  > data06 <- read.spss('D:/MR/예제/06_평균값검정_3개이상_독립표본.sav')
  > dt06 <- data.frame(data06)
② > dt06.summary01 <-
    tapply(dt06$구매의향_100점, dt06$브랜드, function(x) {
     n <- length(x)                          # 표본크기
     mean_x <- mean(x)                       # 평균
     sd_x <- sd(x)                           # 표준편차
     se <- sd_x / sqrt(n)                    # 표준오차
     ci <- qt(0.975, df = n - 1) * se        # 95% 신뢰구간
     lower_bound <- mean_x - ci              # 신뢰구간 상한값
     upper_bound <- mean_x + ci              # 신뢰구간 하한값
```

```
    c(N=n, 평균 = mean_x, 표준편차 = sd_x, 표준오차=se,
     하한값 = lower_bound, 상한값 = upper_bound,
     최솟값=min(x), 최댓값=max(x)) }
③ > dt06.summary02 <- rbind(dt06.summary01$S, dt06.summary01$D,
                dt06.summary01$G)
  > rownames(dt06.summary02) <- c("S", "D", "G")
  > print(dt06.summary02)
    N      평균  표준편차  표준오차    하한값    상한값 최솟값 최댓값
  S 21 75.00000 15.81139 3.450328 67.80274 82.19726    50    100
  D 21 70.23810 18.74008 4.089420 61.70771 78.76848    25    100
  G 21 86.90476 18.74008 4.089420 78.37438 95.43514    50    100
```

① foreign 라이브러리를 활성화하여, data06라는 이름의 리스트로 SPSS 데이터를 저장한 후, dt06 이라는 이름의 데이터 프레임 형태로 저장한다. dt06 데이터는 3개 브랜드에 대한 구매의향을 조사한 데이터이다. 여기서 브랜드별로 구매의향이 동일한 지 여부에 대한 가설을 검정하고자 한다.

② tapply 명령어를 통해 요약통계를 계산하고자 한다. tapply 명령어는 tapply(종속 변수, 범주형 변수, 적용할 함수) 구조로 작성한다. 본 예제에서는 여러 가지의 요약통계를 한번에 계산하기 위해 적용할 함수를 function(x){ } 구조로 작성하였다. R에서 제공하는 기본 함수(예. length, mean, sd)를 이용하여 구하고자 하는 요약통계를 계산하여 '<-' 기호를 이용하여 왼쪽에 저장한다.
마지막으로 c() 명령어를 이용하여 원하는 이름으로 저장한다.

③ 기본적으로 tapply 명령어는 배열(Array) 또는 벡터(Vector)로 결과를 반환한다. 따라서, rbind 명령어를 활용하여 3개 벡터를 행을 기준으로 하나의 데이터로 통합할 수 있다. 참고로 cbind 명령어를 사용하면 열 기준으로 통합할 수 있다. 또한 rownames를 이용하여 c()에 의해 만들어진 이름을 각각의 행에 붙일 수 있으며, print 명령어를 통해 그 결과를 확인할 수 있다.

R

예 6.2 분산의 동질성 검정

```
④ > library(car)
> leveneTest(dt06$구매의향_100점, dt06$브랜드, center="mean")
Levene's Test for Homogeneity of Variance (center ="mean")
        Df F value Pr(>F)
group  2  1.9344  0.1534
      60
```

④ car 라이브러리에서 제공하는 leveneTest 명령어를 이용해 분산의 동질성 검정을 수행할 수 있다. 분석 결과, 유의확률이 0.1534 이므로, 유의수준 0.05보다 크므로 95% 신뢰수준 하에서 모집단의 분산이 동일하다는 귀무가설을 기각할 수 없다. 따라서 분산이 같다는 가정하에 분산분석을 진행한다.

R

예 6.3 분산분석

```
⑤ > m1 <- aov(구매의향_100점 ~ 브랜드, data=dt06)
> summary(m1)
            Df  Sum Sq  Mean Sq  F value  Pr(>F)
브랜드       2    3095   1547.6    4.875  0.0109 *
Residuals   60   19048    317.5
---
Signif. codes:  0 '***' 0.001 '**' 0.01 '*' 0.05 '.' 0.1 ' ' 1

> group_means <- tapply(dt06$구매의향_100점, dt06$브랜드, mean)
> squared_errors <- (dt06$구매의향_100점 - group_means[dt06$브랜드])^2
```

```
> SSE <- sum(squared_errors)
> N <- length(dt06$구매의향_100점)
> k <- length(group_means)
> print (SSE / (N-k)) #MSE 구하기
[1] 317.4603
```

⑤ aov 명령어를 이용하여 분산분석을 수행한다. 해당 명령어는 aov(종속변수 ~ 범주형 변수, 데이터 이름) 형태로 작성한다.

브랜드들의 구매의향 평균이 동일한지 검정을 하기 위해서 F-통계량의 유의확률을 살펴보면 그 값이 0.0109 로서 유의수준 0.05보다 작으므로 95% 신뢰수준 하에서 귀무가설을 기각할 수 있다. 즉, 브랜드들의 구매의향이 서로 다르다고 해석할 수 있다. 또한 다중 비교에서 활용되는 MSE(317.4603)를 구하는 공식은 다음과 같다.

$$MSE = \sum_{i=1}^{k}\sum_{j=1}^{n_i}(Y_{ij} - \overline{Y}_i)^2/(N-k)$$

i : 그룹 번호
k : 그룹 개수
n_j : j 그룹의 표본 수
N : 전체 표본 수
Y_{ij} : i번째 그룹의 j번째 데이터

R

예 6.4 Tukey HSD (균형데이터) 다중비교 분석 1

```
⑥ > HSD.fit1 <- TukeyHSD(m1)
   > print(HSD.fit1)
     Tukey multiple comparisons of means
       95% family-wise confidence level


   Fit: aov(formula = 구매의향_100점 ~ 브랜드, data = dt04)
```

```
$브랜드
          diff          lwr        upr       p adj
D-S   -4.761905   -17.976168   8.452358   0.6636367
G-S   11.904762   -1.309501    25.119025  0.0856136
G-D   16.666667   3.452403     29.880930  0.0099135
```

⑥ TukeyHSD 명령어는 분산분석(ANOVA) 이후에 사용하는 사후검정(post-hoc test) 함수로, Tukey의 HSD (Honest Significant Difference) 검정을 수행한다. tukeyHSD 명령어는 tukeyHSD(aov()로 생성된 ANOVA 객체) 형태로 사용한다. 예제에서는 m1 이름으로 저장된 분산분석 결과를 활용한 사후 분석 결과를 보여 주고 있다. 분석결과에서 두 집단 간에 유의미한 평균 차이가 있는지를 살펴보기 위해서 p adj 값을 이용한다.

(D, S) 그룹에 대한 유의확률은 0.6636367이며, (G, S) 그룹에 대한 유의확률은 0.0856136로 나타나 유의수준 0.05 보다 커서 통계적으로 두 그룹간의 평균 차이가 있다고 볼 수 없으며, (G, D) 그룹에 대한 유의확률은 0.0099135로 나타나 두 그룹 간의 평균 차이가 유의미하다고 해석할 수 있다.

R

예 6.5 Tukey HSD (균형데이터) 다중비교 분석 2

⑦
```
> library(agricolae)
> HSD.fit2 <- HSD.test(m1, trt='브랜드', group=FALSE)
```
⑧
```
> print(HSD.fit2)
$statistics
  MSerror  Df   Mean       CV        MSD
  317.4603 60   77.38095   23.02558  13.21426
```

```
$parameters
  test name.t ntr StudentizedRange alpha
  Tukey 브랜드  3        3.398661  0.05

$means
구매의향_100점          std  r          se  Min  Max  Q25  Q50  Q75
D       70.23810  18.74008 21  3.888079   25  100   50   75   75
G       86.90476  18.74008 21  3.888079   50  100   75  100  100
S       75.00000  15.81139 21  3.888079   50  100   75   75   75

$comparison
        difference  pvalue signif.        LCL        UCL
D - G  -16.666667   0.0099     **  -29.880930  -3.452403
D - S   -4.761905   0.6636         -17.976168   8.452358
G - S   11.904762   0.0856      .   -1.309501  25.119025
```

⑦ agricolae 라이브러리를 활용하여, 다른 방법으로 Tukey의 HSD 검정을 수행할 수 있다. HSD.test 명령어는 HSD.test(ANOVA 객체, trt='그룹 변수') 형태로 사용한다. group 옵션에 의해 출력 결과 형태(TRUE : 수준 간의 평균을 그룹화된 문자로 표현, FALSE : 처리 간 쌍별 비교 결과를 표현)를 지정한다.

⑧ agricolae 라이브러리에서 제공하는 HSD.test 명령어를 통해 구한 결과는 TukeyHSD에서 구한 결과와 동일하며, 추가적으로 리스트 형태의 다양한 분석 결과를 제공받을 수 있다. 최소유의차이(mean significant difference)는 두 그룹 간의 평균 차이의 절댓값이 통계적으로 유의미한 차이를 갖기 위한 최솟값으로 여기서는 13.21426 만큼의 차이를 보여야 하는 것을 의미한다.

최소유의차이는 "표준화범위 * SQRT(MSE/각 그룹 표본 수)"에 의해 구한다.

표준화 범위(studentized range)는 표준오차로 조정된 범위로서 검정통계량과의 비교를 통해 임계값보다 큰 검정 통계량을 가질 경우 통계적으로 유의미한 차이가 있는 것으로 해석할 수 있다.

마지막으로 두 그룹 간의 평균 차이에 대한 검정을 p-value 값이 유의수준보다 작거나 및 상한 및 하한 신뢰구간이 0을 포함하지 않는 경우 통계적으로 유의미한 차이가 있는 것으로 해석할 수 있다.

R

예 6.6 검정 통계량 및 표준 오차 계산하기

```
⑨ > qtukey(1 - 0.05, nlevels(dt06$브랜드),
  +            nrow(dt06) - nlevels(dt06$브랜드) )
  [1] 3.398661

  > mse <- summary(m1)[[1]][["Mean Sq"]][2] # MSE 가져오기
  > sqrt(mse / (nrow(dt06)/ncol(dt06)) ) # 표준 오차 계산
  [1] 3.888079
```

⑨ 표준 오차로 조정된 범위를 의미하는 표준화 범위(studentized range) 임계값은 두 개 그룹에 대한 그룹 평균 차이에 대한 검정통계량과의 비교를 통해 임계값보다 큰 검정통계량(그룹 평균 절대 차이 / 표준오차)을 가지는 그룹 평균 차이에 대해서는 통계적으로 유의미한 차이가 있다고 해석할 수 있다.

표준화 범위 임계값은 Tukey의 표준화 범위(studentized range) 분포의 분위수(quantile)를 구하는 함수를 이용하여 계산할 수 있다. 사용하는 방법은 qtukey(누적확률, 그룹 개수, ANOVA의 residual 자유도(샘플 수 - 그룹 수))와 같다.

검정 통계량은 (그룹 평균 절대 차이/표준 오차)로 구할 수 있다. 예를 들어, D-G 그룹의 검정통계량 4.286605는 (86.90476-70.23810)/3.888079로 계산한다.

표준오차(se)는 R 분석결과에서 $means에 있는 se 열의 값 또는 SQRT(MSE / (샘플 수 / 그룹 수))로 구할 수 있다(각 그룹의 샘플 수가 동일할 경우).

	그룹 평균 절대 차이 ⓐ	표준 오차 ⓑ	검정 통계량 (ⓐ/ⓑ)	표준화 범위 임계값	통계적 차이 검정
D - G	16.666667	3.888079	4.286605	3.398661	있음
D - S	4.761905	3.888079	1.224745		없음
G - S	11.904762	3.888079	3.061862		없음

R

예 6.7 Scheffé 다중비교 분석

```
⑩ > SCF.fit <- scheffe.test(m1, trt='브랜드', group=FALSE)
  > print(SCF.fit)
  $statistics
     MSerror Df        F     Mean       CV  Scheffe
    317.4603 60 3.150411 77.38095 23.02558 2.510144
     CriticalDifference
             13.80221

  $parameters
      test name.t ntr alpha
     Scheffe 브랜드   3  0.05


  $means
   구매의향_100점      std  r        s Min Max Q25 Q50 Q75
  D     70.23810 18.74008 21 3.888079  25 100  50  75  75
  G     86.90476 18.74008 21 3.888079  50 100  75 100 100
  S     75.00000 15.81139 21 3.888079  50 100  75  75  75
```

```
$comparison
      Difference  pvalue sig       LCL        UCL
D - G -16.666667  0.0139   *  -30.46888  -2.864454
D - S  -4.761905  0.6889      -18.56412   9.040307
G - S  11.904762  0.1047       -1.89745  25.706974
```

⑩ Scheffé 검정은 다중 비교에 있어서 보수적인 방식으로 집단 간 평균 차이를 검정하는 방법이다. 보수적이라는 의미는 실제로는 차이가 없는데 차이가 있다고 판단할 위험을 줄이려는 것을 의미한다.

R에서는 agricolae 패키지에서 제공하는 scheffe.test 명령어를 이용한다.

scheffe.test(ANOVA 객체, trt='그룹 변수') 형태로 사용하며, group 옵션에 의해 출력 결과 형태(TRUE : 수준 간의 평균을 그룹화된 문자로 표현, FALSE : 처리 간 쌍별 비교 결과를 표현)를 지정할 수 있다.

최소유의차이(Critical Difference) 값이 13.80221로 계산되어, 두 그룹의 절대 평균 차이가 이 값보다 클 경우 유의미한 차이가 있다고 해석할 수 있다. 여기서는 D-G 그룹의 절대 평균 차이가 16.666667로 나타나 유의미한 평균 차이가 있다고 해석할 수 있다.

마지막으로 p-value 관점에서도 유의수준 0.05보다 작은 D-G 그룹이 유의한 평균 차이가 보이는 것으로 해석할 수 있다.

R

예 6.8 Scheffé 임계값 및 유의 차이 계산하기

```
⑪ > F_critical <- qf(1-0.05, nlevels(dt06$브랜드)-1,
                         nrow(dt06)-nlevels(dt06$브랜드))
   > print(F_critical)
   [1] 3.150411 #F 값
```

```
> print(sqrt(2*F_critical))
[1] 2.510144 #Scheffe 임계값

> CD <- sqrt( (nlevels(dt06$브랜드)-1) *
                F_critical *
                mse * #mse = 317.4603
                (1/table(dt06$브랜드)[1]+1/table(dt06$브랜드)[2]))

> print(CD)
        S
13.80221
```

⑪ 참고로, F 값, Scheffe 임계값 및 최소 유의 차이를 직접 계산할 수 있는 R 프로그램을 함께 제시하였다.

R

예 6.9 시각화

```
⑫ > plot(HSD.fit1, las = 1, col = "red", cex.axis=2)
```

⑫ Tukey HSD 검정 결과를 시각화하여 그 결과를 살펴볼 수 있다. plot(Tukey HSD 결과)와 같은 형태로 명령어를 사용하며, 여러 옵션들을 통해 원하는 형태로 시각화 결과를 설정할 수 있다.

시각화 결과를 보면, G–D 그룹 간의 평균 차이에 대한 신뢰구간이 0을 포함하고 있지 않아 두 그룹의 평균 차이가 통계적으로 유의미하다는 것으로 해석할 수 있다.

옵션	사용법
las = 1	축 글자 방향을 지정한다. 기본값 0(축에 수직)이다. 1은 Y축 라벨을 수평(horizontal)으로 표시한다.
col = "red"	신뢰구간 선을 빨간색으로 표시한다.
cex.axis = 2	축 텍스트의 크기를 조절한다. 2는 축 글씨 크기를 2배로 키우는 것을 의미한다.

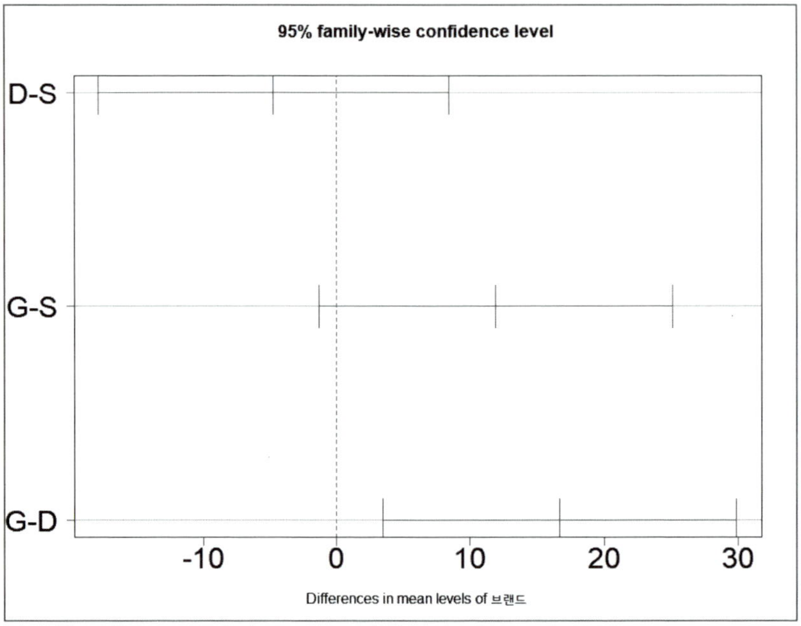

CHAPTER 7

3개 이상 집단 대응표본 평균값 검정 : 반복측정 일원배치분산분석

3개 신제품에 대한 설명과 제품 모양 등을 제시한 후 다음과 같은 척도에 의해 구매의향을 질문한다고 하자. 단, 3개의 개별 응답자 집단에 각각 1개 브랜드에 대한 구매의향을 질문한 것이 아니라 1명의 응답자에게 3개 브랜드에 대한 구매의향을 모두 질문하였다.

"방금 보신 제품에 대한 구매의향을 보기의 척도에 의해서 평가해 주십시오."

구매의향이 전혀 없다	구매의향이 없는 편이다.	보통이다 / 중간이다	구매의향이 있는 편이다	구매의향이 매우 많다
1	2	3	4	5

이렇게 **개별 응답자에게 3개 이상의 브랜드(수준)별로 모두 반복 질문하여 평균값 차이에 대한 통계적 유의성을 검정하는 것을 반복측정 분산분석**(repeated measures ANOVA)이라고 한다.

앞서 6장의 일원분류 분산분석은 전체제곱합(TSS)을 처리제곱합(SST)과 오차제곱합(SSE)으로 나누어 오차제곱합 대비 처리제곱합의 상대적 크기를 중심으로 분석하였다. 그러나 한 명의 응답자에게 3개 이상의 수준별로 모두 질문하는 반복측정 분산분석은 전체제곱합을 개체-간 제곱합(SSB)과 개체-내 제곱합(SSW)으로 나누고, 다시 개체-내 제곱합을 처리제곱합(SST)과 오차제곱합(SSE)으로 나눈 다음 개체-내 처리제곱합의 상대적 크기를 중심으로 분석한다.

실제 실무에서는 표본 수 증가에 따른 비용과 시간의 증가 때문에 개별 응답자에게 반복측정(repeated measure)을 하는 대응적 테스트(sequential test)를 하는 경우가 많으며, 대부분의 경우에 일원배치분석이나 반복측정 일원배치분석의 유의성 여부 결과가 크게 다르게 나타나지 않으나 간혹 정반대의 결과가 나타나는 경우도 있으므로 일원배치분산분석과 반복측정 일원배치분산분석을 잘 구분하여 사용하여야 한다.

일원배치분산분석

전체제곱합(TSS) = 처리제곱합(SST) + 오차제곱합(SSE)

반복측정 일원배치분산분석

전체 제곱합(TSS) = 개체–간 제곱합(SSB) + 개체–내 제곱합(SSW)

= 개체–간 제곱합(SSB) + 처리제곱합(SST)+ 오차제곱합(SSE)

- TSS : Total Sum of Square
- SST : Sum of Square for Treatment
- SSB : Sum of Square Between subjects
- SSW : Sum of Square Within subjects
- SSE : Sum of Square Error

(예제 7)은 3개 브랜드(Q, X, D)의 신제품에 대한 구매의향을 질문하여 얻은 데이터이다.

(예제 7)

	Q	X	D
1	4.00	3.00	4.00
2	4.00	4.00	4.00
3	3.00	2.00	3.00
4	3.00	3.00	3.00
5	3.00	3.00	3.00
6	4.00	4.00	4.00
7	5.00	5.00	5.00
8	3.00	3.00	3.00
9	4.00	5.00	5.00
10	4.00	4.00	4.00
11	5.00	4.00	4.00
12	4.00	4.00	4.00

본 예에서는 다음과 같은 가설을 설정하고 분석하는 데 관심이 있다.

귀무가설 H_0 : 3개 브랜드의 신제품에 대한 객체-내 구매의향은 모두 동일하다.
($\mu_q = \mu_x = \mu_d$)
대립가설 H_1 : 3개 브랜드의 신제품에 대한 구매의향은 모두 동일하지 않다.
(not H_0)

먼저 SPSS로 분석하기 위하여 메인 화면에서 『분석 → 일반선형모형 → 반복측정 클릭』을 차례대로 클릭하면 [그림 7-1]의 대화창이 나타난다.

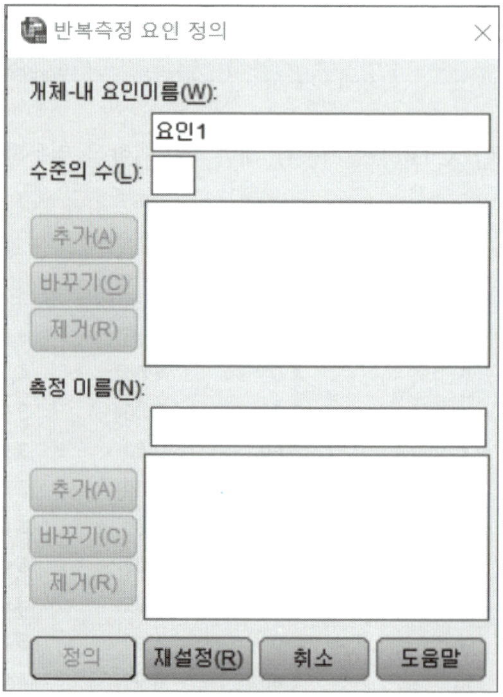

[그림 7-1]

[그림 7-1]에서 '개체-내 요인이름'에 분류하여 분석하고자 하는 독립변수(여기서는 브랜드)를 입력하고 수준의 수 '3'을 입력한 후 추가를 클릭하고, '측정이름'에 측정하고자 하는 값의 변수명(여기서는 구매의향)을 입력하여 추가를 클릭한다(그림 7-2). 여기서 개체-내 요인이름과 측정이름은 연구자가 임의로 변수명을 결정하여 입력한다.

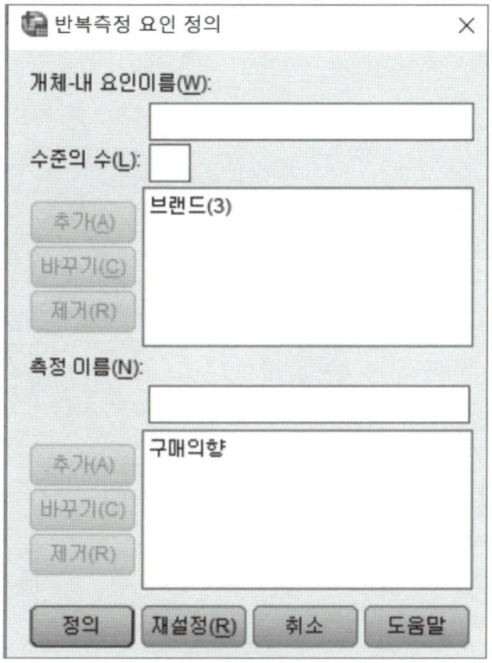

[그림 7-2]

다음 '정의'를 선택하면 [그림 7-3]과 같은 대화창이 나타난다.

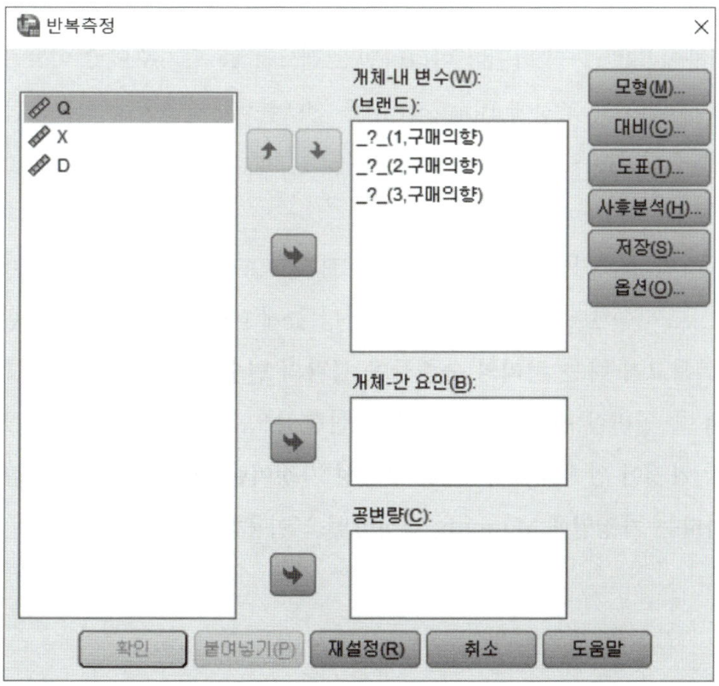

[그림 7-3]

[그림 7-4]와 같이 브랜드(Q, X, D)를 각각 선택하여 개체-내 변수에 입력한다.

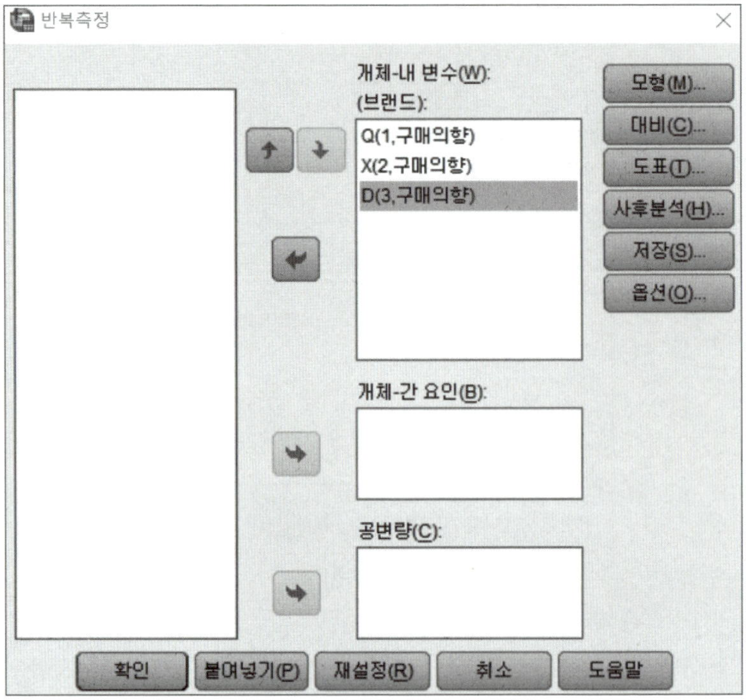

[그림 7-4]

옵션을 클릭하여 [그림 7-5] 화면이 나타나면 브랜드를 출력 기준으로 이동하고 주효과 비교를 선택한 후 신뢰구간 조정에 Bonferroni를 선택한 후 기술통계량과 동질성 검정을 체크한 후 계속을 클릭하여 앞 화면으로 이동한다.

확인을 클릭하면 결과가 나타난다. 먼저 브랜드 (Q, X, D)의 신제품 구매의향이 각각 (4.02, 3.83, 3.75)로서 Q 브랜드의 구매의향이 가장 높게 나타났다. SPSS에서 **반복측정 분산분석은 ① 반복하고자 하는 처리의 수준들을 각각의 변수로 인식하여 다변량 분석으로 접근하는 방법과 ② 일변량 변수의 반복측정 분산분석으로 접근하는 방법이 있는데 후자의 경우는 구형성 가정이 만족되어야 한다. 구형성 가정이란 반복측정되는 시점 간 자료들의 분산이 동일하다는 가정인데 Mauchly 검정방법**을 이용하여 확인한다.

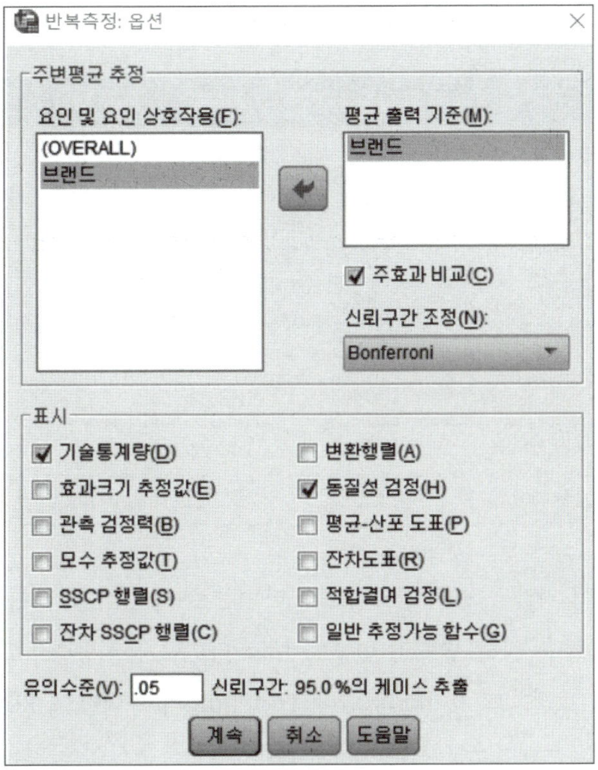

[그림 7-5]

Mauchly 검정 결과 유의확률이 0.017이므로 95% 신뢰수준하에서 귀무가설을 기각한다. 만약 Mauchly의 구형성 검정 결과 귀무가설을 기각하지 못한다면, 즉 구형성 가정을 충족한다면 아래의 일변량 개체-내 효과 검정의 구형성 가정 결과를 살펴본다. 유의확률이 0.000으로서 '개체-내 3개 브랜드에 대한 구매의향은 모두 동일하다'는 귀무가설을 기각할 수 있다. 구형성의 가정이 기각될 경우 그린하우스-게이저, 호인-펠트의 엡실런을 F-분포의 두 자유도에 곱해 자유도를 작게 하여 F-분포의 유의확률을 다시 계산하여 유의확률을 살펴본다.

Mauchly의 구형성 검정

측도: 구매의향

개체-내 효과	Mauchly의 W	근사 카이제곱	자유도	유의확률	엡실런		
					Greenhouse-Geisser	Huynh-Feldt	하한값
브랜드	.920	8.119	2	.017	.926	.943	.500

개체-내 효과 검정

측도: 구매의향

소스		제 III 유형 제곱합	자유도	평균 제곱	F	유의확률
브랜드	구형성 가정	3.847	2	1.923	9.329	.000
	Greenhouse-Geisser	3.847	1.853	2.076	9.329	.000
	Huynh-Feldt	3.847	1.887	2.039	9.329	.000
	하한값	3.847	1.000	3.847	9.329	.003
오차 (브랜드)	구형성 가정	40.820	198	.206		
	Greenhouse-Geisser	40.820	183.417	.223		
	Huynh-Feldt	40.820	186.764	.219		
	하한값	40.820	99.000	.412		

또한 구형성 가정이 기각될 경우 참고적으로 다변량 분석 결과를 같이 살펴본다. 이는 반복측정된 각 대상자들을 각각 별도의 변수로 보고 다변량 분석방법으로 접근한다. 다변량 검정방법은 Pillai의 트레이스, Wilks의 람다, Hotelling의 트레이스, Roy의 최대근 수치들을 살펴본다. Pillai의 트레이스는 표본의 크기가 작거나 공분산이 동일하지 않고 표본의 크기가 다를 때 주로 사용하며, Wilks의 람다는 표본크기가 충분하고 표본의 크기도 유사할 때 주로 사용하며, Roy의 최대근은 가장 보수적으로 모든 가정을 엄격하게 충족할 때 사용한다. 다변량 검정 결과 유의확률이 0.000으로서 "객체 내 3개 브랜드의 구매의향이 모두 같다"는 귀무가설은 기각한다.

다변량 검정

효과		값	F	가설 자유도	오차 자유도	유의확률
브랜드	Pillai의 트레이스	.163	9.527	2.000	98.000	.000
	Wilks의 람다	.837	9.527	2.000	98.000	.000
	Hotelling의 트레이스	.194	9.527	2.000	98.000	.000
	Roy의 최대근	.194	9.527	2.000	98.000	.000

3개 브랜드의 구매의향이 모두 동일하다는 귀무가설을 기각하면 어떤 브랜드 간의 구매의향 차이가 있는지를 확인하기 위해 대응별 차이에 대한 유의성 검정 결과 (Q − X)의 평균 차이와 (Q − D)의 평균의 차이가 통계적으로 유의하며 (X − D)의 평균 차이는 유의하지 않은

것으로 나타났다.

대응별 비교

측도: 구매의향

브랜드		평균차 (I-J)	표준오차	유의확률[b]	차이에 대한 95% 신뢰구간[b]	
					하한값	상한값
Q	X	.190*	.054	.002	.057	.323
	D	.270*	.069	.001	.101	.439
X	Q	-.190*	.054	.002	-.323	-.057
	D	.080	.068	.720	-.085	.245
D	Q	-.270*	.069	.001	-.439	-.101
	X	-.080	.068	.720	-.245	.085

*. 평균차는 .05 수준에서 유의합니다.
b. 다중비교에 대한 조정: Bonferroni

참고로 일원분류 반복측정 분산분석의 경우 일반화선형모형으로도 분석이 가능하며 동일한 결과로 나타난다.

이제 R 프로그램을 이용해서 분석해 본다.

R

예 7.1 데이터 처리 및 데이터 구조 확인

```
① > library(foreign)
  > data07 <- read.spss('D:/MR/예제/07_평균값검정_3개이상_대응표본.sav')
  > dt07 <- data.frame(data07)
  > head(dt07)
  Q X D
  1 4 3 4
  2 4 4 4
  3 3 2 3
```

```
4 3 3 3
5 3 3 3
6 4 4 4
> str(dt07)
'data.frame':    100 obs. of 3 variables:
$ Q: num 4 4 3 3 3 4 5 3 4 4 ...
$ X: num 3 4 2 3 3 4 5 3 5 4 ...
$ D: num 4 4 3 3 3 4 5 3 5 4 ...
```

① foreign 라이브러리를 활성화하여, data07라는 이름의 리스트로 SPSS 데이터를 저장한 후, dt07 이라는 이름의 데이터 프레임 형태로 저장한다. head 명령어를 통해 데이터 입력 형태를 확인한다. dt07 데이터는 총 100명의 응답자에게 3개 신제품에 대한 설명과 제품 모양 등을 제시한 후 구매의향을 질문하여 얻은 데이터이다. 1명의 응답자에게 3개 브랜드에 대한 구매의향을 모두 질문하였다.

이번 분석에서는 동일한 응답자로부터 얻은 3개 브랜드의 신제품에 대한 객채 내(응답자–내) 구매의향이 모두 동일한지 가설 검정하고자 한다.

str 명령어를 통해 데이터에 대한 구조를 살펴볼 수 있으며, dt07 데이터는 데이터 프레임으로 저장되어 있으며 100개 샘플 수와 3개의 변수가 저장되어 있고, 각 변수들(Q, X, D)은 모두 숫자형(num)으로 저장되어 있음을 확인할 수 있다.

R

예 7.2 반복 측정 분산분석

```
② > lm_model<- lm(cbind(Q,X,D) ~ 1 , data=dt07)
  > Trials <- factor(c("Q", "X", "D"), ordered=F)
  > library(car)
  > anova.output <- Anova(lm_model, idata=data.frame(Trials),
                                    idesign = ~ Trials, type="III")
```

② 반복측정 분산분석을 수행하기 위해서 car 라이브러리에서 제공하는 Anova 명령어를 사용하고자 한다. car 라이브러리에서 제공하는 Anova 명령어는 Anova(다변량 선형모형 결과, 반복측정 요인 정보, 반복측정 요인의 설계 공식, 제곱합 유형)으로 작성한다. 본 예제에서는 독립변수가 없이 개별 값만 가지는 3개 변수에 대한 다변량 선형모형을 lm_model에 저장하였다. 반복측정 요인의 이름을 각각 Q, X, D로 정의하여 순서를 고려하지 않고(ordered=F) Trials에 저장하였다. 이렇게 정의된 다변량 선형모형 및 반복측정 요인에 대한 정보를 Anova 명령어를 활용하여 반복측정 분산분석을 수행한다.

R

예 7.3 구형성 검정

```
③ > rep.anova.output <- summary(anova.output, multivariate=T)
  > rep.anova.output$sphericity.tests
          Test statistic    p-value
  Trials       0.92049     0.017256
```

③ 반복측정 분산분석을 위해서는 같은 피험자로부터 얻은 측정한 값들의 시점 차이에 대한 분산이 동일해야 한다. 예를 들어 본 예제에서 (Q−x), (Q−D), (X−D) 차이값들의 분산이 동일하다는 가정이 필요하며 이를 구형성(sphericity) 가정이라고 부르며, 이를 확인하기 위해서는 머클리(Mauchly) 검정방법이 가장 널리 사용되고 있다.

예제에서는 다변량 선형모형 결과(anova.output)로부터 summary 명령어를 통해 구형성 검정을 위한 유의확률을 확인할 수 있다. 그 결과 유의확률이 0.017256이며 유의수준 0.05보다 작아 귀무가설을 기각한다. 즉, 동일 응답자로부터 얻은 3개 브랜드의 구매의향 차이에 대한 분산이 동일하다는 구형성을 기각하게 된다. 이렇게 구형성 가정이 충족되지 않으면 그린하우스−게이저, 호인−펠트의 엡실런을 F−분포의 두 자유도에 곱해 자유도를 작게 하여 F−분포의 유의확률을 다시 계산하여 유의확률을 살펴본다. 이는 결국 구형성 가정을 필요로 하지 않는 다변량 분석방법으로 접근하는 것이다.

R

예 7.4 다변량 검정

```
④ > rep.anova.output$multivariate.tests[2]
(일부)
Multivariate Tests: Trials
                  Df  test stat approx F num Df den Df     Pr(>F)
Pillai             1  0.1627802 9.527044      2     98 0.00016563 ***
Wilks              1  0.8372198 9.527044      2     98 0.00016563 ***
Hotelling-Lawley   1  0.1944295 9.527044      2     98 0.00016563 ***
Roy                1  0.1944295 9.527044      2     98 0.00016563 ***
---
Signif. codes: 0 '***' 0.001 '**' 0.01 '*' 0.05 '.' 0.1 ' ' 1
```

④ Pillai의 트레이스는 표본의 크기가 작거나 공분산이 동일하지 않고 표본의 크기가 다를 때 주로 사용하며, Wilks의 람다는 표본크기가 충분하고 표본의 크기도 유사할 때 주로 사용하며, Roy의 최대근은 가장 보수적으로 모든 가정을 엄격하게 충족할 때 사용한다. 다변량 검정결과 유의확률이 0.00016563으로서 "객체 내 3개 브랜드의 구매의향이 모두 같다"는 귀무가설을 기각한다.

R

예 7.5 일변량 개체 내 효과 검정

```
⑤ > rep.anova.output$univariate.tests
            Sum Sq num Df Error SS den Df   F value    Pr(>F)
(Intercept) 4485.3      1   128.00     99 3469.1250 < 2.2e-16 ***
Trials         3.8      2    40.82    198    9.3293 0.0001343 ***
---
Signif. codes: 0 '***' 0.001 '**' 0.01 '*' 0.05 '.' 0.1 ' ' 1
```

⑤ 만약 구형성 가정에 대한 귀무가설을 채택할 경우에도, p-value가 0.000으로 95% 신뢰수준하에서 귀무가설을 기각하고 3개 브랜드의 신제품 구매의향 평균은 서로 같다는 귀무가설을 기각할 수 있다.

R

예 7.6 데이터 포맷 변환

```
⑥ > library(reshape2)
  > dt07$id <- factor(1:nrow(dt07)) #id 변수 추가
  > dt07.long <- melt(dt07, id.vars="id",
                        measure.vars=c("Q", "X", "D"),
                        variable.name="브랜드",
                        value.name="구매의향" )
  > head(dt07.long, 5L)
     id 브랜드 구매의향
  1  1    Q       4
  2  2    Q       4
  3  3    Q       3
  4  4    Q       3
  5  5    Q       3
```

⑥ R에서는 일원배치 반복측정 분산분석을 다양한 라이브러리가 존재하며, 옆으로 붙이는 wide 포맷보다는 밑으로 붙여가는 long 포맷 형태가 선호된다. 예를 들어, dt07 데이터 형태는 wide 포맷으로 한 명의 응답자가 3번 응답하는 형태를 열 단위로 응답 결과가 저장되어 있다. 해당 데이터를 long 포맷으로 변환하기 위해서 reshape2 라이브러리에서 제공하는 melt 명령어를 이용하였으며, 응답자 번호를 id라는 변수를 factor 형태로 만들어 추가하였다.

R

예 7.7 long 포맷 데이터를 이용한 구형성 검정

```
⑦ > library(ez)
   > dt07.long.output <- ezANOVA(data=dt07.long,
           dv=구매의향,    # 반응변수
           wid=id,         # 반복측정 대상 (factor 변수 형태)
           within=브랜드,  # 반복요인
           detailed=T,     # 세부 결과 출력
           type=3)         # Type III sum of squares

   > dt07.long.output$`Mauchly's Test for Sphericity`
   Effect           W      p p<.05
   2 브랜드 0.9204898 0.01725555     *
```

⑦ ez 라이브러리에서 제공하는 ezANOVA 명령어를 통해 long 포맷의 데이터를 이용하여 동일한 분석(일변량분석)을 수행할 수 있다. 해당 명령어는 ezANOVA(데이터, 반응변수, 반복측정 대상, 반복요인) 형태로 사용한다. 그 결과 유의확률이 0.017256 이며 유의수준 0.05보다 작아 귀무가설을 기각한다. 즉, 동일 응답자로부터 얻은 3개 브랜드(시점 차이로 볼 수 있음) 중 두 브랜드 간의 구매의향 차이의 분산들이 동일하다는 구형성을 기각하게 된다. 이렇게 구형성 가정이 충족되지 않으면 구형성이 수정된 일변량분석 또는 다변량분석 방법으로 접근하여야 한다.

R

예 7.8 long 포맷 데이터를 이용한 다변량 검정

```
⑧ > format(dt07.long.output$`Sphericity Corrections`, digits=4)
  Effect    GGe     p[GG] p[GG]<.05    HFe     p[HF] p[HF]<.05
2 브랜드 0.9263 0.0002105          * 0.9433 0.0001898          *
⑨ > format(dt07.long.output$ANOVA, digits=4)
       Effect DFn DFd      SSn    SSd        F         p p<.05     ges
1 (Intercept)   1  99 4485.333 128.00 3469.125 7.034e-79     * 0.96373
2      브랜드   2 198    3.847  40.82    9.329 1.343e-04     * 0.02228
```

⑧ 구형성 가정이 기각될 경우, 그린하우스–게이저 엡실런(GGe), 호인–펠트 엡실런(HFe) 값이 0.7 이상이면, 엡실런 수정법을 사용하여 검정할 수 있다.
여기서는 각각 0.9263(GGe), 0.9433(HFe)으로 나와 엡실런 수정법을 사용하여 검정할 수 있게 된다. p–value 값이 각각 0.0002105, 0.0001898로 나와 구형성 가정에 대한 귀무가설을 기각하게 된다.

⑨ 일변량 분산분석 결과로부터 p–value가 0.0001343이기 때문에 유의수준 0.05보다 작아서 동일 응답자로부터 얻은 3개 브랜드의 신제품 구매의향 평균은 서로 같다는 귀무가설을 기각할 수 있다. 참고로 함께 제시된 ges는 일반화된 에타 제곱(Generalized Eta Squared)을 의미하며, 분산분석에서 집단 간 차이의 크기를 상대적으로 평가하는 데 사용된다. Cohen의 기준에 따르면 ~0.01(작은 효과), ~0.06(중간 효과), ~0.14(큰 효과)로 해석한다. 여기서는 ges 값이 0.02228인 중간 효과로 3개 브랜드들 간의 구매의향 차이는 아주 크지는 않는 것으로 해석할 수 있다.

R

예 7.9 long 포맷 데이터를 사후 비교

```
⑩ > library(emmeans)
> model <- aov(구매의향 ~ 브랜드 + Error(id/브랜드), data=dt07.long)
> em <- emmeans(model, ~ 브랜드)
Note: re-fitting model with sum-to-zero contrasts
> pairs(em, adjust = "bonferroni")
contrast  estimate      SE   df t.ratio p.value
 Q - X        0.19  0.0642  198   2.959  0.0104
 Q - D        0.27  0.0642  198   4.205  0.0001
 X - D        0.08  0.0642  198   1.246  0.6429

P value adjustment: bonferroni method for 3 tests
```

⑩ 브랜드 간의 구매의향 차이가 있는지를 확인하기 위해 대응별 차이에 대한 유의성 검정 결과 (Q-X)의 평균 차이에 대한 p-value는 0.0104이며, (Q-D)의 평균 차이에 대한 p-value는 0.0001이어서 유의수준 0.05보다 작으므로 통계적으로 유의미한 차이가 있다고 할 수 있다. 그러나 (X-D)의 평균 차이에 대한 p-value는 0.6429로 나타나 유의미한 차이는 없는 것으로 나타났다.

CHAPTER

8

공분산분석

4개 브랜드의 즉석식품 신제품 콘셉트에 대한 설명을 한 후 구매의향을 묻는 조사를 진행했다고 하자. 4개의 제품에 각각 15명씩 조사를 진행했으며 브랜드의 종류를 (a, b, c, d)라 하고 이를 value label (1, 2, 3, 4)로 입력하였고 구매의향은 다음과 같은 7점척도로 질문하였다. (예제 8)은 조사결과 얻은 데이터이다.

구매할 의향이 전혀 없다	구매할 의향이 없다	구매할 의향이 없는 편이다	보통이다/중간이다	구매할 의향이 있는 편이다	구매할 의향이 있다	구매할 의향이 매우 많다
1	2	3	4	5	6	7

(예제 8)

	브랜드	구매의향
1	1.00	3.00
2	1.00	4.00
3	1.00	5.00
4	1.00	6.00
5	1.00	7.00
6	2.00	5.00
7	2.00	3.00
8	2.00	3.00
9	2.00	4.00
10	2.00	4.00

브랜드별로 구매의향이 같은지 여부에 관심이 있으며 따라서 다음과 같은 가설을 설정한다.

귀무가설 H_0 : 4개 브랜드의 구매의향 평균은 모두 동일하다.
($\mu_a = \mu_b = \mu_c = \mu_d$)
대립가설 H_1 : 4개 브랜드의 구매의향 평균은 모두 동일하지 않다.
(not H_0)

각 브랜드별로 각각 15명씩 테스트를 했으므로 독립표본이고 이와 같이 3개 이상 집단의 평균값 차이에 대한 유의성 검정은 일원배치분산분석을 한다. 이에 대해서는 6장에서 설명하고 있으니 참고한다.

먼저 상기 가설을 확인하기 위한 일원배치분산분석을 하기 위해서 SPSS 메인 화면의 『분석 → 평균비교 → 일원배치분산분석』을 차례로 클릭하면 [그림 8-1]의 대화창이 나타난다.

종속변수에 구매의향, 요인에 브랜드를 선택하여 입력하고 사후분석을 클릭하여 [그림 8-2]의 대화창이 나타나면 Tukey 방법을 선택한다. 사후분석은 집단(브랜드) 간 평균값(구매의향)이 모두 동일하다는 귀무가설을 기각한다면 어떤 집단 간 차이가 있는지를 확인하기 위한 옵션이다.

Tukey 방법은 본 예제와 같이 집단(콘셉트 종류)별로 표본수가 같은 경우에 사용하며 Scheffe 방법이나 Bonferroni 방법은 집단 간 표본 수가 동일하거나 다른 경우 모두 사용할 수 있다. 단, 집단(처리)별로 표본 수가 같은 경우 Tukey 방법이 집단 간 유의성을 가장 민감하게 판단한다고 알려져 있다.

계속을 클릭하여 이전 화면으로 돌아온 다음 옵션을 클릭하면 [그림 8-3] 화면이 나타난다. 기술통계와 분산 동질성 검정을 선택한 후 계속을 클릭하여 이전 화면으로 돌아온다.

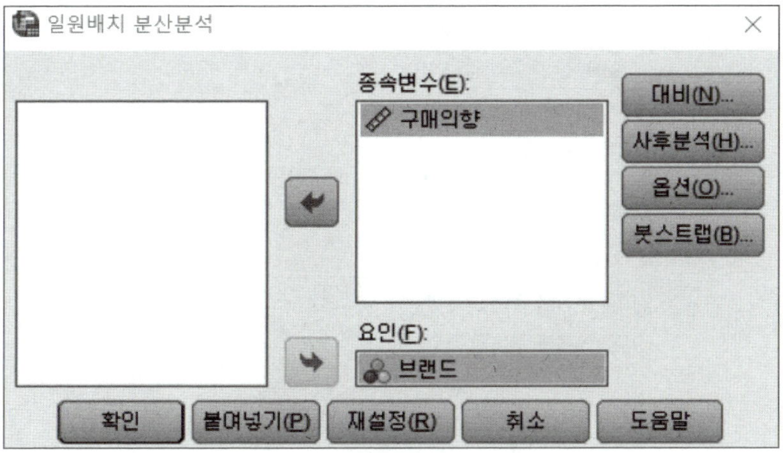

[그림 8-1]

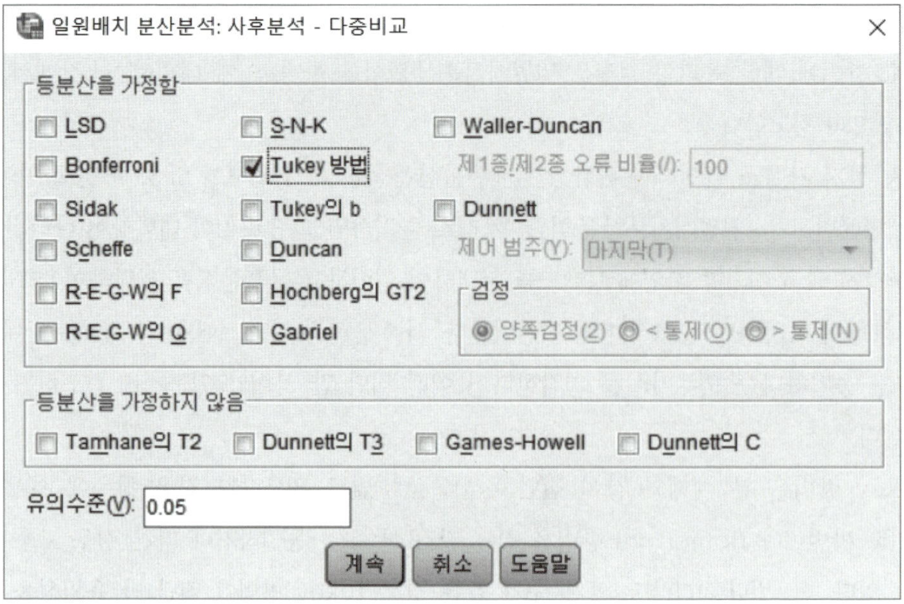

[그림 8-2]

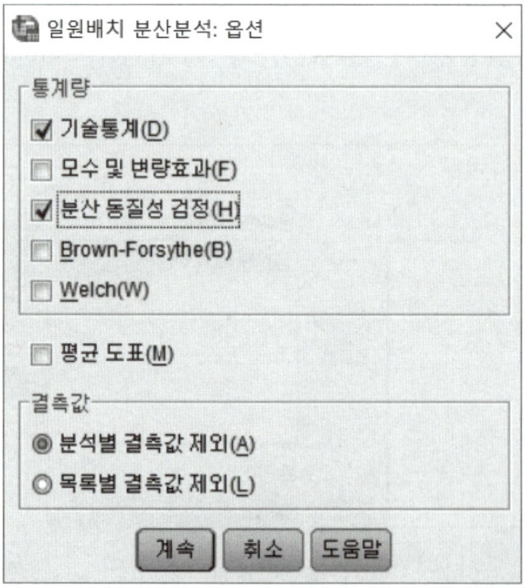

[그림 8-3]

확인을 클릭하여 실행하면 결과가 나타난다. 먼저 (a, b, c, d) 4개 브랜드의 구매의향 평균이 각각 (5.3, 3.4, 2.7, 3.1)로 A 브랜드의 구매의향이 가장 높게 나타났다.

기술통계

	N	평균	표준화 편차	표준화 오류	평균에 대한 95% 신뢰구간		최솟값	최댓값
					하한	상한		
a	15	5.2667	1.27988	0.33046	4.5579	5.9754	3.00	7.00
b	15	3.4000	1.05560	0.27255	2.8154	3.9846	1.00	5.00
c	15	2.7333	1.22280	0.31573	2.0562	3.4105	1.00	5.00
d	15	3.0667	0.96115	0.24817	2.5344	3.5989	2.00	5.00
전체	60	3.6167	1.48543	0.19177	3.2329	4.0004	1.00	7.00

앞서 분산분석은 집단 간 분산이 동일하다는 가정하에 진행된다고 하였으며 분산의 동질성은 Levene 통계량으로 확인한다고 했다. 유의확률이 0.457로서 "4개 집단의 분산이 동일하다"는 귀무가설을 기각하지 못한다. 따라서 분산분석을 진행해도 문제가 없다.

분산의 동질성 검정

		Levene 통계량	자유도1	자유도2	유의확률
구매의향	평균을 기준으로 합니다.	0.880	3	56	0.457
	중위수를 기준으로 합니다.	0.629	3	56	0.600
	자유도를 수정한 상태에서 중위수를 기준으로 합니다.	0.629	3	53.583	0.600
	절삭평균을 기준으로 합니다.	0.958	3	56	0.419

이제 분산분석표의 집단(브랜드) 간 평균값 차이에 대한 유의성 검정의 유의확률이 0.000으로서 0.05보다 작으므로 95% 신뢰수준하에서 귀무가설을 기각할 수 있다. 즉 4개 제품의 구매의향이 모두 동일하지 않다고 판단할 수 있다.

ANOVA

	제곱합	자유도	평균제곱	F	유의확률
집단-간	57.783	3	19.261	14.898	0.000
집단-내	72.400	56	1.293		
전체	130.183	59			

귀무가설이 기각되었으므로 어느 브랜드 간 구매의향의 차이가 있는지를 확인하기 위해서 사후검정 결과 (a, b), (a, c), (a, d) 브랜드의 구매의향 평균값 차이에 대한 통계적 유의성이 확인되었다.

즉, a의 구매의향이 b와 c, d 브랜드보다 높지만 (b, c, d) 브랜드 간 구매의향 차이는 통계적으로 유의하지 않다고 판단할 수 있다.

다중비교

종속변수: Tukey HSD

(I) 브랜드		평균차이 (I-J)	표준화 오류	유의확률	95% 신뢰구간	
					하한	상한
a	b	1.86667*	0.41519	0.000	0.7673	2.9660
	c	2.53333*	0.41519	0.000	1.4340	3.6327
	d	2.20000*	0.41519	0.000	1.1006	3.2994
b	a	-1.86667*	0.41519	0.000	-2.9660	-0.7673
	c	0.66667	0.41519	0.384	-0.4327	1.7660
	d	0.33333	0.41519	0.853	-0.7660	1.4327
c	a	-2.53333*	0.41519	0.000	-3.6327	-1.4340
	b	-0.66667	0.41519	0.384	-1.7660	0.4327
	d	-0.33333	0.41519	0.853	-1.4327	0.7660
d	a	-2.20000*	0.41519	0.000	-3.2994	-1.1-006
	b	-0.33333	0.41519	0.853	-1.4327	0.7660
	c	0.33333	0.41519	0.853	-0.7660	1.4327

*. 평균차이는 0.05 수준에서 유의합니다.

그런데 우리가 확인하고 싶은 주제는 즉석식품에 대한 구매의향이며 즉석식품의 특성을 고려할 때 연령이라는 변수가 매우 중요할 것이라는 생각이 들 수 있다. 그래서 연령이라는 변수가 혹시 구매의향에 영향을 끼친 것은 아닌지? 그리고 만약 연령이 브랜드별 구매의향에 영향을 끼쳤다면 연령 효과를 통제한 후 순수한 브랜드별 구매의향 평균값 차이에 대한 유의성을 확인할 필요가 있을 것이다.

이렇게 **반응변수(구매의향)에 영향을 줄수 있는 공변량(연령)를 통제하고 요인이 반응변수에 끼치는 영향력을 분석하는 방법을 공분산분석**(ANCOVA, ANalysis of COVariance)이라고 한다. 또한 **요인수준 이외에 반응변수(구매의향)에 영향을 주는 요인을 공변량**이라고 하며 공변량은 계량형 변수(비율 척도 또는 등간 척도)로 측정이 되어야 한다. 만약 공변량이 명목형 변수로 측정되었다면 공분산분석이 아니라 이원배치분산분석(2-way ANOVA)으로 확인을 한다. 예를 들어 (예제 8-1)과 같이 공변량인 연령을 계량형 척도로 측정하였으면 공분산분석을 사용하지만 만약 20대, 30, 40대와 같은 방식으로 측정하였으면 이원배치분산분석을 사용한다.

(예제 8-1)

연령	브랜드	구매의향
27.00	1.00	3.00
25.00	1.00	4.00
23.00	1.00	5.00
28.00	1.00	6.00
25.00	1.00	7.00
35.00	2.00	5.00
43.00	2.00	3.00
34.00	2.00	3.00
65.00	2.00	4.00
45.00	2.00	4.00

공분산분석을 수행하기 위해서 SPSS 메인화면에서 『분석 → 일반선형모형 → 일변량』을 차례대로 선택하면 [그림 8-4]와 같은 대화창이 나타난다. 종속변수에 구매의향, 고정 요인에 브랜드, 공변량에 연령을 입력한다.

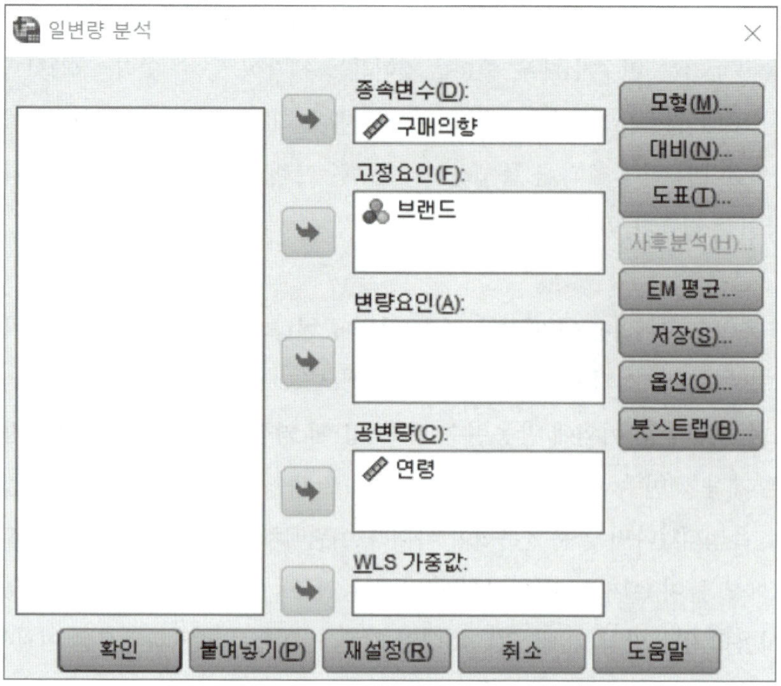

[그림 8-4]

옵션을 클릭한 후 [그림 8-5] 대화창에서 기술통계량, 동질성 검정을 선택한 후 계속을 클릭하여 이전 화면으로 돌아온다. 확인을 클릭하면 결과가 나타난다.

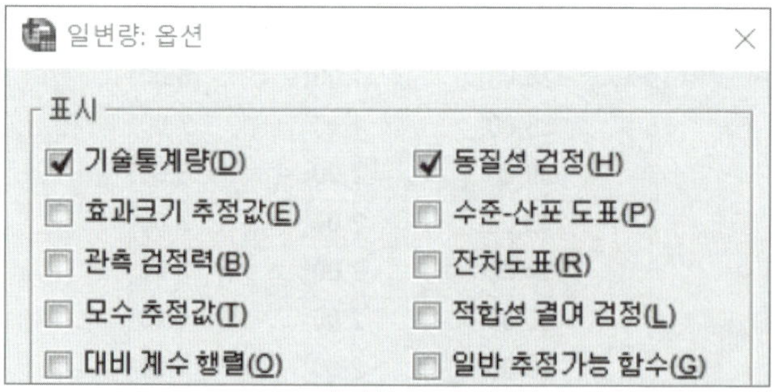

[그림 8-5]

먼저 오차분산의 동질성 검정을 확인하기 위한 Levene 검정 결과 유의확률이 0.337으로서 95% 신뢰수준하에서 4개 브랜드의 분산이 동일하다는 귀무가설을 기각할 수 없다. 따라서 분산분석을 수행하는 데 문제가 없다.

오차 분산의 동일성에 대한 Levene의 검정

F	자유도1	자유도2	유의확률
1.150	3	56	0.337

분산분석 결과를 살펴보면 브랜드별 구매의향 차이에 대한 유의확률이 0.102로 유의수준 0.05에서 귀무가설을 기각하지 못한다. 즉 4개 브랜드의 구매의향 차이가 없는 것으로 판단한다. 앞서 **연령을 통제하지 않은 분산분석 결과는 a 브랜드의 구매의향이** (b, c, d)**보다 통계적으로 유의하게 높은 것으로 나타났지만 연령이라는 변수를 통제한 공분산분석 결과는 4개 제품의 구매의향 차이가 통계적으로 유의하지 않은 것**으로 나타났다.

개체-간 효과 검정

종속변수

소스	제 III 유형 제곱합	자유도	평균제곱	F	유의확률
수정된 모형	64.242a	4	16.061	13.396	0.000
절편	70.031	1	70.031	58.411	0.000
연령	6.459	1	6.459	5.387	0.024
브랜드	7.815	3	2.605	2.173	0.102
오차	65.941	55	1.199		
전체	915.000	60			
수정된 합계	130.183	59			

a. R^2 = .493 (수정된 R^2 = .457)

종합적으로 고려할 때 연령과 브랜드 간 어떤 관계가 있을 것으로 판단되어 이번에는 연령과 브랜드의 관계를 탐색해 보기 위하여 도표를 살펴보았다. SPSS 메인화면에서 분석 – 기술통계량 – 데이터 탐색을 차례대로 클릭하고 [그림 8–6] 대화창이 나타나면 종속변수에 연령, 요인에 브랜드를 선택하고 계속을 클릭하여 이전 화면으로 돌아온 후 확인을 클릭하면 [그림 8–7]과 같은 도표가 그려진다.

도표를 살펴보면 a 브랜드의 경우 연령이 상대적으로 낮은 20대 연령 집단에 주로 몰려 있는 경향을 볼 수 있다.

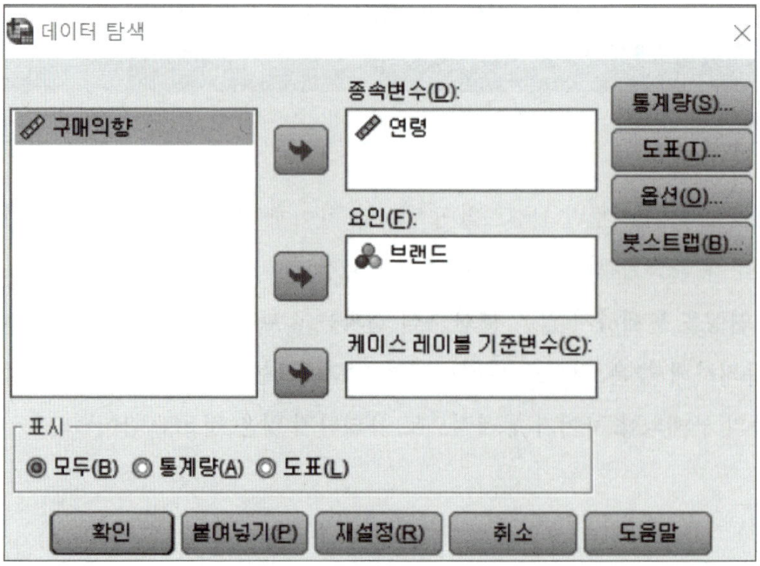

[그림 8-6]

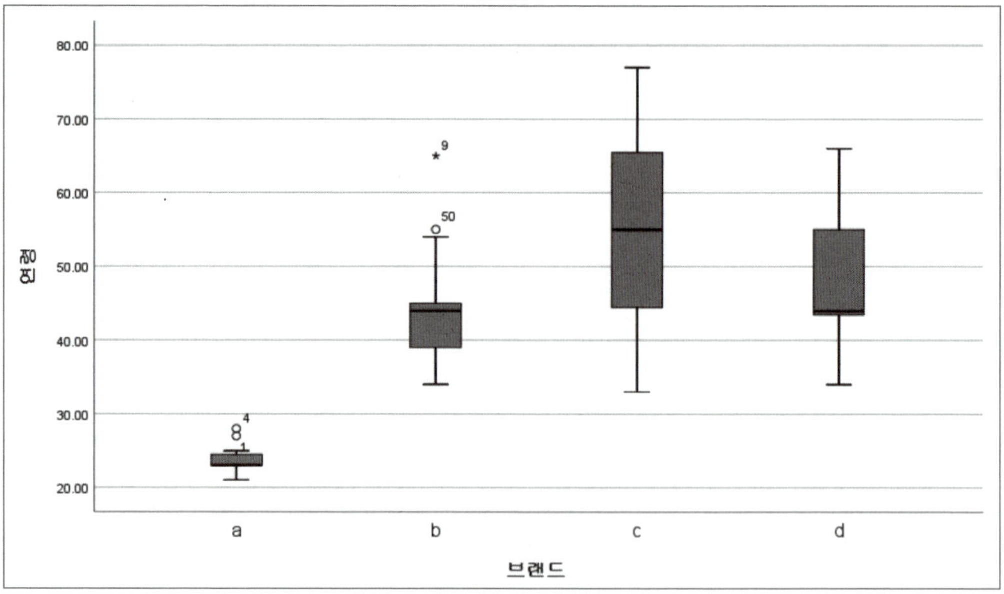

[그림 8-7]

이번에는 연령과 구매의향 간의 상관관계를 살펴보니 상관계수가 −0.658로 매우 유의하게 나타난 것을 볼 수 있다. 즉 연령이 낮을수록 구매의향이 높은 것이다.

연령과 구매의향의 상관관계

N	Pearson 상관	유의확률 (양측)
60	-.658**	0.000

**. 상관관계가 0.01 수준에서 유의합니다(양측).

결론적으로 **a 브랜드의 경우 20대 연령층을 대상으로 주로 조사가 진행되고, 연령이 낮을수록 구매의향이 높은 경향이 있어서 a 브랜드의 구매의향이 높게 나타난 것**이지 연령과 브랜드별 구매의향의 차이는 유의하지 않은 것이다.

만약 브랜드별로 연령 구성이 동일하게 연구조사 설계가 되었다면 a 브랜드의 구매의향은 다른 브랜드와 큰 차이가 없는 것으로 나타났을 것이다.

실제 조사연구 실무에서는 신제품에 대한 구매의향, 브랜드 선호도, 맛 테스트, 광고 선호도, 고객만족도 조사 등 브랜드나 제품 유형에 대한 반응값의 차이를 분석하는 경우가 많은 한편 연령, 소득, 직업 등 반응변수에 영향을 미치는 다양한 요인들이 매우 많이 존재한다. 이 예제와 같이 이러한 공변량 요인들에 대한 통제가 없이 단순하게 분산분석을 수행하여 잘못된 결론을 내리는 상황이 조사연구 실무에서 빈번하게 발생하니 주의가 요망된다.

이제 R 프로그램을 이용해서 분석한다.

R

예 8.1 데이터 처리 및 데이터 구조 확인

```
① > library(foreign)
  > data08 <- read.spss('D:/MR/예제/08_공분산분석_연령제외.sav')
  > dt08 <- data.frame(data08)
  > head(dt08, 10L )
     브랜드 구매의향
  1     a       3
  2     a       4
  3     a       5
  4     a       6
```

```
5    a    7
6    b    5
7    b    3
8    b    3
9    b    4
10    b    4
> str(dt08)
'data.frame':        60 obs. of  2 variables:
$ 브랜드  : Factor w/ 4 levels "a", "b", "c", "d": 1 1 1 1 1 2 2 2 2 2 ...
$ 구매의향: num  3 4 5 6 7 5 3 3 4 4 ...
```

① foreign 라이브러리를 활성화하여, data08라는 이름의 리스트로 SPSS 데이터를 불러온 후, dt08이라는 이름의 데이터 프레임 형태로 저장한다. dt08 데이터는 4개 즉석식품에 대한 설명을 한 후 구매의향을 묻는 조사를 통해 얻어진 데이터이며 4개 제품에 각각 15명씩 조사를 진행했으며 콘셉트의 종류를 (1, 2, 3, 4)로 입력하였고 해당하는 값의 레이블을 (a, b, c, d)로 처리하고 구매의향은 7점 척도로 처리하였다.

head 명령어를 통해 데이터 입력 형태를 확인한다. SPSS에서는 데이터가 모두 숫자형으로 입력되어 있고, 브랜드 변수는 레이블(label)이 붙어 있어서 R에서 불러들일 경우 펙터(factor) 객체로 인식되어 범주형으로 인식된다. str 명령를 통해 데이터에 대한 구조를 살펴볼 수 있으며, dt08 데이터는 데이터 프레임으로 저장되어 있으며 60개 샘플수와 2개의 변수가 저장되어 있고, '브랜드' 변수는 범주형(factor)으로 a, b, c, d 4개 수준을 가지고 있으며, '구매의향' 변수는 숫자형(num)으로 입력되어 있음을 확인할 수 있다.

이번 분석에서의 귀무가설은 콘셉트 종류에 따른 구매의향이 동일하다는 것이며, 이에 대한 검정을 하고자 한다.

R

예 8.2 요약 통계 계산하기

```
② > library(psych)
  > dt08.out1 <- describeBy(dt08$구매의향, group=dt08$브랜드)
  > print(dt08.out1) #리스트 형태

  Descriptive statistics by group
  group: a
  vars n mean  sd median trimmed  mad min max range  skew kurtosis  se
  X1    1 15 5.27 1.28      5    5.31 1.48   3   7     4 -0.08    -1.39 0.33
  (생략)

  > dt08.out2 <- describe(dt08$구매의향)
  > print(dt08.out2) #데이터 프레임 형태
     vars n mean sd median trimmed mad min max range skew kurtosis se
  X1    1 60 3.62 1.49   3.5    3.54 0.74   1   7     6 0.39    -0.26 0.19
```

② psych 라이브러리에서 제공하는 describeBy 명령어를 통해 평균, 중앙값, 범위, 왜도, 첨도, 표준오차 등 그룹별 요약 통계를 계산할 수 있다. describeBy 명령어는 describeBy(연속형 변수, 그룹 변수) 형태로 사용한다. 여기서는 브랜드별 구매의향에 대한 요약 통계를 계산하기 위해 describeBy (dt08$구매의향, group=dt08$브랜드)와 같이 사용하였다. 그 결과 a, b, c, d 각 그룹에 대한 요약 통계 결과를 확인할 수 있으며, SPSS와 동일하게 전체에 대한 요약 통계를 함께 구하기 위해서는 별도의 작업을 추가해야 한다.

describe 명령어를 통해 전체에 대한 요약 통계를 계산할 수 있으며, describe(연속형 변수)와 같은 형태로 사용한다.

R

예 8.3 요약 통계 계산하기

```
③ > a <- data.frame(dt08.out1$a)
> b <- data.frame(dt08.out1$b)
> c <- data.frame(dt08.out1$c)
> d <- data.frame(dt08.out1$d)
> out.all <- rbind(a, b, c, d, dt08.out2)
> rownames(out.all) <- c("a", "b", "c", "d", "합계")
> format(out.all, digits=3)
     vars n  mean    sd median trimmed   mad min max range    skew kurtosis    se
a       1 15 5.27 1.280    5.0    5.31 1.483   3   7     4 -0.0837   -1.386 0.330
b       1 15 3.40 1.056    3.0    3.46 1.483   1   5     4 -0.4353   -0.266 0.273
c       1 15 2.73 1.223    3.0    2.69 1.483   1   5     4  0.0376   -1.148 0.316
d       1 15 3.07 0.961    3.0    3.00 1.483   2   5     3  0.3310   -1.166 0.248
합계    1 60 3.62 1.485    3.5    3.54 0.741   1   7     6  0.3869   -0.263 0.192
```

③ 그룹별 요약 통계와 전체 요약 통계를 하나의 데이터로 저장하고 출력하기 위해 a, b, c, d를 데이터 프레임으로 전환한 후, rbind 명령어를 이용해 행 단위로 데이터를 붙일 수 있다. 또한 rownames(데이터 이름) 명령어를 이용해 각 행에 원하는 이름을 부여한다. 최종적으로 format 명령어를 통해 출력 시 유효숫자 자릿수를 지정할 수 있다. digits=3은 유효숫자 3자리를 출력하라는 의미이며, 왜도(skew)의 소수점이 4자리로 보이는 이유는 숫자가 작아서 유효숫자 3자리를 맞추기 위해 4자리까지 출력하게 된다.

R

예 8.4 신리구간 구하기

```
④ > alpha <- 0.05
> lower <- out.all$mean - qt(1-alpha/2, df=out.all$n-1)*out.all$se
> upper <- out.all$mean + qt(1-alpha/2, df=out.all$n-1)*out.all$se
> stats_table <- cbind(out.all, lower, upper)
> stats_table[,c("n", "mean", "sd", "se", "lower", "upper", "min", "max")]
      n     mean        sd        se    lower    upper min max
a    15 5.266667 1.2798809 0.3304638 4.557892 5.975441   3   7
b    15 3.400000 1.0555973 0.2725541 2.815430 3.984570   1   5
c    15 2.733333 1.2227993 0.3157254 2.056170 3.410497   1   5
d    15 3.066667 0.9611501 0.2481679 2.534399 3.598934   2   5
합계 60 3.616667 1.4854283 0.1917680 3.232940 4.000393   1   7
```

④ 모분산을 모르는 경우 t-분포를 이용하여 신뢰구간을 구할 수 있으며, 공식은 다음과 같다.

$$\overline{X} \pm t_{\alpha/2,\,df}\,\frac{s}{\sqrt{n}}$$

- $\overline{X}$: 표본 평균
- $t_{\alpha/2,\,df}$: 신뢰수준 $1-\alpha$ 에서의 t 분포 임계값 ($df = n - 1$)
- s : 표본 표준편차
- n : 표본 크기
- $\frac{s}{\sqrt{n}}$: 표준오차(standard error)

R에서는 주어진 누적확률(p)에 해당하는 t-분포의 임계값을 qt 명령어를 통해 구한다. cbind 명령어를 통해 out.all, lower, upper를 열 단위로 붙여서 하나의 데이터를 만든다. 요약 통계 결과만을 출력하기 위해서는 데이터[, c()] 와 같은 형태로 입력한다.

R

예 8.5 **분산의 동질성 검정**

```
⑤ > library(car)
  > leveneTest(dt08$구매의향, dt08$브랜드, center=mean)
  Levene's Test for Homogeneity of Variance (center = mean)
        Df F value Pr(>F)
  group  3  0.8798 0.4572
        56
```

⑤ 분산의 동질성을 검정하기 위해 car 라이브러리에서 제공하는 leveneTest 명령어를 사용하였다. leveneTest 명령어는 leveneTest(반응변수, 범주형 변수) 형태로 사용한다. center 옵션은 그룹 내 변동성 계산 시 중심값을 무엇으로 사용할지를 지정하는 것으로, mean 옵션은 산술 평균을 사용하고 median 옵션은 극단값에 덜 민감한 중위수 옵션을 사용한다. 분석 결과 유의확률이 0.4572로서 "4개 집단의 분산이 동일하다"는 귀무가설을 채택한다.

R

예 8.6 **일원배치분산분석**

```
⑥ > anova.out <- aov(구매의향 ~ 브랜드, data=dt08)
  > summary(anova.out)
              Df Sum Sq Mean Sq F value    Pr(>F)
  브랜드       3  57.78  19.261    14.9 3.02e-07 ***
  Residuals   56  72.40   1.293
  ---
  Signif. codes: 0 '***' 0.001 '**' 0.01 '*' 0.05 '.' 0.1 ' ' 1
```

⑥ 일원배치분산분석(평균차이 검정)을 위해 aov 명령어를 사용한다. aov 명령어는 aov(반응 변수~범주형 변수)와 같은 형태로 사용한다. 분석 결과, 유의확률이 0.000으로 유의

수준 0.05보다 작으므로 귀무가설을 기각한다. 즉 4개 제품의 구매의향이 모두 동일하지 않다고 판단할 수 있다.

R

예 8.7 Tukey 다중비교 검정

```
⑦ > library(multcomp)
  > tukey.out <- glht(anova.out, linfct = mcp(브랜드 = "Tukey"))
  > summary(tukey.out)

        Simultaneous Tests for General Linear Hypotheses

  Multiple Comparisons of Means: Tukey Contrasts

  Fit: aov(formula = 구매의향 ~ 브랜드, data = dt08)

  Linear Hypotheses:
                Estimate  Std.Error   tvalue   Pr(>|t|)
  b - a == 0   -1.8667     0.4152    -4.496   <0.001 ***
  c - a == 0   -2.5333     0.4152    -6.102   <0.001 ***
  d - a == 0   -2.2000     0.4152    -5.299   <0.001 ***
  c - b == 0   -0.6667     0.4152    -1.606    0.384
  d - b == 0   -0.3333     0.4152    -0.803    0.853
  d - c == 0    0.3333     0.4152     0.803    0.853
  ---
  Signif. codes:  0 '***' 0.001 '**' 0.01 '*' 0.05 '.' 0.1 ' ' 1
  (Adjusted p values reported -- single-step method)
```

⑦ 집단 간 구매의향의 차이가 있는지를 검정하기 위해 tukey 사후검정을 진행하였다. tukey 사후검정을 위해 multcomp 라이브러리에서 제공하는 glht(General Linear Hypotheses Testing) 명령어를 사용할 수 있다.

glht 명령어는 glht(ANOVA결과, linfct=mcp()) 형태로 사용한다. 여기서 linfct는 linear function으로 비교할 선형 가설 설정을 의미하며, mcp(범주형 변수=" ")는 다중비교를 위한 설정을 의미한다.

분석결과 (a, b), (a, c), (a, d)의 구매의향 평균 차이에 대한 유의확률이 각각 0.001로서 유의수준 0.05보다 작아 통계적 유의성이 확인되었으며, (b, c), (b, d), (c, d)의 구매의향 평균 차이에 대한 유의확률은 각각 0.384, 0.853, 0.853으로 나와서 (b, c, d) 간의 구매의향 차이는 통계적으로 유의하지 않다고 판단할 수 있다. 다시 말해서, 앞서 계산한 집단 간 평균 a(5.267), b(3.400), c(2.7333), d(3.067)을 고려했을 때, a의 구매의향만이 b, c, d보다 높다고 판단할 수 있다.

R

예 8.8 공분산 분석

⑧
```
> data08_1 <- read.spss('D:/MR/예제/08_공분산분석_연령포함.sav')
> dt08_1 <- data.frame(data08_1)
> head(dt08_1, 10L )
   연령 브랜드 구매의향
1   27   a    3
2   25   a    4
3   23   a    5
4   28   a    6
5   25   a    7
6   35   b    5
7   43   b    3
8   34   b    3
9   65   b    4
10  45   b    4
```

⑧ SPSS 부분의 설명과 같이 4개 브랜드에 대한 구매의향에 차이가 있는지를 검정할 때, 연령이라는 변수가 매우 중요할 것이라는 생각이 들 수 있다.

그래서 연령이라는 변수가 혹시 구매의향에 영향을 끼친 것은 아닌지? 그리고 만약 연령이 제품별 구매의향에 영향을 끼쳤다면 연령 효과를 제거한 후 순수한 제품 종류별 구매의향 평균값 차이에 대한 유의성을 확인할 필요가 있을 것이다.

이렇게 반응변수(구매의향)에 영향을 끼칠 수 있는 변수(연령)를 통제하고 요인이 반응변수에 끼치는 영향력을 분석하는 방법을 공분산분석(ANCOVA, ANalysis of COVariance)이라고 한다.

이를 알아보기 위해 연령변수가 추가된 SPSS 파일을 불러들인 후, head 명령어를 통해 그 구조를 살펴보았다.

R

예 8.9 분산의 동질성 검정

```
⑨ > library(lawstat)
  > lm_model <- lm(구매의향 ~ 브랜드 + 연령, data=dt08_1)
  > res_lm <- residuals(lm_model)
  > levene.test(y=res_lm, group=dt08_1$브랜드, location="mean")

        Classical Levene's test based on the absolute
        deviations from the mean ( none not applied
        because the location is not set to median )

  data: res_lm
  Test Statistic = 1.1505, p-value = 0.3368
```

⑨ 연령이라는 공변량이 포함된 상태에서 브랜드들의 구매의향에 대한 분산의 동질성을 알아보고자 한다. 여기서는 lawstat 라이브러리에서 제공하는 levene.test 명령어를 통해 분산의 동질성 검정을 진행하였다.

levene.test 명령어는 levene.test(반응변수, 범주형변수)와 같이 사용한다.

공변량이 포함된 상태에서 분산의 동질성 검정을 하기 위해서는 선형모형으로부터 계산된 잔차를 반응변수로 사용하였다. 분석결과 유의확률은 0.3368로서, 유의수준 0.05보다 커서 그룹간 분산이 동일하다는 귀무가설을 채택하며 분산분석을 이어서 수행한다.

R

예 8.10 개체-간 효과 검정

⑩
```
> dt08_1$브랜드 <- relevel(dt08_1$브랜드, ref = 4)
> lm.output <- lm(구매의향 ~ 연령 + 브랜드, data=dt08_1)
> Anova(lm.output, type=3) #car library
Anova Table (Type III tests)

Response: 구매의향
             Sum Sq  Df  F value     Pr(>F)
(Intercept)  44.139   1  36.8156  1.251e-07 ***
연령          6.459   1   5.3872    0.02402 *
브랜드        7.815   3   2.1728    0.10160
Residuals    65.941  55
---
Signif. codes:
0 '***' 0.001 '**' 0.01 '*' 0.05 '.' 0.1 ' ' 1
```

⑩ 개체-간 효과 검정을 알아보기 위해 분산분석을 수행하였다. 출력 결과에서 범주형 변수에 대한 기준(reference)을 설정할 수 있으며, R에서는 relevel(변수, ref=) 형태로 설정할 수 있다. 여기서는 4번 브랜드를 기준 범주로 설정하였다.

모델에 사용된 다른 변수의 효과를 통제한 상태에서 각 개별 변수들의 유의성 검정을 하기 위해서는 car 라이브러리에서 제공하는 Anova 명령어를 사용할 수 있다. Anova 명령어는 Anova(선형모형 결과, type=3)과 같이 사용한다.

분석 결과를 보면 연령 변수의 유의확률은 0.02402로서 유의수준 0.05보다 작아서 연령 변수(공변량)는 구매의향에 유의미한 영향을 미치는 것으로 해석할 수 있다. 또한 연령(공변량)이 통제된 상황에서의 브랜드별 구매의향에서는 유의확률 0.781로 유의수준 0.05보다 커서 95% 신뢰수준하에서 귀무가설을 기각하지 못하므로 4개 브랜드의 구매의향 차이가 통계적으로 유의하지 않은 것으로 판단할 수 있다.

R

예 8.11 개체-간 효과 검정

⑪
```
> library(sasLM)
> aov3(구매의향 ~ 연령 + 브랜드, dt08_1)
Response : 구매의향
                Df  Sum Sq  Mean Sq  F value     Pr(>F)
MODEL            4  64.242  16.0605  13.3957  1.096e-07 ***
연령             1   6.459   6.4589   5.3872    0.02402 *
브랜드           3   7.815   2.6050   2.1728    0.10160
RESIDUALS       55  65.941   1.1989
CORRECTED TOTAL 59 130.183
---
Signif. codes: 0 '***' 0.001 '**' 0.01 '*' 0.05 '.' 0.1 ' ' 1
```

⑪ SPSS 결과에서는 수정 모형 및 수정 합계 결과가 분산분석 결과에서 제공되는데, R에서 이와 동일한 형태의 출력 결과를 얻기 위해서는 sasLM 라이브러리에서 제공하는 aov3 명령어를 통해 구할 수 있다.

R

예 8.12 Boxplot 시각화

```
⑫ > dt08_1$브랜드 <- factor(dt08_1$브랜드, levels=c("a", "b", "d", "c"))
   > boxplot(dt08_1$연령 ~ dt08_1$브랜드, data=dt08_1 , cex.lab = 2)
```

⑫ 연령과 브랜드 간 어떤 관계가 있을 것으로 판단되어 Boxplot을 통해 살펴보았다. Boxplot 결과를 보면, a 브랜드의 경우 연령이 낮은 집단에 주로 몰려 있는 경향을 볼 수 있다.

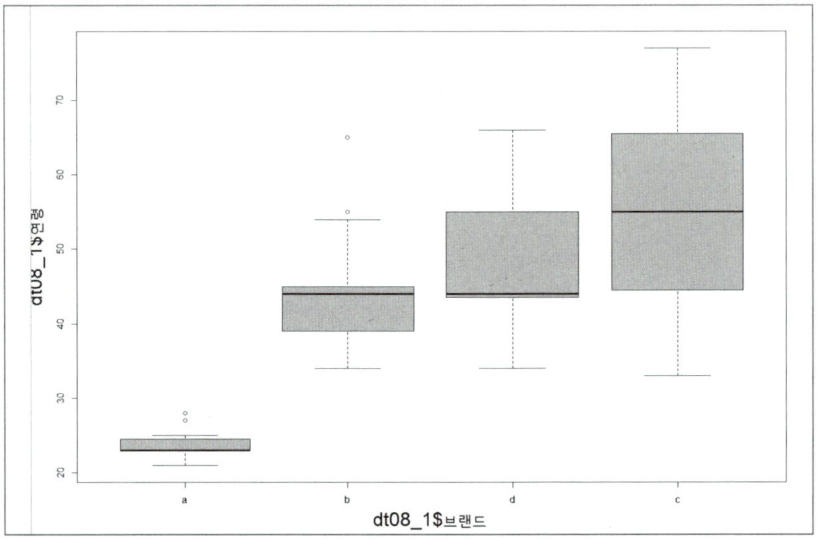

R

예 8.13 상관관계 분석

```
⑬ > cor.test(dt08_1$구매의향, dt08_1$연령)

        Pearson's product-moment correlation

data:  dt08_1$구매의향 and dt08_1$연령
t = -6.6613, df = 58, p-value =
```

```
1.084e-08
alternative hypothesis: true correlation is not equal to 0
95 percent confidence interval:
-0.7816218 -0.4856244
sample estimates:
      cor
-0.6583648
```

⑬ 다음으로 연령과 구매의향 간의 상관관계를 살펴보았으며, 상관계수가 −0.6583이고 유의확률이 0.000으로 두 변수 간의 음의 상관관계가 통계적으로 유의하다고 판단할 수 있다. 즉, 연령이 낮을수록 구매의향이 높은 것이다.

SPSS 결과에서 설명했듯이, 결론적으로 A브랜드의 경우 20대 연령층을 대상으로 조사가 진행되고, 연령이 낮을수록 구매의향이 높은 경향이 있어서 브랜드의 구매의향이 높게 나타난 것이다. 만약 브랜드별로 연령 구성이 동일하게 연구조사 설계가 되었다면 A 브랜드의 구매의향은 다른 브랜드와 큰 차이가 없는 것으로 나타났을 것이다.

CHAPTER

9

이원분류 분산분석

지금까지 살펴본 분산분석은 독립변수 즉, 요인이 하나인 일원분류 분산분석방법이었다. 그러나 우리가 측정하고자 하는 종속변수(반응변수)에 영향을 주는 요인은 2개 이상의 경우가 많이 있을 것이다. 예를 들면, 제품 종류와 연령별에 따른 구매의향, 특정 기업에 대한 성별과 지역별 만족도, 직업과 성별 연봉 등 다양한 경우가 있을 것이다. 이렇게 **반응변수에 2개의 요인이 끼치는 영향력을 분석하고자 할 때 이원분류 분산분석법**(two-way ANOVA)을 이용한다.

3개 신제품 컨셉을 제시한 후 구매의향을 각각 6명씩(남자 3명, 여자3명) 5점 척도로 질문하여 다음의 (예제 9)와 같은 데이터를 얻었다고 가정하자. 신제품 컨셉 (A, B, C)를 각각 (1, 2, 3)으로 입력하고 성별은 (남자, 여자)를 각각 (1, 2)로 입력하였다. 실제 실무에서는 이와 같은 소표본을 진행하는 경우가 거의 없지만 여기서는 설명을 위해 임의로 데이터를 만들었음을 알려둔다.

(예제 9)

신제품컨셉	성별	구매의향
1.00	1.00	5.00
1.00	1.00	5.00
1.00	1.00	5.00
1.00	2.00	2.00
1.00	2.00	2.00
1.00	2.00	2.00
2.00	1.00	5.00
2.00	1.00	5.00
2.00	1.00	4.00
2.00	2.00	5.00

여기서 알고 싶은 것은 컨셉 유형별로 구매의향이 동일한지 여부와 성별로 구매의향이 동일한지 여부일 것이다. 따라서 다음과 같은 2개의 가설을 설정할 수 있다.

귀무가설 H_0 : 3가지 신제품 컨셉에 대한 구매의향의 평균은 모두 동일하다.
($\mu_a = \mu_b = \mu_c$)
대립가설 H_1 : 3가지 신제품 컨셉에 대한 구매의향의 평균은 모두 동일하지 않다
(not H_0)

귀무가설 H_0 : 남자와 여자의 신제품에 대한 구매의향 평균은 동일하다.
($\mu_{남} = \mu_{여}$)
대립가설 H_1 : 남자와 여자의 신제품에 대한 구매의향 평균은 동일하지 않다.
($\mu_{남} \neq \mu_{여}$)

이와 같은 이원분류 분산분석은 다음과 같은 이원분류 분산분석표에 의해 진행한다. 즉 잔차제곱 평균 대비 각 요인의 제곱평균의 크기를 기준으로 각 요인의 평균 차이 유의성에 대한 판단을 하며 이때 검정 통계량은 F-통계량을 사용한다.

요인	제곱합	자유도	제곱평균	F-통계량(F비)
첫 번째 요인 두 번째 요인 잔차	$SS_{컨셉}$ $SS_{성별}$ $SS_{잔차}$	t-1 p-1 (t-1)(p-1)	$MS_{컨셉} = SS_{컨셉} / (t-1)$ $MS_{성별} = SS_{성별} / (p-1)$ $MS_{잔차} = SS_{잔차} / (t-1)(p-1)$	$F_{컨셉} = MS_{컨셉} / MS_{잔차}$ $F_{성별} = MS_{성별} / MS_{잔차}$
계	SS전체	tp-1		

t : 첫 번째 요인의 수준 수(컨셉의 수, 3)
p : 두 번째 요인의 수준 수(성별의 수, 2)

먼저 SPSS로 분석하기 위하여 메인화면에서『분석 → 일반선형모형 → 일변량』을 차례대로 클릭하면 [그림 9-1]과 같은 대화창이 나타난다. 종속변수에 구매의향, 고정 요인에 신제품 컨셉과 성별을 선택하여 입력한다.

참고로 모수 요인 즉, 분류하여 보고자 하는 독립변수 중 계량형 변수(비율 척도 또는 등간 척도)가 있으면 해당 변수를 공변량으로 입력하여 공분산분석을 진행함을 기억하자.

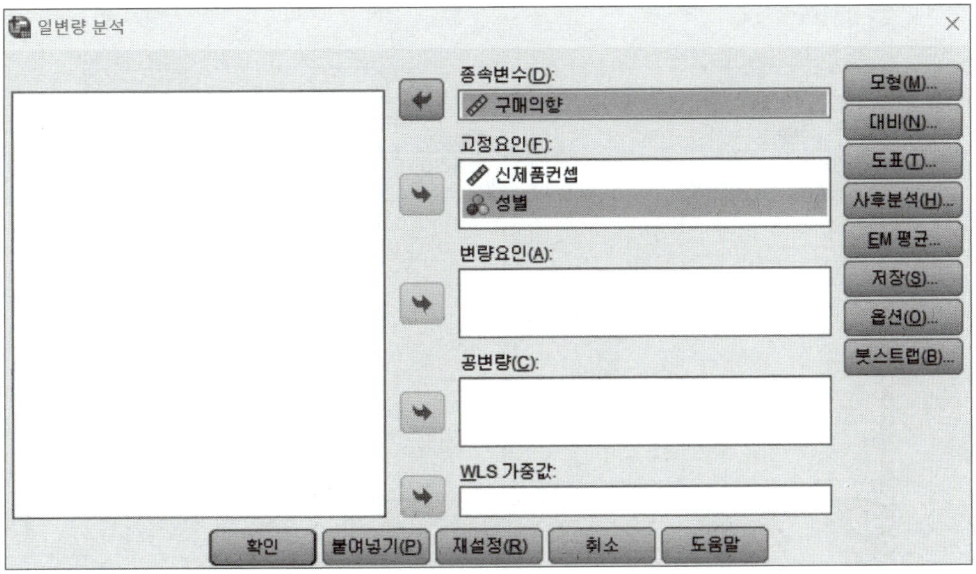

[그림 9-1]

모형을 클릭하여 [그림 9-2]의 대화창이 나타나면 사용자 정의를 선택하고 신제품 컨셉과 성별을 모형으로 입력한 후 계속을 클릭하여 이전 화면으로 돌아온다.

사후분석을 클릭하면 [그림 9-3]과 같은 대화창이 나타난다. 신제품 컨셉을 사후검정변수로 설정한다. 성별은 수준의 수가 2개이므로 별도의 사후검정은 하지 않는다. 만약 두 개 요인의 수준 수가 모두 3개 이상이라면 관심있는 요인을 모두 사후 검정변수로 설정한다.

계속을 클릭하여 이전 화면으로 돌아온 후 다시 옵션을 선택하여 [그림 9-4] 창이 나타나면 2개 요인(신제품 컨셉과 성별)을 모두 평균출력기준 변수로 설정하고 기술통계량을 선택한 후 계속을 클릭하여 이전 화면으로 돌아와서 확인을 클릭하면 결과가 나타난다.

먼저 개체-간 효과검정 분산분석표를 살펴본다. 신제품 컨셉과 성별의 유의확률이 각각 0.018, 0.003으로 모두 통계적으로 유의하게 나타났다. 즉, 신제품 컨셉별 구매의향이 모두 동일하다는 귀무가설과 성별로 구매의향이 동일하다는 귀무가설을 95% 신뢰수준하에서 모두 기각할 수 있다.

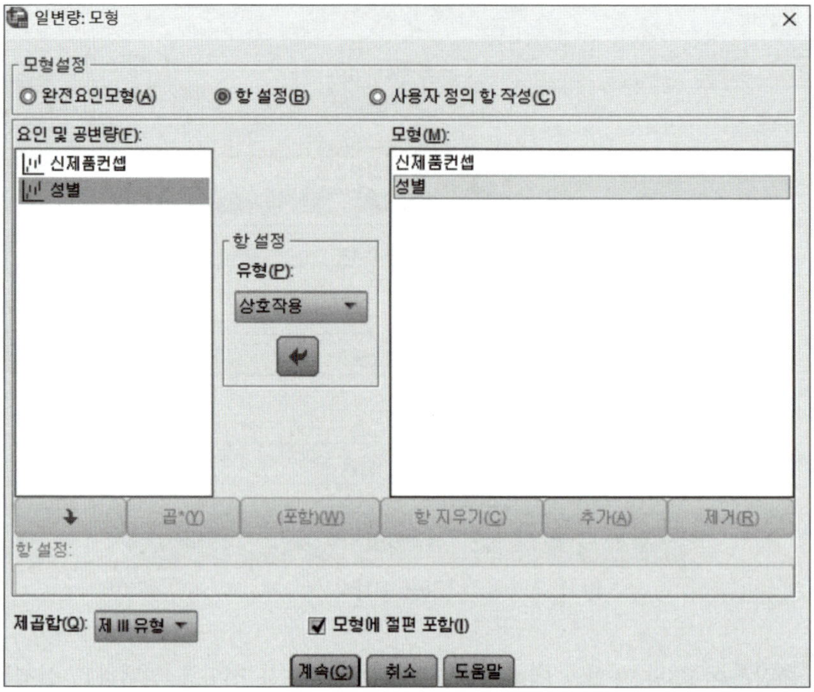
일변량: 모형
모형설정
완전요인모형(A)
항 설정(B)
사용자 정의 항 작성(C)
요인 및 공변량(F):
신제품컨셉
성별
모형(M):
신제품컨셉
성별
항 설정
유형(P):
상호작용
곱*(Y)
(포함)(W)
항 지우기(C)
추가(A)
제거(R)
항 설정:
제곱합(Q): 제 III 유형
모형에 절편 포함(I)
계속(C)
취소
도움말

[그림 9-2]

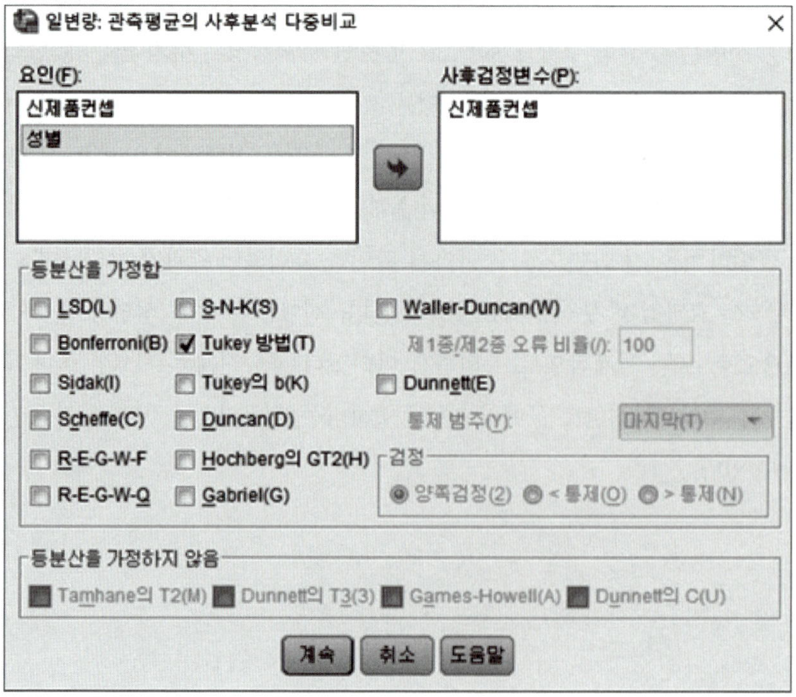
일변량: 관측평균의 사후분석 다중비교
요인(F):
신제품컨셉
성별
사후검정변수(P):
신제품컨셉
등분산을 가정함
LSD(L)
S-N-K(S)
Waller-Duncan(W)
Bonferroni(B)
Tukey 방법(T)
제1종/제2종 오류 비율(/): 100
Sidak(I)
Tukey의 b(K)
Dunnett(E)
Scheffe(C)
Duncan(D)
통제 범주(Y):
마지막(T)
R-E-G-W-F
Hochberg의 GT2(H)
검정
R-E-G-W-Q
Gabriel(G)
양쪽검정(2)
< 통제(O)
> 통제(N)
등분산을 가정하지 않음
Tamhane의 T2(M)
Dunnett의 T3(3)
Games-Howell(A)
Dunnett의 C(U)
계속
취소
도움말

[그림 9-3]

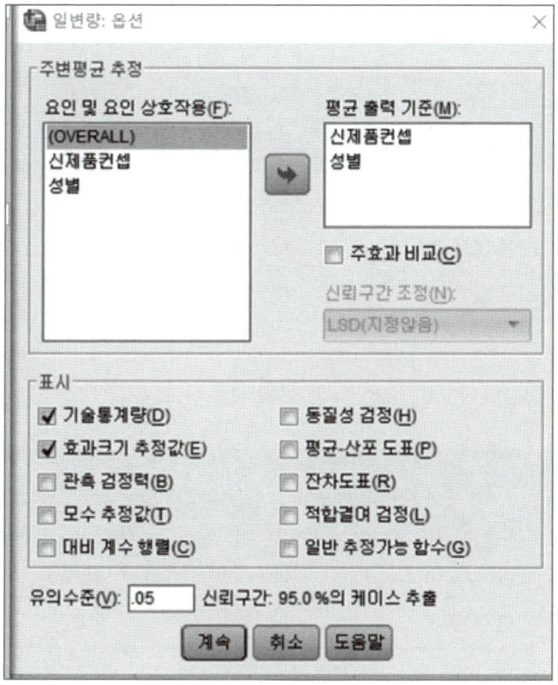

[그림 9-4]

개체-간 효과 검정

종속변수: 구매의향

소스	제 III 유형 제곱합	자유도	평균 제곱	F	유의확률
수정 모형	15.000a	3	5.000	7.778	.003
절편	242.000	1	242.000	376.444	.000
신제품컨셉	7.000	2	3.500	5.444	.018
성별	8.000	1	8.000	12.444	.003
오차	9.000	14	.643		
합계	266.000	18			
수정 합계	24.000	17			

a. R^2 = .625 (수정된 R^2 = .545)

신제품 컨셉 (A, B, C)의 구매의향 평균값이 각각 (3.5, 4.5, 3.0)이고 성별–구매의향 평균값이 남자, 여자 각각 (4.3, 3.0)으로 나타나 성별로는 남자의 구매의향이 여자보다 높고 통계적으로 유의한 것으로 판단할 수 있다.

신제품 컨셉

종속변수 : 구매의향

신제품 컨셉	평균	표준오차	95% 신뢰구간	
			하한값	상한값
A	3.500	.327	2.798	4.202
B	4.500	.327	3.798	5.202
C	3.000	.327	2.298	3.702

성별

종속변수 : 구매의향

성별	평균	표준오차	95% 신뢰구간	
			하한값	상한값
남자	4.333	.267	3.760	4.907
여자	3.000	.267	2.427	3.573

한편 신제품 컨셉 유형별로는 다중비교 결과를 확인한다. 신제품 컨셉 B와 신제품 컨셉 C는 유의확률이 0.015로서 0.05보다 작으므로 95% 신뢰수준하에서 두 신제품 컨셉의 구매의향이 통계적으로 유의하게 다르다고 할 수 있다. 또한 평균 차이의 신뢰구간이 0을 포함하지 않으므로 두 가지 신제품 컨셉의 구매의향이 통계적으로 유의하게 차이가 난다고 할 수 있다.

반면, 신제품 컨셉 A와 B, 신제품 컨셉 A와 C 간 구매의향 차이는 통계적으로 유의하지 않은 것으로 나타났다. 각각 유의확률이 0.113, 0.541이고 평균 차이에 대한 신뢰구간이 0을 포함하고 있다.

집단 구분도 (A, B)와 (A, C)는 같은 집단으로 구분되어 있는 반면 (B, C)는 다른 집단으로 분류되어 있어 통계적으로 유의한 평균 차이임을 알 수 있다.

다중비교

종속변수 : 구매의향
Tukey HSD

(I) 신제품 컨셉		평균차(I-J)	표준오차	유의확률	95% 신뢰구간	
					하한값	상한값
A	B	-1.0000	.46291	.113	-2.2116	.2116
	C	.5000	.46291	.541	-.7116	1.7116
B	A	1.0000	.46291	.113	-.2116	2.2116
	C	1.5000	.46291	.015	.2884	2.7116
C	A	-.5000	.46291	.541	-1.7116	.7116
	B	-1.5000	.46291	.015	-2.7116	-.2884

구매의향

TukeyHSD

신제품컨셉	N	집단군	
		1	2
C	6	3.0000	
A	6	3.5000	3.5000
B	6		4.5000
유의확률		.541	.113

동일 집단군에 있는 집단에 대한 평균이 표시됩니다.
유의수준 = .05.

요인의 수가 3개 이상인 경우도 동일한 방식으로 분석이 가능하다.

이제 R 프로그램을 이용해서 분석한다.

R

예 9.1 데이터 처리 및 데이터 구조 확인

```
① > library(foreign)
  > data09 <- read.spss('D:/MR/예제/09_반복없는_이원배치분산분석.sav')
  > dt09 <- data.frame(data09)
  > head(dt09, 10L)
     신제품컨셉  성별  구매의향
  1          A  남자        5
  2          A  남자        5
  3          A  남자        5
  4          A  여자        2
  5          A  여자        2
  6          A  여자        2
  7          B  남자        5
  8          B  남자        5
  9          B  남자        4
  10         B  여자        5
  > str(dt09)
  'data.frame' :       18 obs. of  3 variables:
  $ 신제품컨셉 : Factor w/ 3 levels "A", "B", "C": 1 1 1 1 1 1 2 2 2 2 ...
  $ 성별       : Factor w/ 2 levels "남자", "여자": 1 1 1 2 2 2 1 1 1 2 ...
  $ 구매의향   : num  5 5 5 2 2 2 5 5 4 5 ...
```

① foreign 라이브러리를 활성화하여, data09라는 이름의 리스트로 SPSS 데이터를 불러온 후, dt09이라는 이름의 데이터 프레임 형태로 저장한다.

SPSS 데이터는 3개 신제품 컨셉을 제시한 후 구매의향을 각각 6명씩(남자 3명, 여자 3명) 5점 척도로 구하였다. 신제품 컨셉의 종류를 (1, 2, 3)으로 입력하였고 해당하는 값의 레이블을 (A, B, C)로 처리하였고, 성별은 (1, 2)를 (남자, 여자)로 처리하였다.

head 명령어를 통해 데이터 입력 형태를 확인한다. SPSS 데이터를 read.spss 명령어를 통해 불러들였으며, 불러들이는 옵션을 따로 지정하지 않았기 때문에 레이블이 반영된 형태로 R에서 데이터를 불러왔다.

str 명령어를 통해 데이터에 대한 구조를 살펴볼 수 있으며, dt09 데이터는 데이터 프레임으로 저장되어 있으며 18개 샘플 수와 3개의 변수가 저장되어 있고, '신제품 컨셉' 변수는 범주형(factor)으로 A, B, C 3개 수준을 가지고 있으며, '성별' 변수는 범주형(factor)으로 남자, 여자 2개 수준을 가지고 있다. '구매의향' 변수는 숫자형(num)으로 입력되어 있음을 확인할 수 있다.

이번 분석에서의 귀무가설은 2개 요인이 미치는 3가지 신제품 컨셉에 대한 구매의향의 평균은 모두 동일하다는 것이며, 이에 대한 검정을 하고자 한다.

R

예 9.2 개체-간 효과 검정

```
② > dt09.lm.out <- lm(구매의향 ~ 신제품컨셉 + 성별, data=dt09)
  > library(car)
  > Anova(dt09.lm.out, type=3)
  Anova Table (Type III tests)

  Response: 구매의향
              Sum Sq Df  F value      Pr(>F)
  (Intercept) 78.125  1 121.5278  2.757e-08 ***
  신제품컨셉   7.000  2   5.4444   0.017818 *
  성별         8.000  1  12.4444   0.003346 **
  Residuals    9.000 14
  ---
  Signif. codes: 0 '***' 0.001 '**' 0.01 '*' 0.05 '.' 0.1 ' ' 1

  > library(sasLM)
```

```
> aov3(구매의향 ~ 신제품컨셉 + 성별, dt09)
Response : 구매의향
                   Df Sum Sq Mean Sq F value     Pr(>F)
MODEL               3     15  5.0000  7.7778 0.002685 **
신제품컨셉          2      7  3.5000  5.4444 0.017818 *
성별                1      8  8.0000 12.4444 0.003346 **
RESIDUALS          14      9  0.6429
CORRECTED TOTAL    17     24
---
Signif. codes: 0 '***' 0.001 '**' 0.01 '*' 0.05 '.' 0.1 ' ' 1
```

② 개체–간 효과 검정에 대한 분석을 실시하였다. 이를 위해 lm 명령어를 통해 신제품 컨셉 및 성별이 구매의향에 영향을 미치는지를 알아보기 위해 선형모형(linear model) 분석을 먼저 실시하였다.

lm 명령어는 lm(반응 변수~독립변수, 데이터 이름)과 같이 사용한다. lm 명령어를 통해 분석된 내용을 car 라이브러리에서 제공하는 Anova 명령어를 통해 각 개별 변수들의 효과 검정을 실시한다. Anova 명령어는 Anova(선형모형 결과, 분산 제곱합의 유형) 형태로 사용한다.

여기서는 모든 효과를 모형에 포함한 Type 3를 선택하였다. 분석 결과를 보면, 신제품 컨셉 및 성별 변수는 유의확률이 각각 0.017, 0.003으로서 유의수준 0.05보다 작아 통계적으로 유의한 변수임을 확인할 수 있다. 즉, 신제품 컨셉 및 성별 모두 구매의향이 동일하다는 귀무가설을 기각할 수 있게 된다.

SPSS 결과에서는 수정 모형 및 수정 합계 결과가 분산분석 결과에서 제공되는데, R에서 이와 동일한 형태의 출력 결과를 얻기 위해서는 sasLM 라이브러리에서 제공하는 aov3 명령어를 통해 구할 수 있다.

R

예 9.3 추정 주변 평균값

```
③ > library(emmeans)
  > emmeans(dt09.lm.out, specs="신제품컨셉")
  신제품컨셉 emmean    SE df lower.CL upper.CL
       A        3.5 0.327 14      2.8      4.2
       B        4.5 0.327 14      3.8      5.2
       C        3.0 0.327 14      2.3      3.7

  Results are averaged over the levels of: 성별
  Confidence level used: 0.9

  > emmeans(dt09.lm.out, specs="성별")
   성별 emmean    SE df lower.CL upper.CL
   남자   4.33 0.267 14     3.76     4.91
   여자   3.00 0.267 14     2.43     3.57

  Results are averaged over the levels of: 신제품컨셉
  Confidence level used: 0.95
```

③ 추정 주변 평균값(Estimated Marginal Means)을 통해, 모형에서의 통제 변수들을 평균 처리한 후 관심있는 독립변수의 각 수준별 평균을 계산한다. R에서는 emmeans 라이브러리에서 제공하는 emmeans 명령어를 통해 구할 수 있다. emmeans 명령어는 emmeans(모형 결과, specs) 형태로 사용하며, specs에는 추정하고자 하는 효과를 지정하게 된다. 여기서는 신제품 컨셉 및 성별을 범주형 변수로 사용하였으므로 A, B, C 수준별 평균 및 남자, 여자의 평균을 계산하게 된다. 참고로, 과거에는 LSmeans(Least Squares Means, 최소제곱평균)이라는 용어를 썼는데, 지금은 EMMeans(추정 주변평균)라는 용어를 사용하고 있다.

R

예 9.4 추정 주변 평균값 수작업 계산

```
④ > lm(구매의향 ~ 신제품컨셉 , data=dt09)

Call:
lm(formula = 구매의향 ~ 신제품컨셉, data = dt09)

Coefficients:
(Intercept)  신제품컨셉B  신제품컨셉C
        3.5          1.0         -0.5

> lm(구매의향 ~ 성별 , data=dt09)

Call:
lm(formula = 구매의향 ~ 성별, data = dt09)

Coefficients:
(Intercept)    성별여자
      4.333      -1.333
```

④ emmeans 명령어를 통해 계산되는 추정 주변 평균값은 각 범주별 평균값과는 다르며, 모형으로부터 계산된다. 예를 들어, 신제품 컨셉 A의 주변 평균값 3.5는 해당 변수가 포함된 선형모형의 절편(intercept) 3.5이며, B의 주변 평균값 4.5는 절편(3.5) + 신제품컨셉 B의 회귀계수(1.0)를 더한 값이다.

R

예 9.5 Tukey 다중비교 방법 1

```
⑤ > TukeyHSD(aov(dt09.lm.out), which="신제품컨셉")
  Tukey multiple comparisons of means
  95% family-wise confidence level

  Fit: aov(formula = dt09.lm.out)

  $신제품컨셉
        diff        lwr        upr     p adj
  B-A  1.0 -0.2115654  2.2115654 0.1134423
  C-A -0.5 -1.7115654  0.7115654 0.5412552
  C-B -1.5 -2.7115654 -0.2884346 0.0153219
```

⑤ Tukey HSD(Honestly Significant Difference) 다중비교 검정을 위해 분산분석의 결과를 활용할 수 있는 TukeyHSD 명령어를 사용한다. TukeyHSD 명령어는 Tukey(분산분석 결과, which=) 형태로 사용한다.

여기서는 dt09 데이터에 대해 선형모형 결과를 적용한 결과에 aov 명령어를 한번 더 사용하는 형태로 작성하였다.

which에는 다중비교 검정을 원하는 범주형 변수를 설정하면 된다. 그 결과 (B, C) 그룹의 평균 차이가 1.5이며 유의확률 0.015는 유의수준 0.05보다 작아서 통계적으로 유의미한 차이가 있다고 해석할 수 있으며, (A, B) 및 (A, C)의 평균 차이는 통계적으로 유의미한 차이를 보이지 않고 있다.

R

예 9.6 Tukey 다중비교 방법 2

```
⑥ > library(agricolae)
  > HSD.test(dt09.lm.out, c("신제품컨셉"), console=T)

Study: dt09.lm.out ~ c("신제품컨셉")

HSD Test for 구매의향

Mean Square Error:  0.6428571

신제품컨셉,  means

     구매의향       std r         se Min Max Q25 Q50 Q75
A       3.5 1.6431677 6  0.3273268   2   5   2 3.5   5
B       4.5 0.5477226 6  0.3273268   4   5   4 4.5   5
C       3.0 0.6324555 6  0.3273268   2   4   3 3.0   3

Alpha: 0.05 ; DF Error: 14
Critical Value of Studentized Range: 3.701394

Minimun Significant Difference: 1.211565

Treatments with the same letter are not significantly different.

     구매의향 groups
B       4.5      a
A       3.5     ab
C       3.0      b
```

⑥ agricolae 라이브러리에서 제공하는 HSD.test 명령어를 통해서도 Tukey 다중비교를 할 수 있다. HSD.test 명령어는 HSD.test(선형모형 결과, 범주형 변수)와 같은 형태로 사용한다.

console 옵션에서 T를 설정하면, 분석 결과를 화면에 출력해 주며, F를 선택하면 화면에 출력을 하지 않는다.

HSD.test 명령어를 통해서는 Tukey 다중비교와 관련한 보다 다양한 정보를 확인할 수 있다. 그중 가장 많이 활용되는 정보는 최소유의차이(Minimum Significance Difference)를 활용한 다중비교이다. 즉, 그룹 간의 평균 차이가 최소유의차이보다 클 경우 통계적으로 두 집단 간의 평균 차이가 있는 것으로 해석한다. 여기서는 최소유의차이가 1.211565이며, (B, C)의 평균 차이가 1.5이므로 (B, C)의 평균 차이만이 유의한 차이라 본다.

마지막에 제시하는 문자(a, ab, b)를 통해서도 평균에 대한 다중비교 결과를 해석할 수 있다. ab 문자를 통해 (B, A) 및 (A, C)의 평균 차이는 유의미하지 않으며, 같은 문자를 포함하지 않는 B와 C의 평균 차이만이 통계적으로 유의미한 차이를 가지는 것으로 해석한다. 참고로 최소유의차이를 구하는 공식은 다음과 같다. 본 예제에서 $q_\alpha(k, df)$는 유의수준 0.05, 그룹 수 3, 자유도 14 (오차 자유도 = 전체 샘플 수 − (추정 계수 수+1))을 의미하며, R에서 qtukey(1−0.05, 3, 18−(3+1)) 명령어를 통해 구할 수 있다.

$$MSD = q_\alpha(k, df) \times \sqrt{\frac{MSE}{n}}$$

- $q_\alpha(k, df)$: Tukey 스튜던트 범위(Studentized Range) 임계값
- MSE : 오차 제곱 평균
- n : 각 집단의 샘플 수 (동일하다고 가정)

CHAPTER

10

반복측정 이원분류 분산분석

앞서 살펴본 (예제 9)에서는 3개 컨셉의 제품에 대해 각각 6명씩(남자 3명, 여자 3명) 구매의향을 평가하였다. 그러나 실무에서는 시간과 비용 등의 현실적인 문제를 고려하여 전체 표본 수를 줄이기 위해 또는 기타 연구목적을 위해 1명의 응답자에게 2개 이상의 제품 또는 기타 반응변수를 측정하는 경우가 많다. 이러한 경우 귀무가설과 대립가설은 독립표본인 경우와 같지만 분석하는 접근방식은 다르다.

(예제 10)은 남녀 각각 10명에게 3가지 음료 제품의 맛-테스트를 실시한 데이터이다. 다만 1명의 응답자에게 3개의 제품을 차례대로 응용한 후 맛에 대한 평가를 5점 척도로 질문하였다. 참고로 실무에서는 제품의 응용순서를 로테이션(rotation)하여 음용 순서에 의한 편향(bias)을 제거하지만 이러한 실험설계에 대한 설명은 생략하니 조사방법론 관련 서적을 참고한다.

1명에게 한 가지 제품(대상)만 테스트할 시에는 데이터를 세로로 입력하지만 1명에게 2개 이상의 제품(대상)을 반복해서 테스트(관측)할 때는 아래와 같이 데이터를 가로 방향으로 입력한다.

(예제 10)

ID	성별	제품1	제품2	제품3
1.00	1.00	4.00	5.00	5.00
2.00	1.00	4.00	6.00	1.00
3.00	1.00	4.00	6.00	1.00
4.00	1.00	3.00	6.00	2.00
5.00	1.00	4.00	4.00	2.00
6.00	1.00	5.00	4.00	2.00
7.00	1.00	6.00	4.00	2.00
8.00	1.00	4.00	2.00	5.00
9.00	1.00	7.00	7.00	3.00
10.00	1.00	5.00	7.00	4.00
11.00	2.00	4.00	7.00	2.00
12.00	2.00	4.00	7.00	2.00

확인하고자 하는 가설은 아래와 같다.

귀무가설 H_0 : 3가지 음료의 맛에 대한 평가는 동일하다($\mu_1 = \mu_2 = \mu_3$).
대립가설 H_1 : 3가지 음료의 맛에 대한 평가는 동일하지 않다(not H_0).

> 귀무가설 H_0 : 성별에 따른 음료 맛에 대한 평가는 동일하다($\mu_{남} = \mu_{여}$).
> 대립가설 H_1 : 성별에 따른 음료 맛에 대한 평가는 동일하지 않다($\mu_{남} \neq \mu_{여}$).

먼저 SPSS로 분석하기 위해서 메인화면에서 『분석 → 일반선형모형 → 반복측정』을 선택하면 [그림 10-1]과 같은 대화창이 나타난다. 개체-내 요인이름에 변수명(여기서는 제품)을 입력하고 수준의 수에는 '3'을 입력한 후 추가를 클릭하면 해당 변수가 입력된다. 다음은 측정 이름에 종속변수의 변수명(여기서는 맛평가)을 입력한 후 추가를 클릭하여 변수를 입력한다. 개체-내 요인이름과 측정 이름은 연구자가 변수명을 임의로 입력한다.

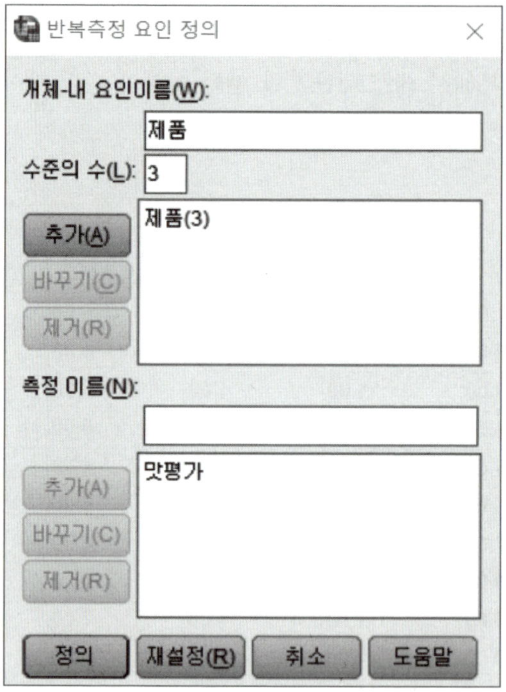

[그림 10-1]

정의를 클릭하여 [그림 10-2]의 대화창이 나타나면 개체-내 변수에 제품1, 제품2, 제품3을 차례대로 입력하고 개체-간 요인에 성별을 입력한다.

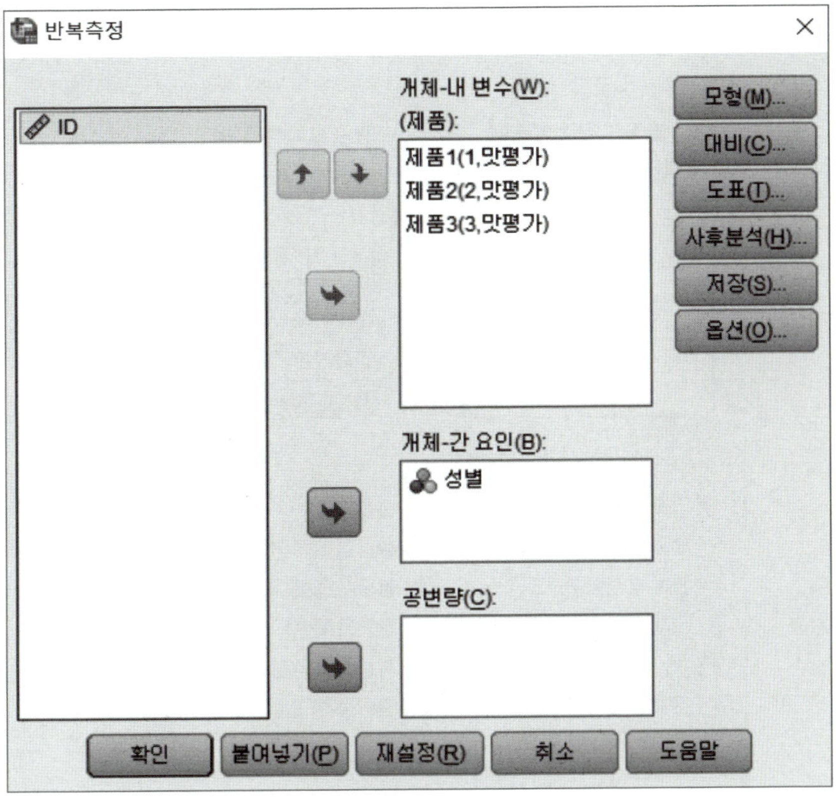

[그림 10-2]

옵션을 클릭하여 [그림 10-3] 대화창이 나타나면 평균출력기준에 제품을 입력하고 '주효과 비교'를 클릭한 후 Bonferroni를 선택한다. '기술통계량'과 '동질성 검정'을 선택한 후 계속을 클릭하여 이전 화면으로 돌아온다. 확인을 클릭하여 실행하면 결과가 나타난다.

개별 응답자가 제품을 반복하여 평가하였으므로 개체-내 요인은 제품이 되고, 개체-간 요인은 성별이다. 제품별/성별 평가치에 대한 평균, 표준편차 등 기초 통계량이 먼저 제공된다.

SPSS에서 반복측정 분산분석은 다변량 분산분석 결과와 일변량 반복측정 분산분석 결과가 모두 제시되는데 먼저 다변량 분산분석이나 다변량 공분산분석을 하려면 집단 간 공분산행렬이 동일하다는 가정이 필요하다.

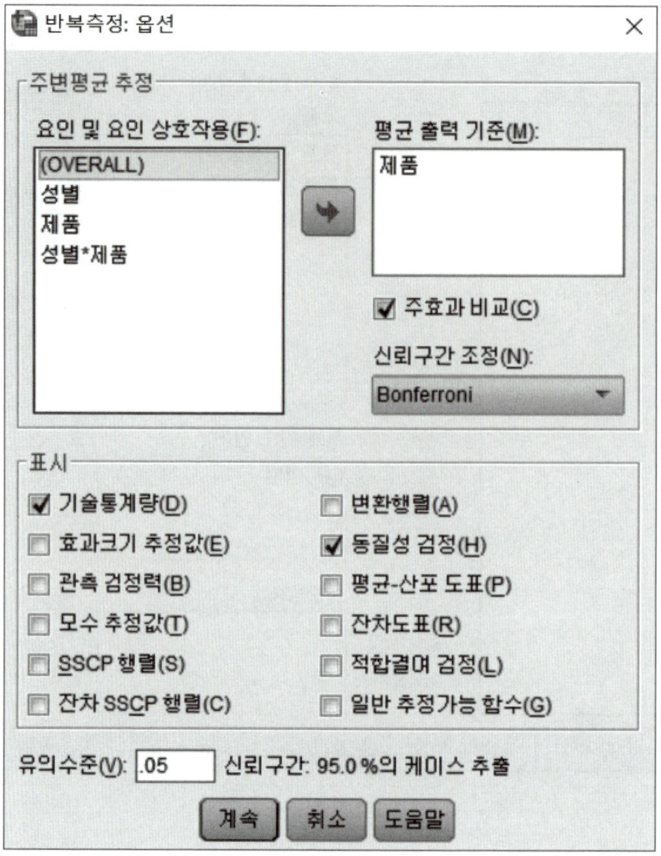

[그림 10-3]

개체-내 요인

측도 : 맛평가

제품	종속 변수
1	제품1
2	제품2
3	제품3

개체-간 요인

		변수값 설명	N
성별	1.00	남자	10
	2.00	여자	10

기술통계량

성별		평균	표준편차	N
제품1	남자	4.6000	1.17379	10
	여자	4.5000	1.35401	10
	합계	4.5500	1.23438	20
제품2	남자	5.1000	1.59513	10
	여자	5.7000	1.05935	10
	합계	5.4000	1.35336	20
제품3	남자	2.7000	1.49443	10
	여자	2.3000	.48305	10
	합계	2.5000	1.10024	20

집단-간(성별 간) 공분산행렬이 동일하다는 가정은 3개 제품의 맛-평가치에 대한 공분산행렬이 동일하다는 가정이 필요하며 이는 Box의 동일성 검정 방법을 사용하여 확인한다. 유의확률이 0.157로서 0.05보다 크므로 95% 신뢰수준하에서 공분산행렬이 동일하다는 귀무가설을 기각하지 못한다. 따라서 다변량 분산분석을 진행할 수 있다.

공분산행렬에 대한 Box의 동일성 검정

Box의 M	11.408
F	1.553
df1	6
df2	2347.472
유의확률	.157

여러 집단에서 종속변수의 관측 공분산행렬이 동일한 영가설을 검정합니다.

먼저 제품에 대한 다변량 검정의 유의확률이 0.00으로서 제품 종류별로 맛에 대한 평가치가 모두 동일하다는 귀무가설을 기각할 수 있다.

성별로 맛-평가에 대한 차이가 있는가를 확인하기 위해서 제품*성별에 대한 검정을 살펴본다. 이는 제품*성별에 대한 교호작용 유무는 결국 성별을 독립변수로 한 제품평가치에 대한 다변량 검정과 동일하기 때문이다. 유의확률이 모두 0.524로 매우 높아서 성별로 맛-평가치의 평균이 모두 같다는 귀무가설을 기각하지 못한다. 즉, 성별로는 맛-평가치에 대한 유의한 차이가 없다고 판단할 수 있다.

다변량검정

효과		값	F	자유도	오차 자유도	유의확률
제품	Pillai의 트레이스	.726	22.578	2.000	17.000	.000
	Wilks의 람다	.274	22.578	2.000	17.000	.000
	Hotelling의 트레이스	2.656	22.578	2.000	17.000	.000
	Roy의 최대근	2.656	22.578	2.000	17.000	.000
제품 * 성별	Pillai의 트레이스	.073	.671	2.000	17.000	.524
	Wilks의 람다	.927	.671	2.000	17.000	.524
	Hotelling의 트레이스	.079	.671	2.000	17.000	.524
	Roy의 최대근	.079	.671	2.000	17.000	.524

다음 반복측정 일변량 분산분석으로도 살펴볼 수 있는데 구형성 가정을 전제로 하며, 이는 각 측정 시점의 차이에 대한 분산이 모두 같다는 의미이다. 본 예제에서는 (제품1−제품2), (제품1−제품3), (제품2−제품3)의 분산이 모두 동일하다는 가정이며 이를 확인하기 위해서는 Mauchly 구형성 검정방법을 사용한다.

유의확률이 0.660으로서 귀무가설을 기각할 수 없다. 따라서 구형성 가정 개체−내 효과 검정을 진행할 수 있다. 만약 구형성 가정이 기각되면 Greenhouse−Geisser나 Huynh−Feldt 수정 결과를 해석한다.

구형성 가정 제품 유형별로 맛−평가치의 평균값이 모두 동일하다는 귀무가설을 검정하기 위한 유의확률이 0.000으로서 귀무가설을 기각할 수 있다. 즉, 제품별로 맛−평가치에 대한 평균값이 다르다고 판단한다.

Mauchly의 구형성 검정

측도 : 맛평가

개체-내 효과	Mauchly W	근사 카이제곱	자유도	유의확률	엡실런		
					Greenhouse-Geisser	Huynh-Feldt	하한값
제품	.952	.831	2	.660	.954	1.000	.500

정규화된 변형 종속변수의 오차 공분산행렬이 단위행렬에 비례하는 영가설을 검정합니다.

제품*성별에 대한 유의확률은 0.440으로 귀무가설을 기각할 수 없다. 즉, 성별로는 제품 맛에 대한 평가가 다르지 않다고 판단한다.

개체-내 효과 검정

측도 : 맛 평가

소스		제 III 유형 제곱합	자유도	평균 제곱	F	유의확률
제품	구형성 가정	88.900	2	44.450	28.339	.000
	Greenhouse-Geisser	88.900	1.909	46.571	28.339	.000
	Huynh-Feldt	88.900	2.000	44.450	28.339	.000
	하한값	88.900	1.000	88.900	28.339	.000
제품 * 성별	구형성 가정	2.633	2	1.317	.839	.440
	Greenhouse-Geisser	2.633	1.909	1.380	.839	.436
	Huynh-Feldt	2.633	2.000	1.317	.839	.440
	하한값	2.633	1.000	2.633	.839	.372
오차 (제품)	구형성 가정	56.467	36	1.569		
	Greenhouse-Geisser	56.467	34.360	1.643		
	Huynh-Feldt	56.467	36.000	1.569		
	하한값	56.467	18.000	3.137		

개체-간 효과 검정은 유의확률이 0.918로서 "성별로 맛에 대한 평가가 동일하다"는 귀무가설을 기각할 수 없다.

개체-간 효과 검정

측도 : 맛평가
변환된 변수 : 평균

소스	제 III 유형 제곱합	자유도	평균 제곱	F	유의확률
절편	1033.350	1	1033.350	673.111	.000
성별	.017	1	.017	.011	.918
오차	27.633	18	1.535		

요약하면 3가지 제품에 대한 맛-테스트 결과 표본평균은 각각 (4.55, 5.40, 2.50)이며 다중비교 결과 (제품1, 제품3), (제품2, 제품3)의 평가 차이는 통계적으로 유의하지만 (제품1, 제품2)의 평가차이는 통계적으로 유의하지 않음을 알 수 있다. 즉 제품1과 제품2에 대한 평가는 제품3보다 높지만 제품1과 제품2에 대한 평가는 통계적으로 유의한 차이가 나지 않는다고 판단할 수 있다.

추정값

측도 : 맛평가

제품	평균	표준오차	95% 신뢰구간	
			하한값	상한값
1	4.550	.283	3.955	5.145
2	5.400	.303	4.764	6.036
3	2.500	.248	1.978	3.022

대응별 비교

측도 : 맛평가

(I) 제품	(J) 제품	평균차(I-J)	표준오차	유의확률	95% 신뢰구간	
					하한값	상한값
1	2	-.850	.373	.105	-1.835	.135
	3	2.050	.375	.000	1.062	3.038
2	1	.850	.373	.105	-.135	1.835
	3	2.900	.437	.000	1.746	4.054
3	1	-2.050	.375	.000	-3.038	-1.062
	2	-2.900	.437	.000	-4.054	-1.746

참고로 엄격한 의미에서 일변량 반복측정 분산분석에서 Box의 동일성 검정은 크게 다루지 않는다. Box의 동질성 검정은 2개 이상의 종속변수들의 공분산이 독립변수인 집단 간에 동일한가를 검정하는 방법이기 때문이다. 일원배치 반복측정 분산분석에서 중요한 기준은 Mauchly 검정 결과를 확인하는 것이며, Mauchly 검정 결과 구형성 가정이 기각되지 않을 때는 일변량 기준의 구형성 가정 방식의 접근을 사용하고, 구형성 가정이 기각될 때는 Greenhouse-Geisser, Huynh-Feldt 자유도 수정 방법을 사용하는 것을 권장하며 다변량 분석 방법을 참고로 살펴본다. 다변량 분산분석의 자세한 내용은 본서의 범위를 벗어나므로 자세히 다루지 않는다.

이제 R프로그램으로 살펴본다.

R

예 10.1 데이터 처리 및 데이터 구조 확인

```
① > library(foreign)
  > dt10 <- read.spss('D:/MR/예제/10_반복있는_이원배치분산분석.sav',
                      use.value.labels = TRUE,
                      to.data.frame=TRUE)
  > head(dt10, 10L)
     ID 성별 제품1 제품2 제품3
   1  1 남자    4     5     5
   2  2 남자    4     6     1
   3  3 남자    4     6     1
   4  4 남자    3     6     2
   5  5 남자    4     4     2
   6  6 남자    5     4     2
   7  7 남자    6     4     2
   8  8 남자    4     2     5
   9  9 남자    7     7     3
  10 10 남자    5     7     4
```

```
> str(dt10)
'data.frame':        20 obs. of  5 variables:
$ ID   : num  1 2 3 4 5 6 7 8 9 10 ...
$ 성별 : Factor w/ 2 levels "남자", "여자": 1 1 1 1 1 1 1 1 1 1 ...
$ 제품1: num  4 4 4 3 4 5 6 4 7 5 ...
$ 제품2: num  5 6 6 6 4 4 4 2 7 7 ...
$ 제품3: num  5 1 1 2 2 2 2 5 3 4 ...
```

① foreign 라이브러리를 활성화하여, dt10 이름으로 SPSS 데이터를 불러오면서, 레이블이 있는 성별 변수는 레이블을 적용하였고, to.data.frame 옵션을 사용하여 직접적으로 데이터 프레임 형태로 데이터를 가져왔다.

SPSS 데이터는 남녀 각각 10명에게 3가지 음료 제품의 맛 테스트를 실시한 데이터이다. 1명의 응답자에게 3개의 제품을 차례대로 음용하게 한 후 맛에 대한 평가를 5점 척도로 평가를 받았으며, 총 20개의 샘플 수와 5개의 변수로 구성되어 있다.

여기서 확인하고자 하는 귀무가설은 3가지 음료의 맛에 대한 평가가 동일한지, 성별에 따른 음료 맛에 대한 평가가 동일한지 검정을 하고자 한다.

R

예 10.2 데이터 포맷 변환

```
② > library(reshape2)
  > dt10_long <- melt(dt10,
                      id.vars=c("ID", "성별"),
                      variable.name="제품",
                      value.name="맛평가")
  > head(dt10_long[order(dt10_long$ID), ], 10L)
     ID  성별  제품   맛평가
   1  1  남자  제품1      4
```

```
21 1 남자 제품2 5
41 1 남자 제품3 5
 2 2 남자 제품1 4
22 2 남자 제품2 6
42 2 남자 제품3 1
 3 3 남자 제품1 4
23 3 남자 제품2 6
43 3 남자 제품3 1
 4 4 남자 제품1 3
```

② reshape2 라이브러리에서 제공하는 melt 명령어를 통해 분석에 적합한 데이터 형태로 바꾸어 준다. 일반적으로 설문조사 형태의 데이터는 응답자 기준(행 기준)으로 컬럼을 추가하는 형태(wide 형태)로 데이터를 저장하며, 통계적 분석에 사용되는 R 명령어들은 행 구조로 저장된 데이터를 사용한다.

melt 명령어는 melt(데이터, id.vars=기준변수, variable.name=행 변환되는 변수 이름, value.name=행 변환되는 변수 데이터) 형태로 사용한다. 예를 들어, head 및 order 명령어를 통해 long 포맷으로 변환된 데이터로부터 1번 ID 데이터가 한 행에서 세 개의 행으로 변환되었음을 확인할 수 있다.

R

예 10.3 데이터 요약

```
③ > library(dplyr)
  > dt10_long %>% distinct(제품)
    제품
  1 제품1
  2 제품2
  3 제품3
```

```
> dt10 %>% group_by(성별) %>% summarise(N=n())
# A tibble: 2 × 2
  성별    N
 <fct> <int>
1 남자    10
2 여자    10
```

③ dplyr 라이브러리에서 제공하는 파이프연산자 % >% 기호를 통해 다양한 명령어를 조합하여 원하는 정보를 추출할 수 있다. 먼저 distinct 명령어를 통해 범주형 변수에 포함된 수준이 몇 개 있는지 확인할 수 있다. 여기서는 제품 변수에 총 3개(제품1, 제품2, 제품3)의 범주가 있음을 확인할 수 있다.

group_by 명령어 및 summarise(N=n()) 명령어를 통해 범주별 샘플 수를 확인할 수 있다. 여기서는 남자 및 여자 각각 10 샘플이 있음을 확인할 수 있다.

R

예 10.4 기술 통계

```
④ > summary_table <- dt10_long %>%
                         group_by(제품, 성별) %>%
                         summarise(평균=mean(맛평가),
                                   표준편차=sd(맛평가),
                                   N=n(), .groups = "drop")
  > subtotal <- dt10_long %>%
                     group_by(제품) %>%
                     summarise(성별="부분합",
                               평균=mean(맛평가),
                               표준편차=sd(맛평가),
                               N=n(), .groups = "drop")
```

```
⑤ > output <- data.frame(bind_rows(summary_table, subtotal) %>%
                                                   arrange(제품))
  > format(output, digits=5)
    제품    성별  평균 표준편차 N
  1 제품1   남자  4.60  1.17379 10
  2 제품1   여자  4.50  1.35401 10
  3 제품1 부분합  4.55  1.23438 20
  4 제품2   남자  5.10  1.59513 10
  5 제품2   여자  5.70  1.05935 10
  6 제품2 부분합  5.40  1.35336 20
  7 제품3   남자  2.70  1.49443 10
  8 제품3   여자  2.30  0.48305 10
  9 제품3 부분합  2.50  1.10024 20
```

④ dplyr 라이브러리에서 제공하는 다양한 명령어들을 연결(%>%)하여, 제품별 성별 기술 통계량을 계산하고자 한다.
group_by 명령어를 이용하여 범주형 변수에 대한 요약통계를 지정하고, summarise 명령어를 통해 구하고자 하는 기술 통계를 변수명 = 기술통계함수 (변수명)와 같은 구조로 작성한다.
groups = "drop"는 요약 결과에서 그룹 속성을 제거하는 의미를 가진다.

⑤ bind_rows 명령어를 통해 2개 데이터를 행 단위로 붙이며, arrange 명령어를 통해 원하는 형태로 데이터 정렬을 할 수 있다. 여기서는 arrange(제품) 명령어를 통해 제품 단위로 데이터를 정렬하여 데이터 프레임으로 전환한 후 output이라는 이름으로 저장하였다.
해당 결과를 output 데이터 프레임을 출력한 후, SPSS에서 제공하는 결과와 동일함을 알 수 있다.

R

예 10.5 공분산 행렬에 대한 Box의 동일성 검정

```
⑥ > library(biotools)
  > boxM(dt10[,3:5], dt10[,2])

      Box's M-test for Homogeneity of Covariance Matrices

  data:  dt10[, 3:5]
  Chi-Sq (approx.) = 9.3482, df = 6, p-value = 0.1549
```

⑥ 성별(집단-간)에 따른 맛 평가 데이터의 공분산행렬이 동일한지 Box의 동일성 검정을 통해 살펴본다. biotools 라이브러리에서 제공하는 boxM 명령어를 사용한다. boxM 명령어는 boxM(반응 변수들, 범주형 변수) 형태로 사용한다.

본 예제에서는 유의확률이 0.1549로서 유의수준 0.05보다 커서 공분산행렬이 동일하다는 귀무가설을 채택하고, 이어서 다변량 분산분석을 진행한다.

R

예 10.6 다변량 검정1

```
⑦ > dt10.manova.out <- manova(cbind(제품1, 제품2, 제품3)~성별, data=dt10)
  > library(car)
  > within <- data.frame(제품=factor(c("제품1", "제품2", "제품3")))
  > Anova(dt10.manova.out, idata=within, idesign=~제품, type="III")

  Type III Repeated Measures MANOVA Tests: Pillai test statistic
              Df  test stat approx F num Df den Df      Pr(>F)
  (Intercept)  1    0.94884   333.86      1     18  4.557e-13 ***
  성별         1    0.00060     0.01      1     18   0.918167
```

```
제품          1  0.49554   8.35   2   17   0.002979 **
성별:제품     1  0.07312   0.67   2   17   0.524422
---
Signif. codes:  0 '***' 0.001 '**' 0.01 '*' 0.05 '.' 0.1 ' ' 1
```

⑦ 다변량 검정을 하기 위해서 wide 포맷의 데이터를 manova 명령어를 통해 분석한다.
manova 명령어는 manova(반응 변수들~범주형 변수) 형태로 사용한다.
car 라이브러리에서 제공하는 Anova 명령어를 통해 다변량 검정을 수행한다.
Anova 명령어는 Anova(선형모형 객체, idata, idesign, type) 형태로 사용한다.
여기서 선형모형 결과는 manova 분석 결과를 사용하며, idata는 반복측정 설계에서 사용될 내적 요인 데이터 프레임을 사용하며, idesign은 반복측정 설계에서 사용될 내적 요인 공식을 사용하며, type에는 제곱합 유형을 지정하는데, 여기서는 모든 요인이 고려된 상황에서의 분석을 진행하기 위해 type=3을 지정한다.
다변량 검정을 통해 제품은 유의확률 0.002979로 유의미한 변수로 해석되며, 성별 및 성별:제품의 교호작용은 모두 유의확률이 0.05보다 커서 95% 신뢰수준하에서 유의미하지 않다. 즉, 제품 간의 맛 평가에 대한 평균 차이는 통계적으로 존재하지만 성별에 따른 맛 평가의 차이는 없는 것으로 해석할 수 있다.

R

예 10.7 다변량 검정2

```
⑧ > dt10.mv.out1 <- Anova(dt10.manova.out, idata=within,
                                   idesign=~제품, type="III")
  > dt10.mv.out2 <- summary(dt10.mv.out1)
  > dt10.mv.out2$multivariate.tests$제품
  (일부)
  Multivariate Tests: 제품
```

```
                    Df  test stat approx F num Df den Df    Pr(>F)
Pillai               1  0.4955385  8.349651      2     17 0.0029788 **
Wilks                1  0.5044615  8.349651      2     17 0.0029788 **
Hotelling-Lawley     1  0.9823119  8.349651      2     17 0.0029788 **
Roy                  1  0.9823119  8.349651      2     17 0.0029788 **
---
Signif. codes:  0 '***' 0.001 '**' 0.01 '*' 0.05 '.' 0.1 ' ' 1

> dt10.mv.out2$multivariate.tests$`성별:제품`
(일부)
Multivariate Tests: 성별: 제품
                   Df  test stat  approx F num Df den Df  Pr(>F)
Pillai              1  0.0731247  0.6705969      2     17  0.52442
Wilks               1  0.9268753  0.6705969      2     17  0.52442
Hotelling-Lawley    1  0.0788937  0.6705969      2     17  0.52442
Roy                 1  0.0788937  0.6705969      2     17  0.52442
```

⑧ SPSS에서는 다변량 검정을 하기 위한 4가지 결과를 보여 준다. R에서 동일한 분석 결과를 구하기 위해서는 Anova 명령어를 통한 분석 결과를 summary 명령어를 통해 그 결과를 저장해야 하며, 저장된 결과에서 $ 표시로 연결되는 부분을 추출하여 그 결과를 확인할 수 있다. 예를 들어, 제품에 대한 검정 결과는 dt10.mv.out2$multivariate.tests$제품'을 통해 확인할 수 있다.

R

예 10.8 구형성 검정

```
⑨ > library(rstatix)
  > dt10_long_2wrm <- anova_test(data=dt10_long,
                                 dv=맛평가,
                                 wid=ID,
                                 within=제품,
                                 between=성별,
                                 type=3,
                                 detailed=TRUE)
⑩ > dt10_long_2wrm$`Mauchly's Test for Sphericity`
       Effect     W    p  p<.05
  1      제품 0.952 0.66
  2 성별:제품 0.952 0.66
  > dt10_long_2wrm$`Sphericity Corrections`
       Effect   GGe      DF[GG]    p[GG] p[GG]<.05   HFe      DF[HF]
  1      제품 0.954  1.91  34.36 7.67e-08          * 1.065  2.13  38.33
  2 성별:제품 0.954  1.91  34.36 4.36e-01            1.065  2.13  38.33
        p[HF]  p[HF]<.05
  1 4.05e-08          *
  2 4.40e-01
```

⑨ 한 명의 응답자로부터 여러 번 맛 테스트를 한 데이터에 대한 효과 검정을 위해서는 측정 시점 간 측정값의 차이에 대한 분산이 같다는 가설이 필요하며 이를 구형성 가설이라고 한다. 구형성 가설을 검정하는 방법으로 Mauchly 구형성 검정을 활용한다. R에서는 long 포맷 데이터에 반복측정 분산분석을 rstatix 라이브러리에서 제공하는 anova_test 명령어를 통해 분석할 수 있다.

anova_test 명령어는 anova_test(데이터, dv, wid, within, between, type) 형태로 사용

한다. 여기서 사용되는 옵션의 의미는 다음과 같다.

- **dv** : 종속변수(dependent variable)로서, 응답자가 반응한 값
- **wid** : 반복측정 단위(일반적으로 응답자 기준)
- **within** : 개체-내 요인 지정
- **between** : 개체-간 요인 지정
- **type** : 제곱 합(Sum of squares) 유형
- **detailed** : 효과 크기 등을 포함한 상세 통계 정보 제공 여부

⑩ Mauchly 구형성 검정 결과, 유의확률이 0.66으로 귀무가설을 채택한다. 따라서 구형성 가정 효과 검정을 진행한다. 만약 구형성 가정이 기각되면 Greenhouse-Geisser나 Huynh-Feldt 수정 결과를 보고 가설 검정을 하게 된다.

R

예 10.9 효과 검정

```
⑪ > dt10.2wrm.out <- get_anova_table(dt10_long_2wrm, correction="none")
> dt10.2wrm.out$p <- sprintf("%.5f", dt10.2wrm.out$p)
> print(dt10.2wrm.out)
ANOVA Table (type III tests)

       Effect DFn DFd      SSn    SSd       F        p p<.05      ges
1 (Intercept)   1  18 1033.350 27.633 673.111 0.00000     * 0.925000
2        성별   1  18    0.017 27.633   0.011 0.91800       0.000198
3        제품   2  36   88.900 56.467  28.339 0.00000     * 0.514000
4   성별:제품   2  36    2.633 56.467   0.839 0.44000       0.030000
```

⑪ rstatix 라이브러리에서 제공하는 get_anova_table 명령어를 통해 분산분석 결과를 간결한 데이터 프레임 형태로 결과를 얻을 수 있다. get_anova_table 명령어는 get_anova_table(anova_table 결과, correction) 형태로 사용한다.

correction 옵션은 구형성 가정 결과에 대한 none, GG(Greenhouse−Geisser), HF(Huynh−Feldt) 등을 설정할 수 있다.

여기서는 구형성 가정이 만족되므로 none 옵션을 선택하였으며, p−value 출력 형태를 sprintf 명령어를 통해 원하는 형태로 바꾸어 출력한다.

분석 결과를 보면, 제품(개체−내 효과) 요인의 경우 유의확률 0.0000으로 제품 간의 평균 차이가 유의미하다고 볼 수 있다.

또한 ANOVA 분석에서 요인의 총 분산(total variance) 중 해당 요인이 설명하는 비율을 나타내는 ges(Generalized Eta Squared) 비율을 보면 0.514(51.4%)로서 높은 설명 비율을 나타내고 있음을 확인할 수 있다. 성별:제품(개체−내 효과)에 대한 유의확률은 0.440으로 귀무가설을 기각할 수 없으므로 성별과 제품 간에는 교호작용이 없는 것으로 해석할 수 있다. 성별(개체−간 효과) 또한 유의확률 0.918로 나타나 성별에 따른 맛평가 차이는 없는 것으로 해석된다.

R

예 10.10 사후 검정1

```
⑫ > library(afex)
   > dt10_anova.out <- aov_ez(data=dt10_long, dv="맛평가", id="ID",
                                  within="제품", between="성별", type=3)

   > dt10_anova.summary <- summary(dt10_anova.out)
   > dt10_anova.summary$sphericity.tests
           Test statistic p-value
   제품          0.95228 0.65991
   성별:제품     0.95228 0.65991
   > dt10_anova.summary$pval.adjustments
              GG eps        Pr(>F[GG])  HF eps          Pr(>F[HF])
   제품      0.9544506 0.0000000766797 1.064847 0.00000004054075
   성별:제품 0.9544506 0.4357829642072 1.064847  0.44023449294501
```

⑫ 사후분석을 위해서는 afex 라이브러리에서 제공하는 반복측정 분산분석 결과를 이용하는 방법이 있다. aov_ez 명령어를 통한 분석에서도 rstatix 라이브러리에서 제공하는 anova_test 명령어를 통해 분석한 사후분석 결과와 동일한 구형성 검정 결과를 확인할 수 있다.

R

예 10.11 사후 검정2

```
⑬ > library(emmeans)
   > emmeans(dt10_anova.out, pairwise ~ 제품)
   $emmeans
   제품 emmean    SE df lower.CL upper.CL
   제품1   4.55 0.283 18     3.95     5.15
   제품2   5.40 0.303 18     4.76     6.04
   제품3   2.50 0.248 18     1.98     3.02

   Results are averaged over the levels of: 성별
   Confidence level used: 0.95

   $contrasts
      contrast estimate    SE df t.ratio p.value
   제품1 - 제품2    -0.85 0.373 18  -2.279  0.0849
   제품1 - 제품3     2.05 0.375 18   5.473  0.0001
   제품2 - 제품3     2.90 0.437 18   6.634  <.0001

Results are averaged over the levels of: 성별
P value adjustment: tukey method for comparing a family of 3 estimates
```

⑬ emmeans 라이브러리에서 제공하는 emmeans 명령어를 통해 추정 주변평균을 구할 수 있다. emmeans 명령어는 emmeans(분산분석 결과, 다중비교 변수) 형태로 사용한다. 분석 결과, 맛 평가 결과 표본평균은 각각 (4.55, 5.40, 2.50)이며 다중비교 결과 (제품1, 제품3), (제품2, 제품3)의 평가 차이는 유의수준 0.05보다 작아, 95% 신뢰수준하에서 통계적으로 유의하지만 (제품1, 제품2)의 맛평가 차이의 유의확률은 0.0849로 나타나 95% 신뢰수준하에서 맛평가에 대한 평균은 유의미한 차이가 없다고 해석된다. 즉 제품1과 제품2에 대한 평가는 제품3보다 높지만 제품1과 제품2에 대한 평가는 차이가 나지 않는다고 판단할 수 있다.

PART

3

명목형 척도의 가설 검정

CHAPTER

11

단일집단 비율값 검정 : 이항검정

명목형 변수란 관측 대상이 속한 유형이나 종류를 구분하기 위해서 숫자를 부여하는 변수로서 이때 숫자는 크기나 순서를 의미하는 것이 아니라 단순히 분류된 범주의 명칭을 뜻한다. 이러한 명목형 변수는 평균값이나 표준편차 등의 연속형 통계량이 아니라 빈도나 비율 등의 이산형 통계량으로 모집단의 특성을 추정하는데 역시 표본조사의 결과를 모집단으로 일반화하기 위해서는 통계적 유의성을 확인하는 가설검정 단계가 필요하다.

(예제 11)은 출시를 앞둔 신제품의 소비자 반응을 사전에 진단하기 위하여 30명의 고객에게 신제품에 대해 설명한 후에 구매의향을 질문하여 얻은 데이터이다. '1'은 구매, '2'는 비구매를 의미하는 변수의 값이다. 앞에서 다룬 5점 척도로 질문하여 얻는 데이터의 경우 계량형 척도인 등간 척도로 간주하지만(순서형 척도로 분류하기도 한다) 이렇게 구매와 비구매의 범주형으로 질문하는 경우는 명목형 척도로 분류한다.

(예제 11)

	구매의향
1	1.00
2	1.00
3	1.00
4	1.00
5	1.00
6	1.00
7	1.00
8	2.00
9	2.00
10	2.00

먼저 데이터의 기초통계량을 살펴보기 위해 SPSS 메인 화면에서 『분석 → 기술통계량 → 빈도분석』 메뉴를 차례대로 클릭한 후 구매의향을 변수로 선택한 후 빈도표 출력을 체크하고 확인을 클릭하면 다음과 같이 빈도표가 나타난다.

구매의향

		빈도	퍼센트	유효 퍼센트	누적 퍼센트
유효	구매	20	66.7	66.7	66.7
	비구매	10	33.3	33.3	100.0
	합계	30	100.0	100.0	

선체 응답사 30명 중에서 구매의향자는 20명, 비구매의향자는 10명으로 구매의향비율은 20/30 = 0.67, 비구매의향 비율은 0.33으로 추정된다. 만약 사전조사의 구매의향 비율이 50% 이상일 때 신제품을 출시한다는 방침이라면 다음과 같은 가설 중 우측 검정을 확인해야 할 것이다.

	단측검정(one-sided test)		양측 검정 (two-sided test)
	좌측 검정 (left-sided test)	우측 검정 (right-sided test)	
귀무가설 H_0	구매의향비율 ≥ 0.5	구매의향비율 ≤ 0.5	구매의향비율 = 0.5
대립가설 H_1	구매의향비율 < 0.5	구매의향비율 > 0.5	구매의향비율 ≠ 0.5

이와 같이 **단일집단의 비율이 특정값과 비교하여 크거나 작은지 또는 일치하는지 여부를 검정할 때는 이항검정을 사용**한다. 이항검정은 성공과 실패, 선호와 비선호, 찬성과 반대, 불량과 양호 등과 같이 결과값이 2가지 중 하나로 나타나는 이항분포를 기초로 분석되는 검정법이다.

이와 같은 이항검정은 이항분포의 확률밀도함수를 사용해서 유의확률을 계산해야 하지만 계산이 복잡하여 표본의 크기가 클 때는 정규분포로 근사해서 유의확률을 계산한다. np_0 (p_0 : 귀무가설 검정값)가 10~15보다 크면 정규분포로 근사하여 계산한다고 하는데 이는 학자들이나 교과서들마다 조금씩 기준이 다르다. 일반적으로 조사업무 실무에서는 표본의 크기가 이보다 큰 경향이 있으므로 정규근사확률을 사용하는 것에는 큰 문제가 없다고 본다.

SPSS 이항검정에서는 이항분포를 정규분포로 근사하여 얻은 값을 기본으로 제공한다. **이항검정은 비모수검정에 해당하는데 모수검정이 모집단 분포와 모수에 가정을 두고 검정하는 방법인 반면 비모수검정은 모집단의 분포에 대해서 어떤 가정 없이 검정을 진행하며 분**

포 무관(Distribution Free) **검정**이라고도 한다.

한편 이항검정도 이항분포라는 가정에 따라 진행이 되므로 분포무관한 검정이 아니라는 주장도 있고 범주형 데이터 자체가 정규성이라는 가정에 따르지 않으므로 비모수 검정이라는 주장도 있는데 본서는 유의성 검정 설명서 취지의 매뉴얼로 추가적인 설명은 생략한다.

이제 SPSS을 이용하여 분석을 해 본다. SPSS 메인화면에서 『분석 → 비모수검정 → 레거시대화상자 → 이항』을 클릭하면 [그림 11-1]의 대화창이 나타난다. 검정변수에 구매의향을 선택하고, 검정비율에는 검정하고자 하는 비율값인 0.5를 입력한 후 확인을 클릭하면 결과가 나타난다.

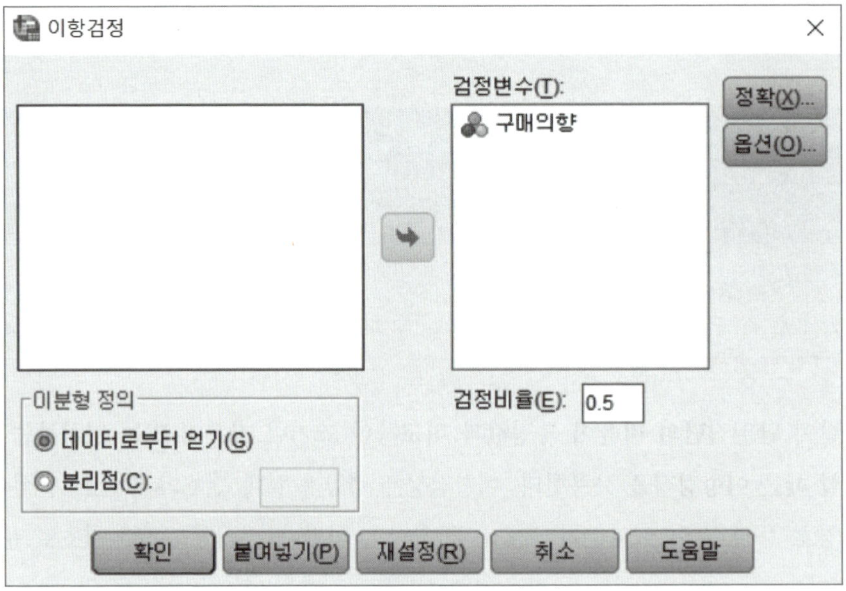

[그림 11-1]

유의확률이 0.099로서 귀무가설을 기각할 수 없다. 즉 표본의 구매의향 비율이 0.67으로 귀무가설값인 0.5보다 높게 나타났지만 모집단의 구매의향비율이 50% 이상이라고 할 수 없다. 그러나 90% 신뢰수준하에서는 유의확률이 0.1보다 작으므로 귀무가설을 기각할 수 있다. 그러나 귀무가설을 기각할 수 있는 확률적 근거는 약하다고 판단할 수 있다.

이항검정

		범주	N	관측비율	검정 비율	정확한 유의확률(양측)
구매의향	집단 1	구매	20	.67	.50	.099
	집단 2	비구매	10	.33		
	합계		30	1.00		

한편, 데이터를 [그림 11-2]와 같이 빈도수가 집계된 형태로 주어지는 경우도 있을 것이다. 역시 구매의향의 '1'은 구매의향, '2'는 비구매의향을 의미한다.

	구매의향	사람수
1	1.00	20.00
2	2.00	10.00

[그림 11-2]

이와 같이 빈도표의 형태로 데이터가 주어졌을 경우는 데이터를 가중처리하는 과정이 필요하다. SPSS 메인화면에서 『데이터 → 가중케이스』를 선택하면 [그림 11-3]과 같은 화면이 나타나는데 '가중케이스 지정'을 선택하고 빈도 변수에 사람수를 입력한다.

이후 분석 과정은 동일하게 SPSS 메인화면에서 『분석 → 비모수검정 → 레거시 대화상자 → 이항』을 클릭하여 진행한다.

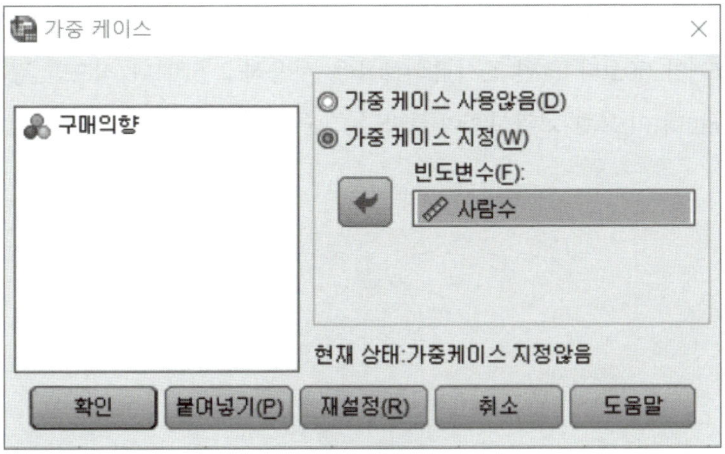

[그림 11-3]

한편, SPSS 메인화면에서 『분석 → 비모수검정 → 레거시 대화상자 → 일표본 Kolmogorov-Smirnov 검정』을 클릭하면 [그림 11-4]와 같은 대화창이 나타나는데 검정 변수에 구매의향을 입력하고, 검정 분포에 '정규'를 클릭한 뒤 확인을 클릭하면 근사유의확률과 정확유의확률 값이 모두 나타나는데 이는 엄밀하게 얘기하면 K-S 통계량의 정확 분포와 근사로 인한 값이다.

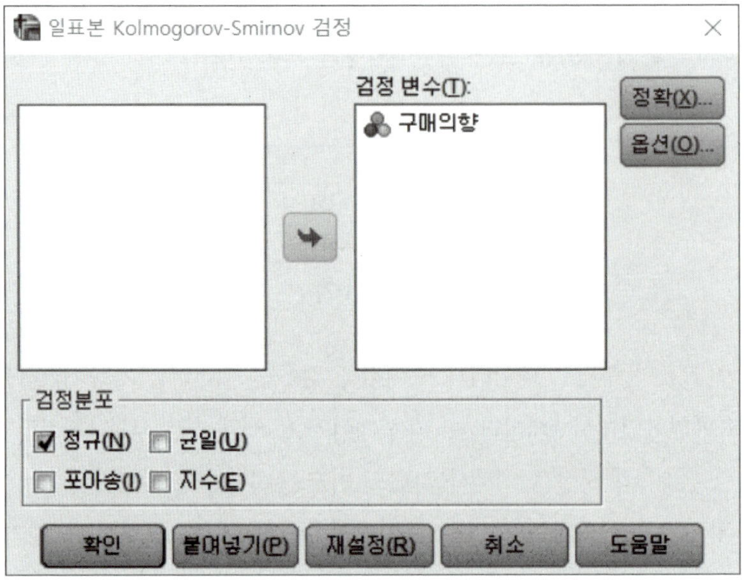

[그림 11-4]

이 값은 표본이 크면 정규분포와 유사하게 나타나며 일반적으로 대규모 표본에서 사용한다. 표본의 크기가 50보다 크면 근사유의확률을 사용하고 50보다 작으면 정확유의확률을 살펴보라고 하는데 이 또한 교과서(학자)들마다 기준이 조금씩 다르다.

일표본 Kolmogorov-Smirnov 검정

		구매의향
N		30
정규 모수	평균	1.3333
	표준화 편차	0.47946
최대극단차이	절댓값	0.423
	양수	0.423
	음수	-0.251
검정 통계량		0.423
근사 유의확률 (양측)		.000
정확 유의확률 (양측)		0.000
포인트 확률		0.000

K-S 검정은 데이터가 특정 분포를 따르는지 확인하거나 두 집단이 동일한 분포에 따르는지를 확인하는 데 주로 사용되며 자세한 내용은 본서의 취지와 범위에 벗어나므로 생략한다.

이제 R 프로그램을 이용해서 분석한다.

R

예 11.1 데이터 처리 및 데이터 구조 확인

```
① > library(haven)
  > dt11 <- read_sav('D:/MR/예제/11_명목형변수_단일집단.sav')
  > head(dt11, 3L)
  # A tibble: 3 × 1
    구매의향
   <dbl+lbl>
  1  1  [구매]
  2  1  [구매]
  3  1  [구매]
```

① haven 라이브러리를 활성화하여, dt11 이름으로 SPSS 데이터를 불러올 수 있다. head 명령어를 통해 그 구조를 살펴보면, tibble 형태로 dbl+lbl (숫자형+레이블) 형식임을 알 수 있다. dt11 데이터는 신제품의 소비자 반응을 사전에 진단하기 위하여 30명의 고객의 구매의향을 파악한 데이터이다.

R

예 11.2 데이터 포맷 변환

```
② > dt11_f <- as.data.frame(as_factor(dt11$구매의향, levels="labels"))
  > names(dt11_f)[1] <- "구매의향"
  > str(dt11_f)
  'data.frame':        30 obs. of  1 variable:
  $ 구매의향: Factor w/ 2 levels "구매", "비구매": 1 1 1 1 1 1 1 2 2 2 ...
```

② dt11에서 레이블 데이터를 이용한 분석을 진행하기 위해 as_factor 명령어를 통해 데이터를 명목형으로 변환한다. names 명령어를 통해 변환된 변수의 이름을 변경할 수 있다. 여기서는 구매의향이라는 변수이름으로 저장하였다. str 명령어를 통해 데이터 구조를 살펴보았을 때, dt11_f는 데이터 프레임 형태로 저장되었으며 1개 변수에 30개의 데이터가 있으며 구매의향 변수는 범주형 변수로 구매 및 비구매 범주를 가지고 있음을 확인할 수 있다.

R

예 11.3 기술 통계

```
③ > table(dt11$구매의향)


  1  2
  20 10
```

```
④ > library(sjmisc)
  > frq(dt11$구매의향)
  x <numeric>
  # total N=30 valid N=30 mean=1.33 sd=0.48

   Value  |  Label  | N | Raw % | Valid % | Cum. %
  ----------------------------------------
      1   |  구매   | 20 | 66.67 |   66.67  | 66.67
      2   | 비구매 | 10 | 33.33 |   33.33  | 100.00
   <NA> | <NA> | 0 |  0.00 |  <NA> | <NA>
⑤ > library(summarytools)
  > dt11_freq <- data.frame(freq(dt11_f$구매의향, na.rm = TRUE))
  > colnames(dt11_freq) <-
  c("빈도", "유효%", "유효누적%", "전체%", "전체누적%")
  > print(dt11_freq[-3,])
          빈도      유효%  유효누적%      전체%  전체누적%
  구매      20   66.66667   66.66667   66.66667   66.66667
  비구매    10   33.33333  100.00000   33.33333  100.00000
  Total     30  100.00000  100.00000  100.00000  100.00000
```

③ R에서는 범주형 자료에 대해 간단하게 빈도를 확인할 때에는 table 명령어를 활용할 수 있다. 빈도 분석 결과, 1과 2는 각각 20개, 10개의 응답 데이터가 있음을 확인할 수 있다.

④ sjmisc 라이브러리에서 제공하는 frq 명령어를 통해 범주에 대한 값(Value), 레이블(Label), 샘플 수(N), 전체 기준의 백분율(Raw %), NA 제외한 값 기준의 백분율(Valid %), 누적 유효 백분율(Cum. %)을 구할 수 있다. 빈도 분석 결과, 1(구매)과 2(비구매)는 각각 20개, 10개이며 66.67%, 33.33%의 비율을 차지하는 것을 확인할 수 있다.

⑤ summarytools 라이브러리에서 제공하는 freq 명령어를 통해서도 빈도표를 구할 수 있다. na.rm = TRUE 라고 지정할 경우 결측값을 제외하고 결과를 구할 수 있다. 결과를 data.frame으로 변환하여 저장하고 colnames 명령어를 통해 빈도표의 열(column) 이름을 원하는 형태로 바꿀 수 있다. 또한 결과를 출력할 때 dt11_freq[-3,] 과 같이 지정하여 출력을 원하지 않는 행(예, <NA>)을 제외할 수 있다.

R

예 11.4 이항 검정

```
⑥ > binom.test(x=sum(dt11_f$구매의향 == "구매"), n=nrow(dt11_f), p=0.5)

        Exact binomial test

data:  sum(dt11_f$구매의향 == "구매") and nrow(dt11_f)
number of successes = 20, number of trials = 30, p-value = 0.09874
alternative hypothesis: true probability of success is not equal to 0.5
95 percent confidence interval:  0.4718800    0.8271258
sample estimates:
probability of success
              0.6666667
```

⑥ 빈도표 분석으로부터 구매의향자는 20명, 비구매의향자는 10임을 확인하였다. 샘플 데이터로부터 구한 구매의향비율 67%가 신제품 출시를 위해 사전에 설정한 최소 구매의향비율 50%보다 크다는 귀무가설보다 통계적으로 높은 결과인지를 검정하고자 한다. 이와 같이 단일 집단의 비율이 특정값과 비교하여 크거나 작은지 또는 일치하는지 여부를 검정하는 방법을 이항검정이라 한다. 이항검정을 위해 binom.test 명령어를 사용한다. binom.test 명령어는 binom.test(관심 사건의 합, 전체 사건의 합, 귀무가설의 확률(기본 설정 : 0.5)) 형태로 사용한다. 데이터로부터 계산된 유의확률은 0.09874로 나타났으며, 신뢰구간도 (0.472, 0.827)로 나타나 95% 신뢰수준하에서 귀무가설을 기각할 수

없다.
즉, 샘플 데이터로부터 구한 구매의향비율 67%는 통계적으로 50%보다 크다고 할 수 없으며, 신제품 출시를 위한 50%보다 높은 구매의향비율이라는 결론을 갖지 못하는 것으로 해석할 수 있다.

CHAPTER

12

두 집단 독립표본 비율값 검정 : χ^2 검정

앞의 (예제 11)은 한 개의 신제품에 대한 구매의향을 질문하여 구매의향비율을 검정하는 방법이었다면 이번(예제 12)에는 2개의 신제품에 대한 구매의향을 질문하는 경우를 살펴보자. 예를 들어 2개의 신제품을 개발하여 사전 소비자 조사를 통해 평가가 더 좋은 제품을 출시하려고 한다. (예제 12)는 A, B 2개의 신제품에 대해서 각각 100명씩 제품의 특징에 대해 설명을 한 후 구매의향을 질문한 결과이다. 신제품 변수의 '1'은 신제품A, '2'는 신제품B의 변수값이고, 구매의향 변수의 구매는 '1', 비구매는 '2'로 입력하였다.

(예제 12)

	신제품	구매의향
1	1.00	1.00
2	1.00	1.00
3	1.00	1.00
4	1.00	2.00
5	1.00	2.00
6	1.00	2.00
7	1.00	2.00
8	1.00	2.00
9	1.00	2.00
10	1.00	2.00

본 예제에서는 A 신제품과 B 신제품의 구매의향비율에 관심을 가지며 따라서 다음과 같은 가설을 설정할 수 있다.

	단측검정(one-sided test)		양측 검정 (two-sided test)
	좌측 검정 (left-sided test)	우측 검정 (right-sided test)	
귀무가설 H_0	$P_a \geqq P_b$	$P_a \leqq P_b$	$P_a = P_b$
대립가설 H_1	$P_a < P_b$	$P_a > P_b$	$P_a \neq P_b$

이와 같은 **명목형 변수의 비율차이 검정은 카이제곱(χ^2) 검정을 사용하는데 카이제곱 검정은 비율의 균질성 검정, 독립성 검정, 적합성 검정을 주로 다루며 3가지 검정 방법이 모두 동일한 검정통계량을 사용**한다.

카이제곱 검정 통계량은 다음과 같이 기대빈도와 관측빈도의 차이에 대한 제곱합을 이용하여 분석한다.

$$\text{카이제곱 } \chi^2 = \sum_i \sum_j (O_{ij} - E_{ij})^2 / E_{ij}$$

O_{ij} : i행 j열의 실제 관측 빈도수

E_{ij} : i행 i열의 기대(예측) 빈도수

아래와 같은 범주형 자료에서 i행과 j열의 기대빈도 E_{ij}는 다음과 같이 계산된다.

	1번째 열범주	2번째 열범주		p번째 열범주	계
1번째 행범주	n_{11}	n_{12}	....	n_{1p}	$n_{1.}$
2번째 행범주	n_{21}	n_{22}	...	n_{2p}	$n_{2.}$
	:	:	:	:	:
q번째 행범주	n_{q1}	n_{q2}	...	n_{qp}	$n_{q.}$
계	$n_{.1}$	$n_{.2}$		$n_{.p}$	$n_{..}$

n_{ij} : i번째 행, j번째 열의 관측빈도

$n_{i.}$: i번째 행의 관측빈도 합

$n_{.j}$: j번째 열의 관측빈도 합

$n_{..}$: 전체 관측 빈도 합

(i번째 행, j번째 열)의 기대빈도 E_{ij}

= (i번째 행의 관측빈도 합) × (j번째 열의 관측빈도 합) / 전체빈도 합

= $n_{i.} \times n_{.j} / n_{..}$

본 예제에서 A신제품과 B신제품의 구매의향율에 대한 차이를 검정하기 위해서 먼저 SPSS를 사용하여 분석한다. SPSS 메인화면에서 『분석 → 기술통계량 → 교차분석』을 차례로 클릭하면 그림 12-1의 대화창이 나타난다. 구매의향을 행변수에, 신제품을 열변수에 선택하여 입력한다. 통계량을 선택하여 [그림 12-2]의 대화창이 나타나면 카이제곱에 체크하고 계속을 클릭하여 이전 화면으로 돌아온다.

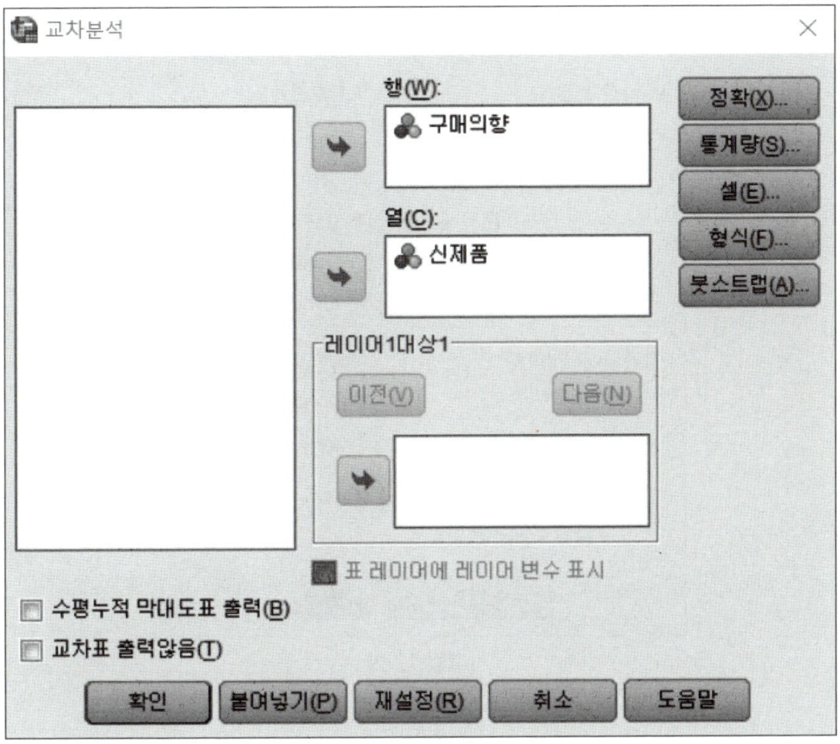

[그림 12-1]

확인을 클릭하면 결과가 나타난다. 신제품 A의 구매의향비율은 100명 중에 39%, 신제품B의 구매의향비율은 100명 중에 64%로 나타났다. 따라서 ($P_a < P_b$)의 좌측 검정 결과를 확인하고 싶다. 양측 검정유의확률이 0.000이고 단측검정 유의확률도 0.000(=0.000/2)으로 귀무가설을 기각할 수 있다. 따라서 신제품A의 구매의향비율보다 신제품B의 구매의향비율이 높다고 판단할 수 있다.

참고로 두 모집단의 비율차이 검정과 독립성 검정 방법은 동일하며 결과도 동일하게 나타난다.

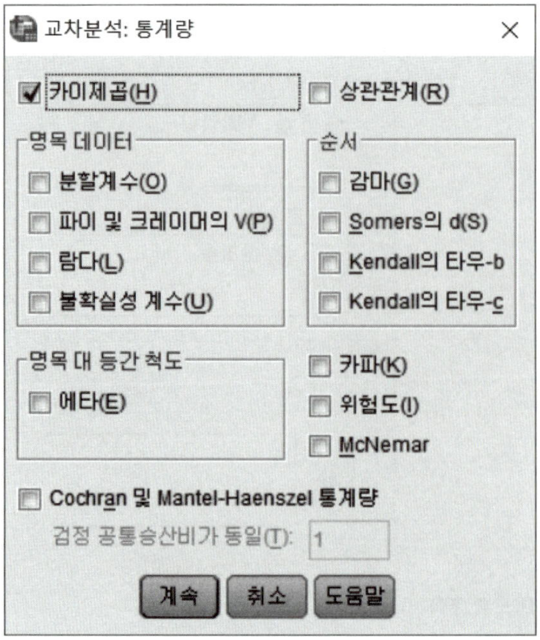

[그림 12-2]

한편, SPSS에서는 결과물을 점근유의확률과 정확유의확률을 모두 제시하는데 전자는 카이제곱 통계량과 분포를 이용하여 계산하며 대부분 cell의 기대빈도가 5 이상일 때 주로 사용하는 반면 후자는 모든 가능한 cell별 가능한 조합을 모두 고려하여 유의확률을 계산하는 방식으로 표본의 크기가 작거나 기대빈도가 5 미만인 cell이 있을 경우도 사용할 수 있다.

구매의향 * 신제품 교차표

빈도

		신제품		전체
		신제품A	신제품B	
구매의향	구매	39	64	103
	비구매	61	36	97
전체		100	100	200

카이제곱 검정

	값	자유도	점근 유의확률 (양측 검정)	정확한 유의확률 (양측 검정)	정확한 유의확률 (단측 검정)
Pearson 카이제곱	12.511	1	.000		
연속수정	11.530	1	.001		
가능도비	12.646	1	.000		
Fisher의 정확한 검정				.001	.000
선형 대 선형결합	12.449	1	.000		
유효 케이스 수	200				

한편, [그림 12-3]과 같이 데이터가 범주형 빈도수로 주어졌을 때도 다음과 같이 입력한 후 동일하게 SPSS 메인화면에서 『분석 → 기술통계량 → 교차분석』을 차례로 클릭하여 분석하면 동일한 결과가 나타난다.

	신제품	구매여부	빈도수
1	1.00	1.00	39.00
2	1.00	2.00	61.00
3	2.00	1.00	64.00
4	2.00	2.00	36.00

[그림 12-3]

단, 메인화면에서 『데이터 → 가중케이스』 클릭 후 [그림 12-4] 대화창이 나타나면 '가중케이스 지정'을 선택하고 빈도변수에 빈도수를 입력한 후 확인을 클릭한 후 분석을 진행한다.

참고로 2개 비율 차이에 대한 카이제곱 검정 통계량은 다음과 같은 Z-검정 통계량의 제곱과 일치한다. 정규분포를 하는 확률변수의 제곱은 카이제곱 분포에 따르기 때문이다. 그러나 SPSS에서는 위에서 설명한 카이제곱 통계량을 구하는 방식으로 유의확률을 계산하여 제시한다.

$$Z = \frac{\hat{P}_1 - \hat{P}_2}{\sqrt{\hat{p}(1-\hat{p})(1/n_1 + 1/n_2)}} \sim N(0,1)$$

$$\hat{P}_1 = \frac{x_1}{n_1},\ \hat{P}_2 = \frac{x_2}{n_2},\ \hat{P} = \frac{x_1 + x_2}{n_1 + n_2}$$

n_1 : 첫 번째 제품의 표본 수

n_2 : 두 번째 제품의 표본 수

x_1 : 첫 번째 제품의 구매의향자 수

x_2 : 두 번째 제품의 구매의향자 수

$$Z^2 = \chi^2(1)$$

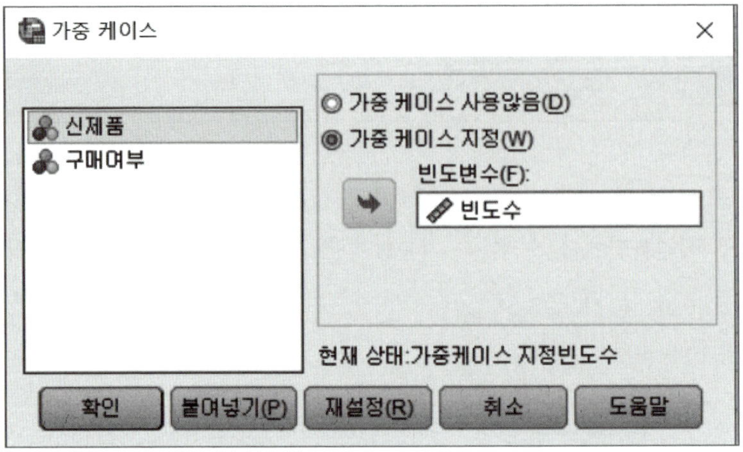

[그림 12-4]

다음은 R 프로그램을 이용해서 분석한다.

R

예 12.1 데이터 처리 및 데이터 구조 확인

```
① > library(haven)
  > dt12<-read_sav('D:/MR/예제/12_명목형변수_비율검정_2개집단_독립표본.sav')
  > head(dt12, 3L)
  # A tibble: 3 × 2
          신제품       구매의향
       <dbl+lbl>   <dbl+lbl>
  1  1  [신제품A]  1     [구매]
  2  1  [신제품A]  1     [구매]
```

```
3 1 [신제품A] 1 [구매]
> str(dt12)
tibble [200 × 2] (S3: tbl_df/tbl/data.frame)
$ 신제품 : dbl+lbl [1:200] 1, 1, 1, 1, 1, 1, 1, 1, 1, 1, 1, 1, 1, 1, 1,
1, 1, 1, 1, 1, 1, 1, 1, 1, 1, 1, 1, 1, 1, 1...
..@ format.spss: chr "F8.2"
..@ labels     : Named num [1:2] 1 2
.. ..- attr(*, "names")= chr [1:2] "신제품A" "신제품B"
$ 구매의향: dbl+lbl [1:200] 1, 1, 1, 2, 2, 2, 2, 2, 2, 2, 2, 2, 2, 2, 2,
2, 2, 2, 2, 2, 2, 2, 2, 2, 2, 2, 2, 2, 2, 2...
..@ format.spss: chr "F8.2"
..@ labels     : Named num [1:2] 1 2
.. ..- attr(*, "names")= chr [1:2] "구매" "비구매"
```

① haven 라이브러리를 활성화하여, dt12 이름으로 SPSS 데이터를 불러올 수 있다. 해당 데이터는 2개의 신제품에 대한 구매의향을 질문하여 얻은 결과이며, 2개의 제품을 개발하여 사전 소비자 조사를 통해 평가가 더 좋은 제품을 출시하려고 한다. 신제품 A, 신제품 B에 대해서 각각 100명씩 제품의 특징에 대해 설명을 한 후 구매의향을 질문한 결과이다.

dt12 이름으로 저장된 데이터를 head 명령어를 통해 구조를 살펴보면, tibble 형태로 저장되어 있고 dbl+lbl은 숫자형 값에 레이블이 붙은 상태를 의미한다. 또한 str 명령어를 통해 각 변수의 특징을 살펴보면 신제품 변수는 dbl+lbl로 숫자형(dbl) 값 및 레이블(lbl)이 들어 있으며 Named num [1:2] 1 2를 통해 1, 2에 레이블이 있으며, chr [1:2] "신제품A" "신제품B"를 통해 길이가 2인 벡터형으로 1에는 신제품A, 2에는 신제품B로 레이블이 붙어 있음을 알 수 있다.

구매의향 변수는 숫자형 값이 들어 있으며 1은 구매, 2는 비구매 레이블이 붙어 있음을 확인할 수 있다. 주어진 조사 데이터를 활용하여 신제품 A, B에 대한 구매의향이 같은지 검정하고자 한다.

R

예 12.2 데이터 포맷 변환

```
② > dt12_f <- as.data.frame(as_factor(dt12))
  > str(dt12_f)
  'data.frame':        200 obs. of  2 variables:
  $ 신제품  : Factor w/ 2 levels "신제품A", "신제품B": 1 1 1 1 1 1 1 1 1 1
  ...
  $ 구매의향: Factor w/ 2 levels "구매", "비구매": 1 1 1 2 2 2 2 2 2 2 ...
```

② dt12에서 레이블 데이터를 이용한 분석을 진행하기 위해 as_factor 명령어를 통해 데이터를 명목형으로 변환하고 as.data.frame 명령어를 통해 데이터 프레임으로 전환한다. str 명령어를 통해 각 변수에 대해서 살펴보면 dt12_f는 데이터 프레임으로 전환되었고 200개 데이터와 2개 변수가 있으며, 신제품 및 구매의향 변수는 모두 범주형(factor)으로 저장되어 있으며, 신제품 변수에는 신제품A, 제품B라는 레이블이 있으며, 구매의향 변수에는 구매, 비구매 레이블이 붙어 있음을 확인할 수 있다.

R

예 12.3 교차표 분석

```
③ > addmargins(table(dt12_f$구매의향, dt12_f$신제품))

          신제품A 신제품B  Sum
  구매        39      64   103
  비구매      61      36    97
  Sum        100     100   200
  > prop.table(table(dt12_f$구매의향, dt12_f$신제품), margin=2)
```

```
       신제품A 신제품B
구매      0.39    0.64
비구매    0.61    0.36
```

③ table 명령어를 통해 2개 범주형 변수에 대한 교차표를 작성한다. table 명령어는 table(행기준 변수, 열기준 변수)와 같이 사용한다. 또한 addmargin 명령어를 통해 행 주변합 및 열 주변합을 교차표상에 함께 출력할 수 있다. prop.table 명령어를 통해 교차표 내용을 비율로 계산할 수 있다. margin 옵션 설정을 통해 열(margin=1) 또는 행 기준(margin=2)으로 비율을 산출한다.

R

예 12.4 카이제곱 검정

```
④ > chisq.test(table(dt12_f$구매의향, dt12_f$신제품), correct=TRUE)

        Pearson's Chi-squared test with Yates' continuity correction

data:  table(dt12_f$구매의향, dt12_f$신제품)
X-squared = 11.53, df = 1, p-value = 0.0006847
```

④ 카이제곱 검정을 통해 두 명목형 변수 간의 독립성을 분석할 수 있다. chisq.test 명령어를 통해 분석할 수 있으며, chisq.test(교차표 결과) 형태로 사용한다.
correct 옵션 설정을 통해 Yates 연속성 보정을 결정한다. 분석 결과, 유의확률은 0.0006847로 나타나 유의수준 0.05보다 작아 두 명목형 변수는 독립이 아니라고 판단한다. 즉, 신제품 A, B에 따른 구매의향비율은 통계적으로 다르다고 해석할 수 있다.

R

예 12.5 가능도비 검정

```
⑤ > library(MASS)
  > dt12_freq.long <- as.data.frame(table(dt12_f$구매의향,dt12_f$신제품))
  > head(dt12_freq.long)
      Var1     Var2   Freq
  1   구매   신제품A    39
  2 비구매   신제품A    61
  3   구매   신제품B    64
  4 비구매   신제품B    36
  > loglm(Freq ~ Var1 + Var2, data=dt12.freq.long)
  Call:
  loglm(formula = Freq ~ Var1 + Var2, data = dt12.freq.long)

  Statistics:
                        X^2  df      P(> X^2)
  Likelihood Ratio  12.64559  1  0.0003764529
  Pearson           12.51126  1  0.0004045067
```

⑤ SPSS에서는 카이제곱 검정 결과에서 가능도비(Likelihood ratio)를 함께 제시하고 있다. 가능도비는 귀무가설 모형과 대립가설 모형의 적합도를 비교하는 방법으로 관측된 데이터가 귀무가설보다 대립가설을 얼마나 더 잘 설명하는지를 평가한다. 가능도비 검정은 MASS 라이브러리에서 제공하는 loglm 명령어를 통해 분석 가능하다. 이를 위해 사전에 교차표 형태의 결과를 데이터 프레임으로 전환하는 과정이 필요하며 그 결과를 dt12_freq.long에 저장하였다.
head 명령어를 통해 데이터 칼럼 이름이 Var1, Var2, Freq로 되었음을 확인하였다. loglm 명령어를 통해 나온 분석 결과를 살펴보면 가능도비에 대한 유의확률이 0.0003764529로 나타나 신제품 A, B의 구매의향이 같다는 귀무가설을 기각한다.

R

예 12.6 선형 대 선형결합

```
⑥ > library(coin)
  > dt12_ord <- as.data.frame(as_factor(dt12, ordered=TRUE))
  > lbl_test(구매의향~신제품, dt12_ord)

      Asymptotic Linear-by-Linear Association Test

  data: 구매의향 (ordered) by 신제품 (신제품A < 신제품B)
  Z = -3.5283, p-value = 0.0004183
  alternative hypothesis: two.sided
```

⑥ SPSS에서는 카이제곱 검정 결과에서 선형 대 선형 결합에 대한 검정 결과도 함께 제시한다. 해당 검정은 두 개의 순서형 변수 간의 선형적 관계를 평가하는 독립성 검정으로 두 변수 간 순차적 경향을 파악하는 데 유용하다. coin 라이브러리에서 제공하는 lbl_test 명령어를 통해 선형 대 선형 결합 검정을 할 수 있다. 두 변수에 대한 순서는 as_factor 명령어에서 ordered 옵션을 이용하여 지정할 수 있다. 분석 결과 유의확률은 0.0004183으로 유의수준 0.05보다 작아 범주형 변수의 순서가 있는 것으로 해석된다. 즉, 비율 차이가 있어서 독립성 가정이 기각되는 의미를 가진다.

CHAPTER

13

두 집단 대응표본 비율값 검정 : 맥네마 검정

앞 장의 (예제 12)는 2개의 신제품에 대한 구매의향을 각각 독립된 집단에게 질문하였다. 그러나 실무에서는 표본수와 관련된 비용과 시간의 문제 또는 연구 목적의 특성상 1명의 응답자에게 2개 제품에 대한 평가를 모두 하는 이른바 sequential test를 많이 사용한다. 또는 의학에서나 약학에서 특정 치료방법이나 약물의 효과를 파악하기 위해서 동일한 집단을 대상으로 반복하여 측정을 하거나, 선거여론조사에서 한 명의 응답자에게 여당과 야당 2명의 정치 후보자에게 지지 여부를 질문하는 경우도 생각해 볼 수 있다. 이렇게 **동일한 집단을 대상으로 2개 이상의 처리 및 대상에 대해서 평가하도록 하는 조사연구 방법을** sequential test**라고 하며 이러한 표본을 대응표본**이라고 한다.

(예제 13)은 A 은행의 광고 효과를 측정하기 위해서 광고를 보여 주기 전 거래의향과 광고를 보여 주고 나서 거래의향을 동일한 응답자 100명에게 각각 질문하여 얻은 데이터이다. 각 변수의 '1'은 거래의향, '2'는 비거래의향을 나타내는 변수값이다.

(예제 13)

	광고노출전	광고노출후
1	1.00	1.00
2	1.00	1.00
3	1.00	1.00
4	2.00	2.00
5	2.00	2.00
6	2.00	2.00
7	2.00	2.00
8	2.00	2.00
9	2.00	2.00
10	2.00	2.00

일단, 본 예제에서 확인하고 싶은 가설은 다음과 같이 설정할 수 있을 것이다.

귀무가설 H_0 : $p_1 \geq p_2$ vs. 대립가설 H_1 : $p_1 < p_2$

p_1 : 광고노출 전 거래의향율, p_2 : 광고노출 후 거래의향율

이렇게 **2개의 수준으로 구성되는 명목형 변수로 측정하였으며, 광고 노출 전후와 같이 2개의 시점에 반복해서 측정된** 2×2 **분할표의 비율 차이에 대한 유의성 검정은** McNemar(**맥네**

마) 검정을 사용한다. 한편 사회과학 설문조사에서 많이 사용되는 5점 척도나 7점 척도 같은 리커트 척도 문항의 경우에도 긍정적 응답과 부정적 응답으로 분류하여 2개 수준을 갖는 범주형 자료로 묶어서 적용할 수 도 있다.

맥네마 테스트는 아래와 같은 2×2 분할표로 주어졌을 때 2 시점에 걸쳐서 긍정 → 부정, 부정 → 긍정의 빈도인 n_b n_c에 주로 관심을 가지며 다음과 같은 카이제곱 통계량에 기반하여 진행된다.

		광고 후	
		구매	비구매
광고 전	구매	n_a	n_b
	비구매	n_c	n_d

$$\chi^2 = \frac{(n_b - n_c)^2}{(n_b + n_c)} \sim \chi^2(1)$$

먼저 SPSS를 이용하여 분석하기 위해서 SPSS 메인화면에서 『분석 → 기술통계량 → 빈도분석』을 클릭하면 [그림 13-1]과 같은 화면이 나타난다.

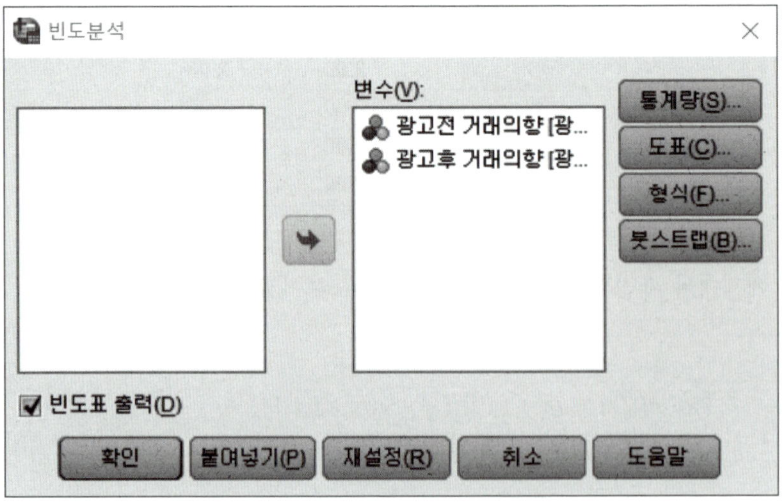

[그림 13-1]

변수에 '광고 전 거래의향'과 '광고 후 거래의향' 변수를 모두 입력하고 '빈도표 출력'에 체크한 후 확인을 클릭하면 다음과 같은 기초통계량이 나타난다.

광고를 보기 전에는 100명 중에 39명(39%)이 거래의향을 나타낸 반면, 광고를 보고 나서는 63명(63%)이 거래의향을 나타냈다.

광고 전 거래의향

		빈도	퍼센트	유효 퍼센트	누적퍼센트
유효	거래	39	39	39	39
	비거래	61	61	61	100
	합계	100	100	100	

광고 후 거래의향

		빈도	퍼센트	유효 퍼센트	누적퍼센트
유효	거래	63	63	63	63
	비거래	37	37	37	100
	합계	100	100	100	

기초통계량을 확인한 후 다시 SPSS 메인화면에서 『분석 → 기술통계량 → 교차분석』을 차례대로 클릭하면 [그림 13-2]의 대화창이 나타난다. 행과 열에 각각 광고 전 거래의향과 광고 후 거래의향을 선택하여 입력한다. 다음은 통계량을 선택한 후 [그림 13-3]의 대화창이 나타나면 McNemar를 체크한 후 계속을 클릭하여 이전 화면으로 돌아온다. 확인을 클릭하면 결과가 나타난다.

광고 전후 거래의향과 비거래의향의 관측빈도와 기대빈도가 나타난다. 양측 검정의 유의확률이 0.003으로 단측 검정의 유의확률은 0.0015(=0.003/2)으로 귀무가설을 기각한다. 즉 광고 노출 전 거래의향보다 광고 노출 후 거래의향이 통계적으로 유의미하게 크다고 할 수 있으므로 광고의 거래의향 유발에 유의미한 효과가 있다고 판단할 수 있다.

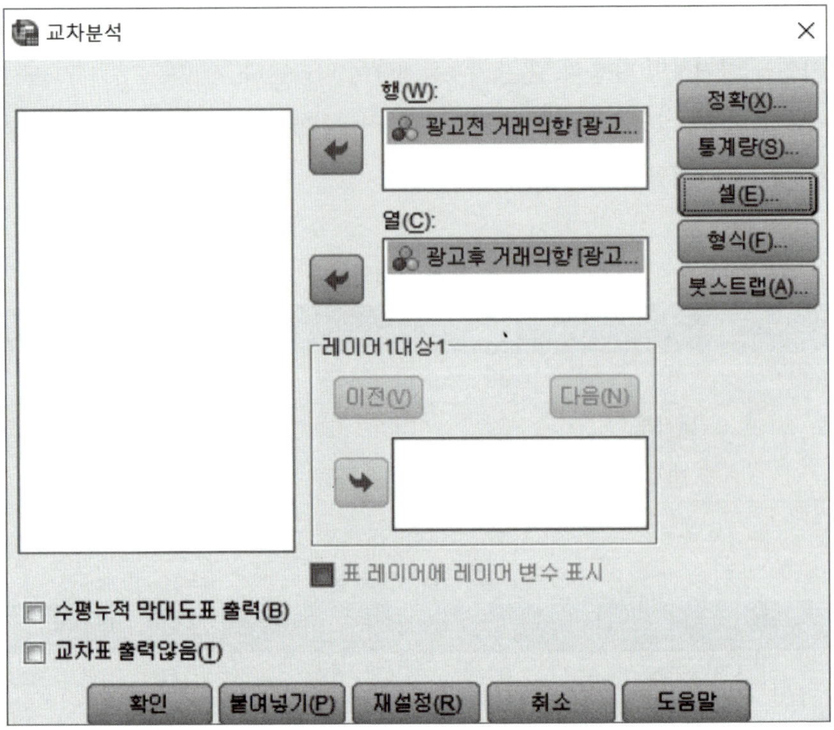
교차분석
행(W):
광고전 거래의향 [광고...
열(C):
광고후 거래의향 [광고...
정확(X)...
통계량(S)...
셀(E)...
형식(F)...
붓스트랩(A)...
레이어 1 대상 1
이전(V)
다음(N)
표 레이어에 레이어 변수 표시
수평누적 막대도표 출력(B)
교차표 출력않음(T)
확인
붙여넣기(P)
재설정(R)
취소
도움말

[그림 13-2]

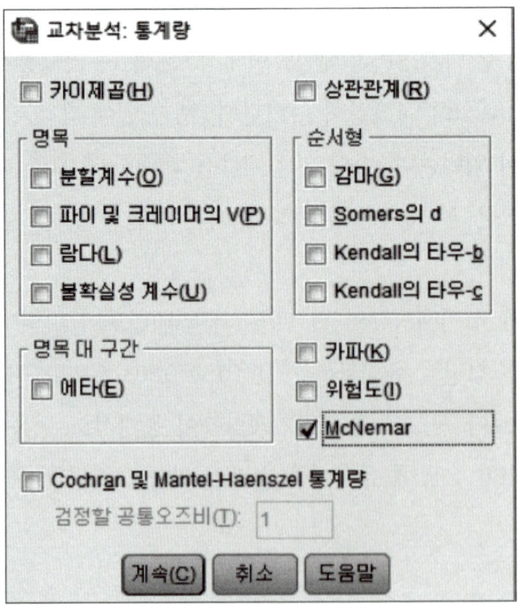
교차분석: 통계량
카이제곱(H)
상관관계(R)
명목
분할계수(O)
파이 및 크레이머의 V(P)
람다(L)
불확실성 계수(U)
순서형
감마(G)
Somers의 d
Kendall의 타우-b
Kendall의 타우-c
명목 대 구간
에타(E)
카파(K)
위험도(I)
McNemar
Cochran 및 Mantel-Haenszel 통계량
검정할 공통오즈비(T): 1
계속(C)
취소
도움말

[그림 13-3]

광고 전 거래의향 · 광고 후 거래의향 교차표

			광고후 거래의향		전체
			거래	비거래	
광고전 거래 의향	거래	빈도	21	18	39
		기대빈도	24.6	14.4	39
	비거래	빈도	42	19	61
		기대빈도	38.4	22.6	61
전체		빈도	63	37	100
		기대빈도	63	37	100

카이제곱 검정

	값	자유도	근사 유의확률 (양측 검정)	정확 유의확률 (양측 검정)	정확 유의확률 (단측검정)
Pearson 카이제곱	2.298	1	0.130		
연속성 수정	1.700	1	0.192		
가능도비	2.283	1	0.131		
Fisher의 정확검정				0.143	0.096
선형 대 선형결합	2.275	1	0.131		
McNemar 검정				.003	
유효 케이스 수	100				

참고로 위와 같은 대응표본 2집단의 비율차이 검정에 사용하는 McNemar 검정은 SPSS 비모수 방법을 사용할 수도 있다. SPSS 메인화면에서 『분석 → 비모수검정 → 레거시 대화상자 → 대응2표본』을 차례대로 클릭하면 [그림 13-4]와 같은 대화창이 나타난다. 두 개의 변수를 각각 변수1과 변수2에 선택하여 입력한 후 McNemar에 체크하고 정확(X)을 클릭한다. 대화창이 나타나면 '정확한 검정'을 체크한 후 계속을 클릭하여 이전 화면으로 돌아온다. 확인을 클릭하여 실행하면 결과가 나타난다. 유의확률이 0.003으로서 귀무가설을 기각할 수 있다.

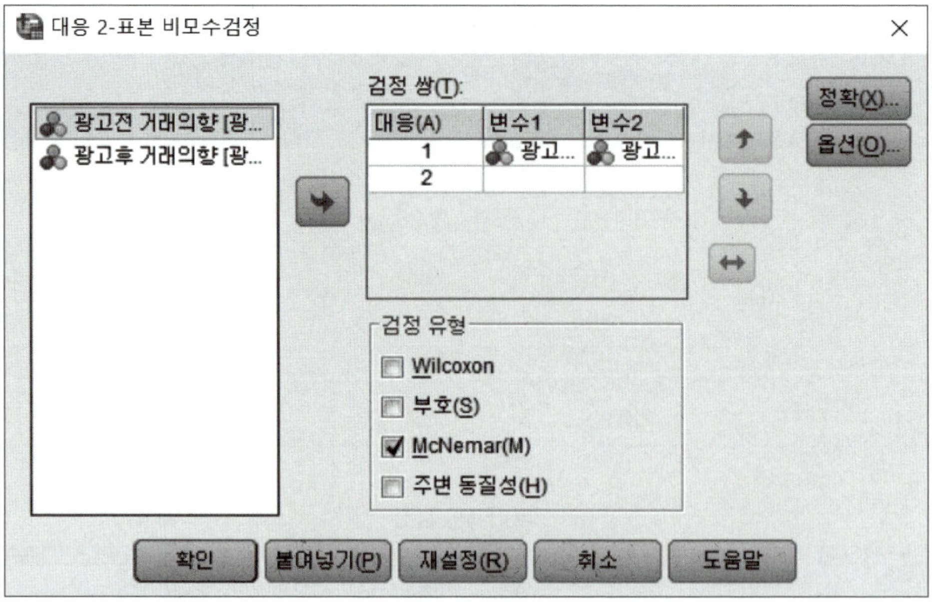

[그림 13-4]

검정통계량

	광고 전 거래의향 및 광고후 거래의향
N	100
카이제곱	8.817
근사 유의확률	.003
정확한 유의확률(양측)	.003
정확한 유의확률(단측)	.001
점 확률	.001

		광고 후	
		거래	비거래
광고전	거래	21	18
	비거래	42	19

실무를 하다 보면 raw-data가 아니라 DP(데이터 처리) 관련 부서에서 다음과 같은 범주형 빈도표로 자료를 받을 때가 있다. 이러한 경우 SPSS에서 처리하기 위해서 [그림 13-5]와 같이 입력한다. 광고 전은 pre, 광고 후는 post, 빈도수(사람 수)를 count로 변수를 설정한다.

	pre	post	count	변
1	1.00	1.00	21.00	
2	1.00	2.00	18.00	
3	2.00	1.00	42.00	
4	2.00	2.00	19.00	
5				
6				

[그림 13-5]

다음은 SPSS 메인화면에서 『데이터 → 가중케이스』를 클릭하고 [그림 13-6]의 대화창이 나타나면 빈도변수에 사람 수를 입력한다. 확인을 클릭하면 사람 수가 가중치로 적용된다.

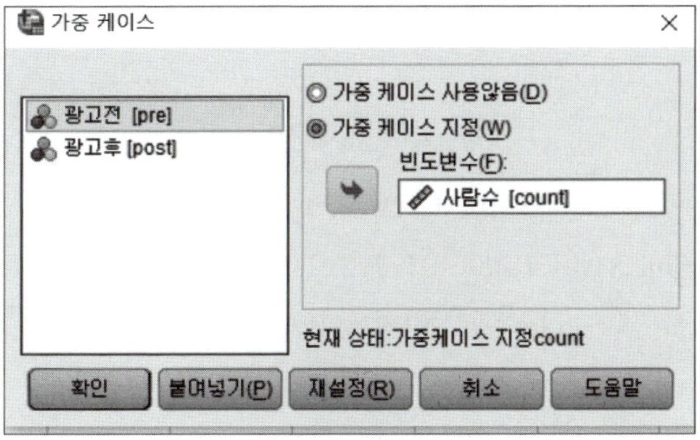

[그림 13-6]

다시 SPSS 메인화면에서 『분석 → 기술통계량 → 교차분석』을 클릭한 후 광고 전(pre)과 광고 후(post) 변수를 행과 열에 입력하고 통계량에서 McNemar를 선택한 후 계속을 클릭하여 이전 화면으로 돌아와서 '확인'을 클릭하면 앞에서와 동일한 결과가 나타난다.

또한 이와 같이 범주형 빈도로 자료로 주어졌을 때에도 비모수 방법으로 동일한 결과를 얻을 수 있는데 앞에서와 동일한 방식으로 가중치를 적용한 후 메인 화면에서 『분석 → 비모수 분석 → 레거시 대화상자 → 2대응표본』 선택 후 동일한 방식으로 진행해도 동일한 결과를 얻을 수 있다.

이제 R 프로그램을 이용해서 분석한다.

R

예 13.1 데이터 처리 및 데이터 구조 확인

```
① > library(haven)
  > dt13<-read_sav('D:/MR/예제/13_명목형변수 비율검정_2개집단_대응표본.sav')
  > head(dt13, 3L)
  # A tibble: 3 × 2
  광고 노출 전   광고 노출 후
   <dbl+lbl>    <dbl+lbl>
  1 1 [거래]       1 [거래]
  2 1 [거래]       1 [거래]
  3 1 [거래]       1 [거래]
  > str(dt13)
  tibble [100 × 2] (S3: tbl_df/tbl/data.frame)
  $ 광고노출전: dbl+lbl [1:100] 1, 1, 1, 2, 2, 2, 2, 2, 2, 2...
     ..@ label        : chr "광고전 거래의향"
     ..@ format.spss: chr "F8.2"
     ..@ labels       : Named num [1:2] 1 2
     .. ..- attr(*, "names")= chr [1:2] "거래" "비거래"
  $ 광고노출후: dbl+lbl [1:100] 1, 1, 1, 2, 2, 2, 2, 2, 2, 2...
     ..@ label        : chr "광고후 거래의향"
     ..@ format.spss: chr "F8.2"
     ..@ labels       : Named num [1:2] 1 2
     .. ..- attr(*, "names")= chr [1:2] "거래" "비거래"
```

① haven 라이브러리를 활성화하여, dt13 이름으로 SPSS 데이터를 불러올 수 있다. 해당 데이터는 A 은행의 광고 효과를 측정하기 위해서 광고를 보여 주기 전 거래의향과 광고를 보여 주고 나서 거래의향을 동일한 응답자 100명에게 각각 질문하여 얻었다.

dt13 이름으로 저장된 데이터를 head 명령어를 통해 구조를 살펴보면, tibble 형태로 저장되어 있고 dbl+lbl은 숫자형 값에 레이블이 붙은 상태를 의미한다. 또한 str 명령어를 통해 각 변수의 특징을 살펴보면 광고 노출 전 변수는 숫자형(dbl) 값에 레이블(lbl)이 들어 있으며 Named num [1:2] 1 2를 통해 1과 2에 레이블이 있고, chr [1:2] "거래" "비거래"를 통해 길이가 2인 벡터형으로 1에는 거래, 2에는 비거래 레이블이 붙어 있음을 알 수 있다.

광고 노출 후 변수는 숫자형으로 1은 거래, 2는 비거래 레이블이 붙어 있음을 확인할 수 있다. 주어진 조사 데이터를 분석하여 광고 노출 전 거래의향보다 광고 노출 후 거래의향이 높은지를 검정하고자 한다.

R

예 13.2 데이터 포맷 변환

```
② > dt13_f <- as.data.frame(as_factor(dt13))
  > str(dt13_f)
  'data.frame':      100 obs. of  2 variables:
  $ 광고노출전: Factor w/ 2 levels "거래", "비거래": 1 1 1 2 2 2 2 2 2 2 ...
    ..- attr(*, "label")= chr "광고전 거래의향"
  $ 광고노출후: Factor w/ 2 levels "거래""비거래": 1 1 1 2 2 2 2 2 2 2 ...
    ..- attr(*, "label")= chr "광고후 거래의향"
```

② dt13에서 레이블 데이터를 이용한 분석을 진행하기 위해 as_factor 명령어를 통해 데이터를 명목형으로 변환하고 as.data.frame 명령어를 통해 데이터 프레임으로 전환하였다.

str 명령어를 통해 각 변수에 대해서 살펴보면 dt13_f는 데이터 프레임으로 전환되었고 100개 샘플 데이터와 2개 변수가 있으며, 광고 노출 전 및 광고 노출 후 변수는 모두 범주형(factor)으로 저장되어 있음을 확인할 수 있다.

R

예 13.3 빈도 분석

③
```
> library(summarytools)
> freq(dt13_f$광고노출전)
Frequencies
dt13_f$광고노출전
Label: 광고전 거래의향
Type: Factor

          Freq   % Valid   % Valid Cum.   % Total   % Total Cum.
거래        39     39.00          39.00     39.00          39.00
비거래      61     61.00         100.00     61.00         100.00
<NA>         0                               0.00         100.00
Total      100    100.00         100.00    100.00         100.00

> freq(dt13_f$광고노출후)
Frequencies
dt13_f$광고노출후
Label: 광고후 거래의향
Type: Factor

          Freq   % Valid   % Valid Cum.   % Total   % Total Cum.
거래        63     63.00          63.00     63.00          63.00
비거래      37     37.00         100.00     37.00         100.00
<NA>         0                               0.00         100.00
Total      100    100.00         100.00    100.00         100.00
```

③ summarytools 라이브러리에서 제공하는 freq 명령어를 통해 광고 노출 전 및 광고 노출 후 변수에 대한 빈도 분석을 하였다. 광고 전 거래의향은 39%이며, 광고 후 거래 의향은 63%로 나타냈다.

R

예 13.4 대응표본 비율 동질성 검정1

```
④ > mcnemar.test(
      table(dt13_f$광고노출전, dt13_f$광고노출후), correct=TRUE )

      McNemar's Chi-squared test with continuity correction

   data: table(dt13_f$광고노출전, dt13_f$광고노출후)
   McNemar's chi-squared = 8.8167, df = 1, p-value = 0.002985
```

④ mcnemar.test 명령어를 통해 대응표본에 대한 범주형 변수의 비율 동질성 검정을 한다. mcnemar.test 명령어는 mcnemar.test(교차표 결과) 형태로 사용하며, correct 옵션 설정을 통해 Yates 연속성 보정을 결정한다.
데이터부터 계산된 McNemar 검정의 유의확률은 0.002985로 나타나 95% -신뢰수준 하에서 귀무가설을 기각할 수 있다. 즉, 동일한 응답자로부터 구한 광고 노출 전 구매의향(39%)보다 광고 노출 후 구매의향(63%)이 통계적으로 유의미하게 높다고 판단할 수 있다.

R

예 13.5 대응표본 비율 동질성 검정2

```
⑤ > library(gmodels)
   > CrossTable(dt13_f$광고노출전, dt13_f$광고노출후,
              format="SPSS", expected=TRUE,
```

```
            prop.r=FALSE, prop.c=FALSE, prop.t=FALSE, prop.chisq=FALSE,
            mcnemar=TRUE)
(일부 결과)
   Cell Contents
|-----------------|
|           Count |
| Expected Values |
|-----------------|

Total Observations in Table:  100

               | dt13_f$광고노출후
               |
dt13_f$광고노출전 |       거래 |     비거래 | Row Total |
---------------|-----------|-----------|-----------|
          거래 |        21 |        18 |        39 |
               |    24.570 |    14.430 |           |
---------------|-----------|-----------|-----------|
        비거래 |        42 |        19 |        61 |
               |    38.430 |    22.570 |           |
---------------|-----------|-----------|-----------|
  Column Total |        63 |        37 |       100 |
---------------|-----------|-----------|-----------|

McNemar's Chi-squared test with continuity correction
------------------------------------------------------------

Chi^2 =  8.816667     d.f. =  1     p =  0.002984914

        Minimum expected frequency: 14.43
```

⑤ 참고로 gmodels 라이브러리에서 제공하는 CrossTable 명령어를 통해 SPSS 또는 SAS 포맷 형태로 교차 빈도표, 기댓값 등을 계산하고 McNemar 검정 결과도 함께 얻을 수 있다. 해당 결과는 mcnemar.test 명령어를 통해 분석한 내용과 동일하다.

CHAPTER

14

3개 이상 집단 독립표본 비율값 검정 : χ^2 검정

어떤 식품회사에서 신제품을 개발하여 시장에 출시 전 기존 경쟁제품과의 경쟁력을 사전에 탐색하기 위하여 신제품과 경쟁제품 2개의 맛-테스트를 시행하였다. 각각 30명씩 제품을 취식하고 구매의향 여부를 질문하는 monadic 테스트 결과 (예제 14)와 같은 데이터를 얻었다. 이때 관심은 3개의 제품 간 구매의향비율이 동일한지 여부이며 다음과 같은 가설을 설정할 수 있을 것이다.

귀무가설 H_0 : 3개 브랜드의 구매의향비율은 모두 동일하다($p_1 = p_2 = p_3$).
대립가설 H_1 : 3개 브랜드의 구매의향비율은 모두 동일하지 않다(not H_0).

브랜드 변수의 (1, 2, 3)은 각각 자사의 신제품, 경쟁브랜드 A, 경쟁브랜드 B의 입력값이며 구매의향의 (1, 2)는 구매의향과 비구매의향을 나타내는 변수값이다.

(예제 14)

	브랜드	구매의향
1	1.00	2.00
2	1.00	2.00
3	1.00	1.00
4	1.00	1.00
5	1.00	1.00
6	1.00	2.00
7	1.00	2.00
8	1.00	2.00
9	1.00	1.00
10	1.00	2.00

이와 같은 **3개 이상 집단의 비율차이에 대한 유의성 검정은** chi-square(χ^2) **검정을 사용한다. 카이제곱 검정은 2개 이상 변수의 독립성 검정, 명목형 변수 2개 이상 수준(집단)의 비율 차이 검정, 적합성 검정 등에 사용되는데, 비율 차이 검정의 경우 집단의 수가 2개일 때는 카이제곱 검정이나 Z-검정이 사용되고 집단의 수가 3개 이상일 경우는 카이제곱 검정이 주로 사용**된다. 단, 이는 독립표본 기준이며 2개 집단의 대응표본 비율차이 유의성 검정은 McNemar 검정, 3개 이상 집단의 대응표본 비율차이 유의성 검정은 Cochran-Q 검정이 사용되며 이에 대해서는 다음 15장에서 설명한다.

	독립표본	대응표본
2개 집단 비율차이 검정	Z 검정 / χ^2 검정	McNemar 검정
3개 이상 집단 비율차이 검정	χ^2 검정	Cochran-Q 검정

이때 카이제곱 통계량은 다음과 같으며 자유도는 (행의 수 − 1)×(열의 수 − 1)이고 본 예에서는 (집단 수 − 1)×(범주의 수 − 1)인데 범주의 수는 구매와 비구매 2이므로 (집단수 − 1)×(범주의 수 − 1) = (집단의 수 − 1)×(2 − 1) = (집단의 수 − 1)이 된다.

여기서 O_{ij}는 i,j 셀의 관측빈도이며, E_{ij}는 i,j 셀의 기대빈도이다.

$$\chi^2 = \Sigma\Sigma\frac{(O_{ij}-E_{ij})^2}{E_{ij}} \sim \chi^2((\text{행의수}-1)\times(\text{열의수}-1))$$

$$E_{ij} = \frac{(\text{행의 빈도 합})\times(\text{열의 빈도 합})}{\text{전체 합}}$$

이제 SPSS을 이용하여 분석하기 위해서 SPSS 메인화면에서 『분석 → 기술통계량 → 교차분석』을 차례대로 클릭하면 [그림 14−1]의 대화창이 나타난다.

분석하고자 하는 측정변수인 구매의향을 행에, 브랜드를 열에 선택하여 입력한다. 보통의 경우에 교차분석이나 도표에서 중요하게 분석하고자 하는 변수를 행에, 분류변수를 열에 입력한다.

통계량을 클릭하여 [그림 14−2] 대화창이 나타나면 카이제곱에 체크를 하고 계속을 클릭하여 이전 화면으로 돌아온다.

셀을 클릭하여 [그림 14−3] 대화창이 나타나면 관측빈도와 기대빈도, 퍼센트의 행과 열에 체크하고 계속을 클릭하여 이전 화면으로 돌아온다.

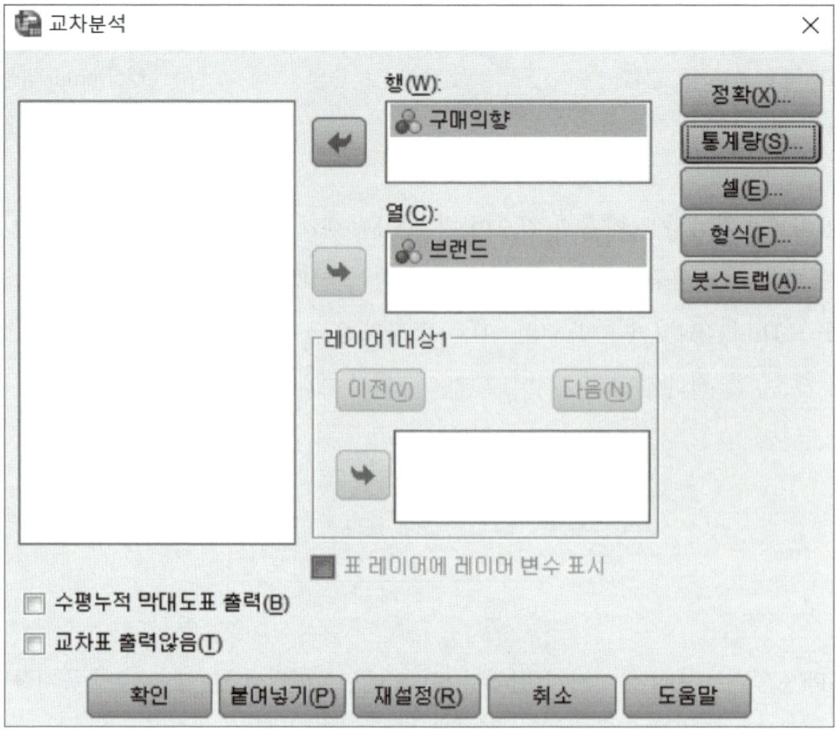
교차분석
행(W):
구매의향
열(C):
브랜드
정확(X)...
통계량(S)...
셀(E)...
형식(F)...
붓스트랩(A)...
레이어1대상1
이전(V)
다음(N)
표 레이어에 레이어 변수 표시
수평누적 막대도표 출력(B)
교차표 출력않음(T)
확인
붙여넣기(P)
재설정(R)
취소
도움말

[그림 14-1]

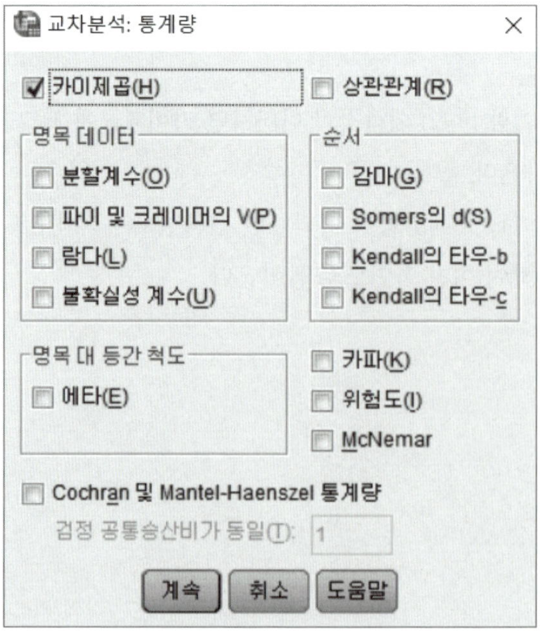
교차분석: 통계량
카이제곱(H)
상관관계(R)
명목 데이터
분할계수(O)
파이 및 크레이머의 V(P)
람다(L)
불확실성 계수(U)
순서
감마(G)
Somers의 d(S)
Kendall의 타우-b
Kendall의 타우-c
명목 대 등간 척도
에타(E)
카파(K)
위험도(I)
McNemar
Cochran 및 Mantel-Haenszel 통계량
검정 공통승산비가 동일(T):
1
계속
취소
도움말

[그림 14-2]

확인을 클릭하면 결과가 나타난다. 자사 신제품, 경쟁사A, 경쟁사B의 구매의향자가 각각 (15명, 20명, 10명)이고 각 브랜드의 표본수가 30명이므로 구매의향비율은 (50%, 66,7%, 33.3%)임을 알 수 있다.

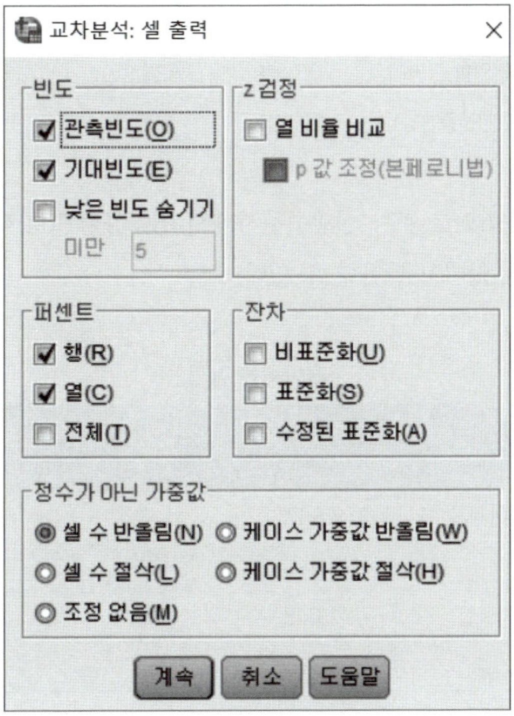

[그림 14-3]

구매의향 · 브랜드 교차표

			브랜드			전체
			자사신제품	경쟁사A	경쟁사B	
구매의향	구매	빈도	15	20	10	45
		기대빈도	15.0	15.0	15.0	45.0
		구매의향 중 %	33.3%	44.4%	22.2%	100.0%
		브랜드 중 %	50.0%	66.7%	33.3%	50.0%
	비구매	빈도	15	10	20	45
		기대빈도	15.0	15.0	15.0	45.0
		구매의향 중 %	33.3%	22.2%	44.4%	100.0%
		브랜드 중 %	50.0%	33.3%	66.7%	50.0%

		브랜드			전체
		자사신제품	경쟁사A	경쟁사B	
전체	빈도	30	30	30	90
	기대빈도	30.0	30.0	30.0	90.0
	구매의향 중 %	33.3%	33.3%	33.3%	100.0%
	브랜드 중 %	100.0%	100.0%	100.0%	100.0%

한편, 유의확률이 0.036으로 95% 신뢰수준하에서 귀무가설을 기각하고 3개 브랜드의 구매의향비율이 모두 같지 않다고 판단할 수 있다.

카이제곱 검정

	값	자유도	점근 유의확률 (양측 검정)
Pearson 카이제곱	6.667[a]	2	.036
가능도비	6.796	2	.033
선형 대 선형결합	1.648	1	.199
유효 케이스 수	90		

다음은 R 프로그램을 이용해서 분석한다.

R

예 14.1 데이터 처리 및 데이터 구조 확인

```
① > library(haven)
  > dt14 <-read_sav('D:/MR/예제/14_명목형변수_비율검정_3개이상_독립표본.sav')
  > dt14 <- data.frame(dt14)
  > str(dt14)
  'data.frame':      90 obs. of  2 variables:
  $ 브랜드  : dbl+lbl [1:90] 1, 1, 1, 1, 1, 1, 1, 1, 1, 1, 1, 1, 1, 1, ...
    ..@ format.spss: chr "F8.2"
```

```
  ..@ labels    : Named num  1 2 3
  .. ..- attr(*, "names")= chr [1:3] "자사신제품" "경쟁사A" "경쟁사B"
 $ 구매의향: dbl+lbl [1:90] 2, 2, 1, 1, 1, 2, 2, 2, 1, 2, 2, 2, 2, 2, ...
  ..@ format.spss: chr "F8.2"
  ..@ labels    : Named num  1 2
  .. ..- attr(*, "names")= chr [1:2] "구매" "비구매"
```

① haven 라이브러리를 활성화하여, dt14 이름으로 SPSS 데이터를 불러올 수 있다. 해당 데이터는 어떤 식품회사에서 신제품을 개발하여 시장에 출시 전 기존 경쟁 제품과의 경쟁력을 사전에 탐색하기 위하여, 각각 30명씩 제품을 취식하고 신제품과 경쟁제품 2개의 맛 테스트를 통해 구매의향 여부를 알아본 결과이다.

tibble 형태로 불러온 데이터를 data.frame 명령어를 통해 데이터 프레임으로 전환하여 dt14(같은 이름)라는 이름으로 다시 저장하였다. str 명령어를 통해 각 변수의 특징을 살펴보면 브랜드 변수는 숫자형(dbl) 값 레이블(lbl)이 들어 있으며 Named num 1 2 3를 통해 1, 2, 3에 레이블이 있으며, chr [1:3] "자사신제품" "경쟁사A" "경쟁사B"를 통해 길이가 3인 벡터형으로 1에는 자사신제품, 2에는 경쟁사A, 3에는 경쟁사B 레이블이 붙어 있음을 알 수 있다.

구매의향 변수는 숫자형 값이 들어 있으며 1에는 구매, 2에는 비구매 레이블이 붙어 있음을 확인할 수 있다. 주어진 조사 데이터를 분석하여 3개의 제품 간 구매의향이 동일한지 여부를 검정하고자 한다.

R

예 14.2 데이터 포맷 변환

```
② > dt14_f <- as.data.frame(as_factor(dt14))
  > str(dt14_f)
  'data.frame': 90 obs. of 2 variables:
  $ 브랜드 : Factor w/ 3 levels "자사신제품", "경쟁사A",..: 1 1 1 1 1 1
  1 1 1 1 ...
  $ 구매의향: Factor w/ 2 levels "구매", "비구매": 2 2 1 1 1 2 2 2 1 2 ...
```

② dt14에서 레이블 데이터를 이용한 분석을 진행하기 위해 as_factor 명령어를 통해 데이터를 명목형으로 변환하고 as.data.frame 명령어를 통해 데이터 프레임 형태로 전환하였다.

str 명령어를 통해 각 변수에 대해서 살펴보면 dt14_f는 데이터 프레임으로 전환되었고 90개 샘플 데이터와 2개 변수가 있으며, 브랜드 및 구매의향 변수는 모두 범주형(factor)으로 저장되어 있음을 확인할 수 있다.

R

예 14.3 교차표 분석

```
③ > dt14_table <- xtabs(~ 구매의향 + 브랜드, dt14_f)
  > dt14_table
            브랜드
  구매의향 자사신제품 경쟁사A 경쟁사B
      구매        15      20      10
      비구매      15      10      20
  > chisq.test(dt14_table)$expected
```

```
          브랜드
구매의향 자사신제품 경쟁사A 경쟁사B
  구매          15       15       15
  비구매        15       15       15
> prop.table(dt14_table, margin=2)
          브랜드
구매의향  자사신제품    경쟁사A     경쟁사B
  구매    0.5000000  0.6666667  0.3333333
  비구매  0.5000000  0.3333333  0.6666667
> prop.table(dt14_table, margin=1)
          브랜드
구매의향  자사신제품    경쟁사A     경쟁사B
  구매    0.3333333  0.4444444  0.2222222
  비구매  0.3333333  0.2222222  0.4444444
```

③ 별도의 라이브러리 추가 없이 xtabs 명령어를 사용하여 교차표 결과를 얻을 수 있다. xtabs 명령어는 xtabs(~ 행 변수 + 열 변수, 데이터) 형태로 사용한다. 또한 해당 결과를 활용하여 chisq.test(교차표 결과)$expected를 통해 기대 빈도를 구할 수 있다.

prop.table 명령어를 통해서는 주변 비율을 구할 수 있으며, margin = 1 옵션을 지정할 경우 열 기준의 비율을 구할 수 있고 margin = 2 옵션을 지정할 경우 행 기준의 비율을 구할 수 있다.

R

예 14.4 카이제곱 검정

```
④ > chisq.test(dt14_table, correct=TRUE)
        Pearson's Chi-squared test
   data:  dt14_table
   X-squared = 6.6667, df = 2, p-value = 0.03567
```

④ 카이제곱 검정을 통해 두 명목형 변수 간의 독립성을 분석한다. chisq.test 명령어를 통해 분석할 수 있으며, chisq.test(교차표 결과) 형태로 사용한다. correct 옵션 설정을 통해 Yates 연속성 보정을 결정한다.

분석 결과, 유의확률은 0.03567로 나타나 유의수준 0.05보다 작아 두 명목형 변수는 독립이 아니라고 판단한다. 즉, 자사신제품, 경쟁사A, 경쟁사B의 구매의향비율은 통계적으로 다르다고 해석할 수 있다.

R

예 14.5 가능도비 검정

```
⑤ > library(MASS)
  > dt14_freq.long <- as.data.frame(dt14_table)
  > head(dt14_freq.long)
    구매의향      브랜드  Freq
  1     구매  자사신제품    15
  2   비구매  자사신제품    15
  3     구매     경쟁사A    20
  4   비구매     경쟁사A    10
  5     구매     경쟁사B    10
  6   비구매     경쟁사B    20
  > loglm(Freq ~ 구매의향 + 브랜드, data=dt14_freq.long)
  Call:
  loglm(formula = Freq ~ 구매의향 + 브랜드, data = dt14_freq.long)

  Statistics:
                        X^2 df    P(> X^2)
  Likelihood Ratio 6.795961  2 0.03344073
  Pearson          6.666667  2 0.03567399
```

⑤ 집단 간의 비율 차이 검정은 가능도비(Likelihood ratio)를 통해서도 알아볼 수 있다. 가능도비 검정은 귀무가설 모형과 대립가설 모형의 적합도를 비교하는 방법으로 관측된 데이터가 귀무가설보다 대립가설을 얼마나 더 잘 설명하는지를 평가한다.

MASS 라이브러리에서 제공하는 loglm 명령어를 통해 분석을 할 수 있다.

loglm 명령어는 loglm(교차표 결과에 대한 long 포맷) 형태로 사용한다. 이번 분석에 사용된 데이터의 가능도비에 대한 유의확률은 0.0334로 나타나 유의수준 0.05보다 작아 귀무가설을 기각할 수 있으며, 자사신제품, 경쟁사A, 경쟁사B의 구매의향비율은 통계적으로 다르다고 해석할 수 있다.

R

예 14.6 선형 대 선형결합

⑥
```
> library(coin)
> dt14_ord <- as.data.frame(as_factor(dt14, ordered=TRUE))
> lbl_test(구매의향 ~ 브랜드, dt14_ord)

	Asymptotic Linear-by-Linear Association Test

data:  구매의향 (ordered) by 브랜드 (자사신제품 < 경쟁사A < 경쟁사B)
Z = 1.2838, p-value = 0.1992
alternative hypothesis: two.sided
```

⑥ 선형 대 선형결합 검정은 두 개의 순서형 변수 간의 선형적 관계를 평가하는 검정이다. coin 라이브러리에서 제공하는 lbl_test 명령어를 통해 선형 대 선형결합 검정을 할 수 있다. 두 변수에 대한 순서는 as_factor 명령어에서 ordered 옵션을 이용하여 지정할 수 있다. 분석 결과 유의확률은 0.1992로 유의수준 0.05보다 커서 범주형 변수의 순서는 없는 것으로 해석된다. 브랜드별 구매의향비율을 살펴보면 자사신제품(50%), 경쟁사A(67%), 경쟁사B(33%)로 나타나 순차적으로 비율이 올라가거나 내려가지 않는 관계를 보이고 있는 것으로도 선형적 관계가 없음을 유추해 볼 수 있다. 참고로 SPSS에서는 선형 대 선형결합의 검정 통계량으로 카이제곱 값이 나와 있으며, R에서는 정규분포 통계량이다. 따라서 검정 통계량의 관계는 $1.2838^2 = 1.648$ 이 된다.

CHAPTER

15

3개 이상 집단 대응표본 비율값 검정 : 코크란 검정

앞서 살펴본 (예제 14)는 3개의 제품에 대해서 각각 독립된 응답자 집단에게 평가를 받았다. 그러나 조사업무 실무에서는 1명의 응답자에게 3개 이상의 제품을 모두 평가하게 하는 실험/조사 설계를 많이 사용한다. 전자의 방법을 monadic test, 후자의 방법을 대응적 테스트(sequential test)라 한다.

한편, 상호 배반적인 2개의 변수값을 갖는 명목형 변수를 이항형 변수(남자와 여자, 성공과 실패, 구매와 비구매, 합격과 불합격 등)라 하고 이러한 이항형 변수는 평균값이나 표준편차 등의 연속형 측정값이 아니라 빈도수나 비율 등의 비연속형(이산형) 통계량으로 분석된다.

또한 앞에서 **이러한 이항형 변수 비율값의 2개 집단 대응표본 간 차이 검정에 대해서 맥네마(Mcnemar) 테스트 방법을 이용하여 확인하였다면 이러한 대응표본의 비율값 차이검정을 3개 이상 집단으로 확장할 때 사용하는 방법은 Cochran-Q 검정 방법**을 사용한다. 즉, 코크란 검정은 맥네마 검정의 확장이라고 할 수 있다.

다음 (예제 15)는 5개 신제품(a, b, c, d, e)의 구매의향에 대해서 60명의 소비자에게 질문한 결과 얻은 데이터이며 구매는 '1', 비구매는 '0'으로 입력하였다.

(예제 15)

	a	b	c	d	e
1	1.00	1.00	1.00	1.00	1.00
2	1.00	1.00	1.00	1.00	1.00
3	1.00	1.00	1.00	1.00	1.00
4	1.00	1.00	.00	1.00	.00
5	1.00	1.00	.00	1.00	.00
6	1.00	1.00	.00	1.00	.00
7	1.00	1.00	.00	1.00	.00
8	1.00	1.00	1.00	1.00	1.00
9	1.00	1.00	1.00	1.00	1.00
10	1.00	1.00	1.00	1.00	1.00

여기서 주 관심은 5개 제품 구매의향율의 동일함이며 따라서 다음과 같은 가설을 설정할 수 있을 것이다

귀무가설 H_0 : 5개 신제품의 구매의향비율은 모두 동일하다($p_a = p_b = p_c = p_d = p_e$).
대립가설 H_1 : 5개 신제품의 구매의향비율은 모두 동일하지 않다(not H_0).

이러한 유형의 설문은 자사와 2개 이상의 경쟁사 광고를 노출한 후 거래의향 유발 여부를 평가하는 설문, 3개 이상의 브랜드를 제시한 후 선호 유무를 질문하는 설문, 3명 이상의 정치인를 제시한 후 지지 여부를 각각 질문하는 설문 등 다양한 설문조사에서 사용될 수 있으며 이때 대부분의 관심은 선호율/지지율/거래의향률 등의 비율에 대한 추정과 모집단 비율의 동일성에 대한 검정일 것이다.

SPSS에서 코크란-Q 검정의 실행은 메인화면에서 『분석 → 비모수검정 → 레거시 대화상자 → 대응 K표본』을 차례로 클릭하면 [그림 15-1]의 대화상자가 나타난다. 5개의 변수를 검정변수에 모두 선택하여 입력하고 검정 유형에 Cochran의 Q를 선택한다. 통계량을 클릭하여 대화창이 나타나면 기술통계를 체크한 후 계속을 클릭하여 이전 화면으로 돌아와서 확인을 클릭하면 결과가 나타난다.

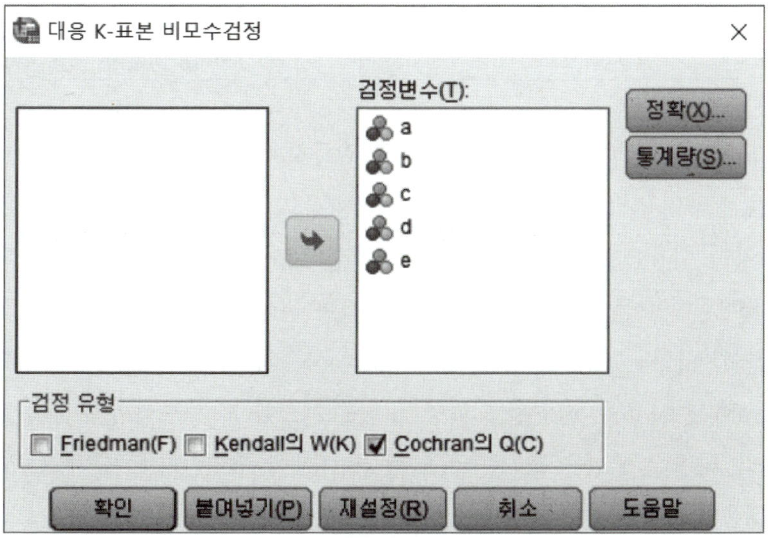

[그림 15-1]

5개 신제품의 비구매의향자와 구매의향자의 빈도수가 나타난다. 0이 비구매자이고 1이 구매자의 변수값이다.

빈도 분석

	값	
	0	1
a	34	26
b	17	43
c	31	29
d	32	28
e	25	35

검정통계의 유의확률이 0.001로서 귀무가설을 기각할 수 있다. 즉 5개 신제품의 구매의향 비율은 모두 같지 않다고 판단할 수 있다.

검정 통계량

N	60
Cochran의 Q	18.891
자유도	4
근사 유의확률	.001

그런데 5개 신제품의 구매의향비율이 모두 동일하지 않다면 구체적으로 어떤 신제품 간 구매의향비율의 차이가 유의한가에 대한 사후검정이 필요할 것이다. SPSS '비모수검정-레거시 대화상자'를 이용한 방법으로는 이런 사후검정 결과를 제시해 주지 않는다.

이번에는 SPSS 메인화면에서 『분석 → 비모수검정 → 대응표본』을 클릭하면 [그림 15-2]와 같은 대화상자가 나타난다. 목표를 클릭하여 '분석 사용자 정의'를 체크한 후 필드를 클릭한다. [그림 15-3]에서 '사용자 정의 필드 할당 사용'을 체크한 후 필드의 변수들을 모두 검정필드에 입력한다. 다음은 설정을 클릭한 후 [그림 15-4]에서 코크란의 Q를 체크하고 다중비교에는 '모든 대응별'을 선택한다. 실행을 클릭하면 결과가 나타난다.

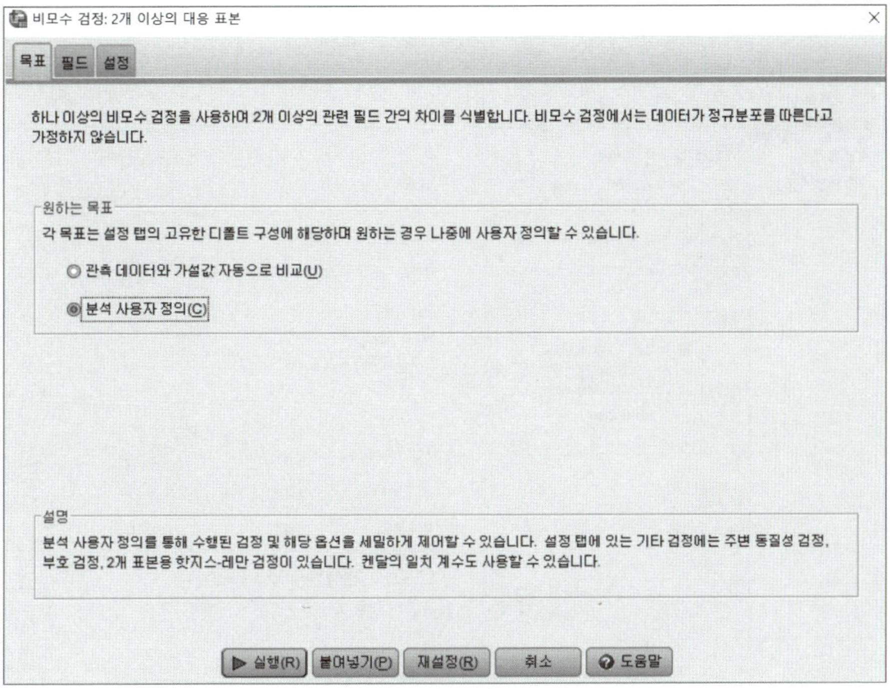
비모수 검정: 2개 이상의 대응 표본
목표
필드
설정
하나 이상의 비모수 검정을 사용하여 2개 이상의 관련 필드 간의 차이를 식별합니다. 비모수 검정에서는 데이터가 정규분포를 따른다고 가정하지 않습니다.
원하는 목표
각 목표는 설정 탭의 고유한 디폴트 구성에 해당하며 원하는 경우 나중에 사용자 정의할 수 있습니다.
관측 데이터와 가설값 자동으로 비교(U)
분석 사용자 정의(C)
설명
분석 사용자 정의를 통해 수행된 검정 및 해당 옵션을 세밀하게 제어할 수 있습니다. 설정 탭에 있는 기타 검정에는 주변 동질성 검정, 부호 검정, 2개 표본용 핫지스-레만 검정이 있습니다. 켄달의 일치 계수도 사용할 수 있습니다.
실행(R)
붙여넣기(P)
재설정(R)
취소
도움말

[그림 15-2]

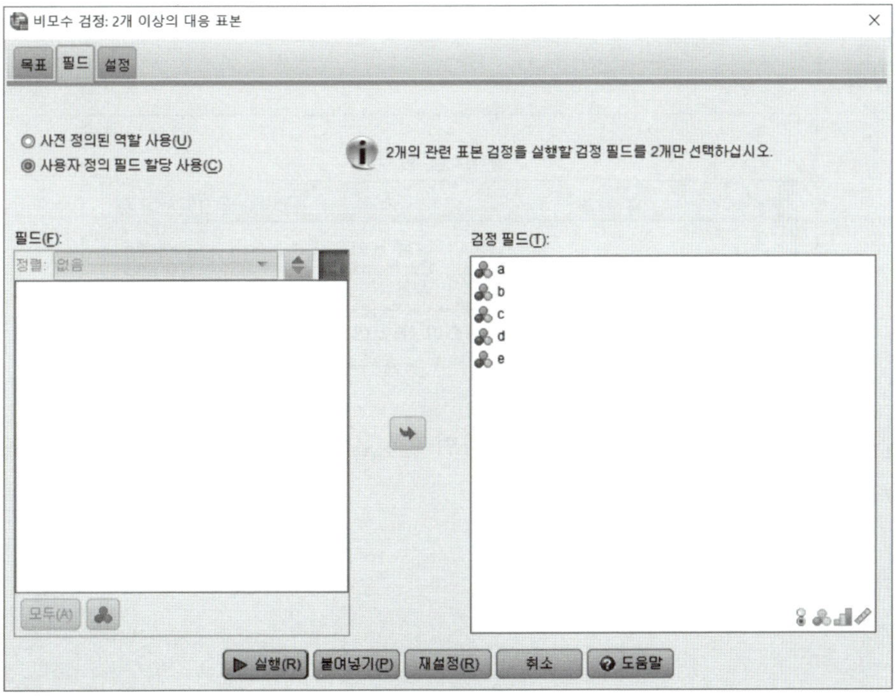
비모수 검정: 2개 이상의 대응 표본
목표
필드
설정
사전 정의된 역할 사용(U)
사용자 정의 필드 할당 사용(C)
2개의 관련 표본 검정을 실행할 검정 필드를 2개만 선택하십시오.
필드(F):
정렬: 없음
검정 필드(T):
a
b
c
d
e
모두(A)
실행(R)
붙여넣기(P)
재설정(R)
취소
도움말

[그림 15-3]

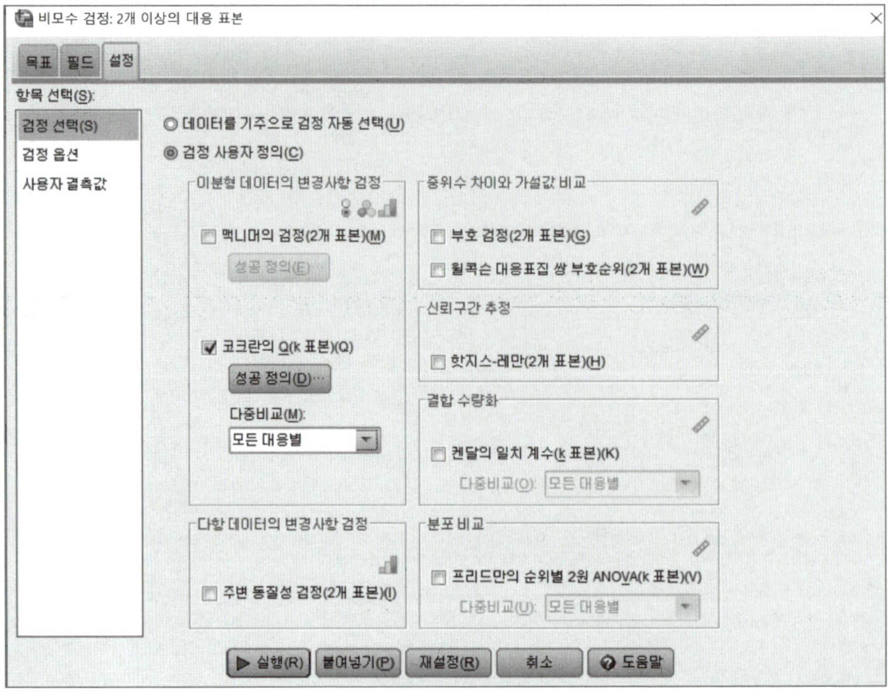

[그림 15-4]

다음과 같이 코크란 검정 결과가 나타난다. 먼저 유의확률이 0.001으로서 동일한 결과가 나타난다.

가설검정 요약

	널 가설	검정	유의수준	의사결정
1	a, b, c, d and e의 분포가 같습니다.	대응 표본 Cochran의 Q 검정	.001	널 가설을 거부합니다.

근사 유의수준이 표시됩니다. 유의수준이 .05입니다.

SPSS 결과창에서 위 결과물을 더블클릭하면 활성화되면서 [그림 15-5]와 같은 결과 화면이 나타난다.

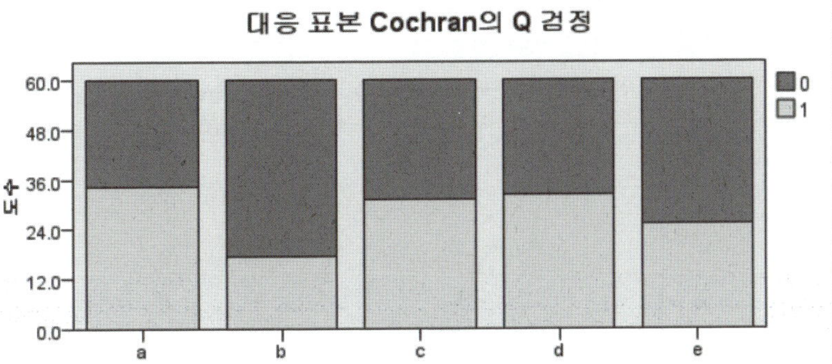

합계 N	60
검정 통계량	18.891
자유도	4
근사 유의수준 (양쪽검정)	.001

[그림 15-5]

SPSS 결과 화면의 아래 부분 '보기'에 '대응별 보기'를 선택하면 [그림 15-6]과 같은 대응별 비교 결과가 제시된다. 먼저 신제품 (a, b, c, d, e)의 구매의향빈도는 각각 (26, 43, 29, 28, 35)임을 제시하고 있다. (a, b), (d, b), (c, b) 신제품의 구매의향비율 차이가 95% 신뢰수준하에서 통계적으로 유의함을 알 수 있다. 즉, 신제품b가 신제품 (a, c, d)보다 구매의향비율이 통계적으로 유의하게 높고 다른 브랜드 간 구매의향 비율차이는 통계적으로 유의하지 않다고 판단할 수 있다.

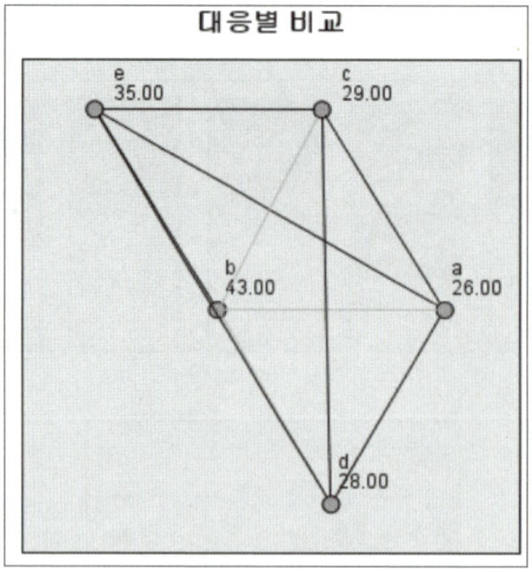

표본1-표본2	검정 통계량	표준 오차	표준 검정 통계량	유의수준	조정된 유의수준
a-b	-.283	.075	-3.782	.000	.002
d-b	.250	.075	3.337	.001	.008
c-b	.233	.075	3.115	.002	.018
a-e	-.150	.075	-2.002	.045	.452
e-b	.133	.075	1.780	.075	.751
d-e	-.117	.075	-1.557	.119	1.000
c-e	-.100	.075	-1.335	.182	1.000
a-c	-.050	.075	-.667	.504	1.000
a-d	-.033	.075	-.445	.656	1.000
d-c	.017	.075	.222	.824	1.000

각 행은 표본 1과 표본 2 분포가 동일한 널 가설을 검정합니다.
근사 유의수준(양쪽 검정)이 표시됩니다. 유의수준이 .05입니다.

[그림 15-6]

참고로 앞에서 다룬 2개 집단 대응표본의 비율차이 검정에 사용한 맥네마 검정이나 본 장에서 살펴본 코크란 검정 모두 카이제곱 통계량을 기반으로 하며 대응표본 명목형 변수를 다루기 위한 카이제곱 검정의 확장이라고 할 수 있다.

다음은 R 프로그램을 이용해서 분석한다.

R

예 15.1 데이터 처리 및 데이터 구조 확인

```
① > library(haven)
  > dt15<-read_sav('D:/MR/예제/15_명목형변수_비율검정_3개이상_대응표본.sav')
  > dt15 <- data.frame(dt15)
  > str(dt15)
  'data.frame':    60 obs. of  5 variables:
  $ a: dbl+lbl [1:60] 1, 1, 1, 1, 1, 1, 1, 1, 1, 1, 0, 0, 0, 0, ...
    ..@ format.spss: chr "F8.2"
    ..@ labels     : Named num  0 1
    .. ..- attr(*, "names")= chr [1:2] "비구매" "구매"
  (중간 생략)
  $ e: dbl+lbl [1:60] 1, 1, 1, 0, 0, 0, 0, 1, 1, 1, 1, 1, 1, 1, ...
    ..@ format.spss: chr "F8.2"
    ..@ labels     : Named num  0 1
    .. ..- attr(*, "names")= chr [1:2] "비구매" "구매"
```

① haven 라이브러리를 활성화하여, dt15 이름으로 SPSS 데이터를 불러올 수 있다. 해당 데이터는 5개 신제품(a, b, c, d, e)의 구매의향에 대해서 60명의 소비자에게 질문한 결과 얻은 데이터이며 구매는 '1', 비구매는 '0'으로 입력하였다.
tibble 형태로 불러온 데이터를 data.frame 명령어를 통해 데이터 프레임으로 전환하여 dt15(같은 이름)라는 이름으로 다시 저장하였다.

str 명령어를 통해 각 변수의 특징을 살펴보면 a, (생략), e 변수는 모두 숫자형(dbl) 값에 레이블이 들어 있으며 Named num 0 1을 통해 0, 1에 레이블이 있으며, chr [1:2] "비구매" "구매"를 통해 길이가 2인 벡터형으로 0에는 비구매, 1에는 구매 레이블이 붙어 있음을 확인할 수 있다.

주어진 조사 데이터를 분석하여 한 명의 응답자로부터 받은 5개(a, b, c, d, e) 제품 간 구매의향이 동일한지 여부를 검정하고자 한다. 이러한 형태의 구조를 가지는 데이터로부터 비율에 대한 동질성 검정은 Cochran Q 검정을 사용한다.

R

예 15.2 데이터 포맷 변환

```
② > dt15_f <- as.data.frame(as_factor(dt15, levels="labels"))
  > str(dt15_f)
  'data.frame':     60 obs. of  5 variables:
  $ a: Factor w/ 2 levels "비구매", "구매": 2 2 2 2 2 2 2 2 2 2 ...
  $ b: Factor w/ 2 levels "비구매", "구매": 2 2 2 2 2 2 2 2 2 2 ...
  $ c: Factor w/ 2 levels "비구매", "구매": 2 2 2 1 1 1 1 2 2 2 ...
  $ d: Factor w/ 2 levels "비구매", "구매": 2 2 2 2 2 2 2 2 2 2 ...
  $ e: Factor w/ 2 levels "비구매", "구매": 2 2 2 1 1 1 1 2 2 2 ...
  > head(dt15_f, 5L)
      a    b      c    d      e
  1 구매 구매   구매 구매   구매
  2 구매 구매   구매 구매   구매
  3 구매 구매   구매 구매   구매
  4 구매 구매 비구매 구매 비구매
  5 구매 구매 비구매 구매 비구매
```

② dt15에서 레이블 데이터를 이용한 분석을 진행하기 위해 as_factor 명령어를 통해 데이터를 명목형으로 변환하고 as.data.frame 명령어를 통해 데이터 프레임 형태로 전환하

였다.

as_factor 에서는 levels 옵션을 통해 labels, values를 지정할 수 있으며 레이블 이름의 정의 순서는 lables, 숫자값의 오름차순 정렬은 values를 사용한다. str 명령어를 통해 각 변수에 대해서 살펴보면 dt15_f는 데이터 프레임으로 전환되었고 *60개 샘플 데이터와 5개 변수가 있으며, 모든 변수는 모두 범주형(factor)으로 저장되어 있음을 확인할 수 있다.

R

예 15.3 교차표 분석

```
③ > library(reshape2)
  > dt15_f$id <- 1:nrow(dt15_f)
  > dt15.long <- melt(dt15_f, id.vars="id",
                          measure.vars=c("a", "b", "c", "d", "e"),
                          variable.name="신제품", value.name="구매의향" )
  > head(dt15.long, 5L)
    id 신제품 구매의향
  1 1      a      구매
  2 2      a      구매
  3 3      a      구매
  4 4      a      구매
  5 5      a      구매
  > addmargins(table(dt15.long$신제품, dt15.long$구매의향))

      구매 비구매 Sum
  a    26    34   60
  b    43    17   60
  c    29    31   60
  d    28    32   60
```

```
e      35   25   60
Sum   161  139  300
```

③ 5개 변수에 대한 빈도를 하나의 테이블에서 확인하기 위해서는 데이터를 long 포맷으로 변환하는 작업이 필요하다. 또한 응답자별 데이터로 구분하기 위해 nrow 명령어를 활용하여 id 변수를 추가하였다.

reshape2 라이브러리에서 제공하는 melt 명령어를 통해 데이터 포맷을 wide에서 long 포맷으로 변환할 수 있다. melt 명령어는 melt(데이터, 식별자 변수, long 포맷 적용 변수들, long 포맷 적용 변수들의 새로운 열 이름, long 포맷 적용 시 사용할 데이터 값의 열 이름) 형태로 사용한다. table 명령어를 통해 long 포맷 데이터의 빈도표를 구한다. 또한 addmargins 명령어를 통해 전체 주변 합을 함께 계산할 수 있다.

R

예 15.4 코크란 Q검정

```
④ > library(rstatix)
  > dt15.cochran <- cochran_qtest(구매의향 ~ 신제품 | id,
                                  data=dt15.long)
  > dt15.cochran
  # A tibble: 1 × 6
       .y.       n  statistic     df       p  method
  *   <chr>   <int>  <dbl>     <dbl>   <dbl>  <chr>
  1 구매의향    60     18.9    4 0.000826 Cochran's  Q test
```

④ rstatix 라이브러리에서 제공하는 cochran_qtest 명령어를 통해 코크란 Q검정을 할 수 있다. cochran_qtest 명령어는 cochran_qtest(반응변수~범주형변수 | 응답자 변수, 데이터) 형태로 사용한다. 분석 결과, 유의확률은 0.000826으로 유의수준 0.05보다 작아 적어도 1개 이상의 그룹 비교에서 구매의향비율이 차이가 있다고 해석할 수 있다.

R

예 15.5 사후 검정

⑤
```
> dt15_prop1 <- data.frame(xtabs(~신제품+구매의향, data=dt15.long))
> dt15_prop2 <- subset(dt15_prop1, 구매의향=="구매")
> dt15_prop3 <- dt15_prop2[order(dt15_prop2$Freq), ]
> dt15_prop3
  신제품 구매의향 Freq
1      a     구매   26
4      d     구매   28
3      c     구매   29
5      e     구매   35
2      b     구매   43

> pairwise_mcnemar_test(구매의향 ~ 신제품 | id,
                p.adjust.method = "bonferroni",
                data=dt15.long)
# A tibble: 10 × 6
group1 group2        p   p.adj p.adj.signif method
* <chr>  <chr>     <dbl>   <dbl> <chr>        <chr>
1 a      b      0.000104 0.00104 **           McNemar test
2 a      c      0.646    1       ns           McNemar test
3 a      d      0.683    1       ns           McNemar test
4 a      e      0.11     1       ns           McNemar test
5 b      c      0.0303   0.303   ns           McNemar test
6 b      d      0.00351  0.0351  *            McNemar test
7 b      e      0.201    1       ns           McNemar test
8 c      d      1        1       ns           McNemar test
9 c      e      0.0412   0.412   ns           McNemar test
10 d     e      0.211    1       ns           McNemar test
```

⑤ 사후 검정을 수행하기 전 그룹별 구매의향 빈도를 계산하여 그룹 간 순서를 확인하였다. xtabs 명령어를 사용하여 신제품별 구매의향 빈도를 파악하여 데이터 프레임으로 저장하였으며, subset 명령어를 통해 구매의향만 데이터에 저장하였다.

order 명령어를 사용하여 그룹별 빈도수에 따라 순서를 변경하였다. 그 결과 a(26) < d(28) < c(29) < e(35) < b(43) 순으로 구매의향이 높음을 알 수 있다.

pairwise_mcnemar_test 명령어를 사용하여 범주형 변수들 간의 쌍별 비교를 통해 사후검정을 할 수 있다. pairwise_mcnemar_test 명령어는 pairwise_mcnemar_test(반응변수~범주형변수 | 응답자 변수, 유의확률 보정 방법, 데이터) 형태로 사용한다.

분석 결과, (a, b), (b, c), (b, d) 신제품의 구매의향비율 차이에 대한 유의확률이 유의수준 0.05보다 작아 통계적으로 차이가 있음을 알 수 있다. 즉, 신제품b가 신제품 (a, c, d)보다 구매의향비율이 통계적으로 유의하게 높고 다른 브랜드 간 구매의향비율 차이는 통계적으로 유의하지 않다고 판단할 수 있다.

PART

4

비모수 가설 검정

CHAPTER

16

두 집단 독립표본 중심값 검정 : 맨위트니 U검정

사회과학에서 진행하는 설문조사의 경우 5점 척도나 7점 척도 같은 리커트 척도를 많이 사용한다. 그런데 오랜 기간 논란이 되고 있는 이슈가 "리커트 척도가 순서형 척도인가? 등간 척도인가?"에 대한 점이다.

등간 척도이면 모수 통계를 이용하여 자료 분석을 하며 순서형 척도이면 비모수 통계를 이용하여 분석하여야 하기 때문이다. 물론 등간 척도라 해도 긍정과 부정으로 묶어서 범주형 자료로 만들어 비모수적 통계 방법도 사용할 수 있다.

모수 통계는 데이터가 특정 분포에 따른다는 가정하에 사용하며 주로 평균이나 분산을 이용하여 분석을 하며 비모수 통계는 분포에 대한 어떤 가정도 하지 않고 주로 중심값을 분석하고 표본 수가 적을 때도 사용할 수 있다.

사회과학 설문조사에서 흔히 사용하는 리커트 척도는 엄밀하게 얘기하면 등간 척도가 아니라 순서형 척도에 가깝다고 할 수 있다. 다음과 같은 문항에서 (1) 매우 불만족 ~ (2) 약간 불만족 사이 감정의 간격과 (2) 약간 불만족 ~ (3) 보통/중간 사이 감정의 간격이 같다고 할 수 없기 때문이다. 즉, 각 응답점의 간격이 동일하지 않고 순서만 있기 때문에 순서형 척도로 간주하는 것이 정확하다. 또한 등간 척도가 아니라는 것은 각 응답점에 대한 반응이 선형이 아니고 비선형 관계이기 때문에 일반적인 선형모형을 분석도구로 사용하기에는 적합하지 않다고 할 수 있다.

질문) OO 기업에서 제공하는 제품 및 서비스에 대해서 얼마나 만족 또는 불만족 하십니까?

매우 불만족	약간 불만족	보통/중간	약간 만족	매우 만족
1	2	3	4	5

그러나 **비모수적 통계보다는 모수적 통계가 분석할 수 있는 도구가 많으며 비모수 통계보다는 모수적 통계의 검정력이 크고, 대부분 사회과학에서 진행하는 표본조사의 경우 표본 수가 크기 때문에 정규분포로 근사한다는 전제하에 관습적으로 등간 척도로 간주하여 모수적 통계 분석을 사용**한다.

그러나 필자들이 수십년 동안 설문조사 실무에 재직하면서 경험한 수많은 **리커트 척도의 데이터들은 설사 표본 수가 크다고 해도 정규분포에 어긋나는 경우가 많아 데이터 분석 전에 반드시 정규성 검정을 거친 후에 정규성 가설을 기각하는 경우 비모수 통계를 고려해야**

할 필요성이 있다.

한편, 설문조사에서는 다음과 같이 온전히 순서만 질문하는 유형의 항목이 있는데 이때는 논의의 여지가 없는 순서형 척도이며 이때는 비모수 통계적 방법을 사용하여야 한다.

질문) 다음 5개의 브랜드를 좋아하는 순서대로 선택해 주십시오.

1순위	2순위	3순위	4순위	5순위

1) P 브랜드　2) T 브랜드　3) R 브랜드　4) S 브랜드　5) K 브랜드

실무를 하다 보면 가끔 (특히 정성조사를 진행하면서 약식으로) 극히 적은 표본 수를 대상으로 진행하여 분석을 하는 경우가 있는데 이 경우 정량적 분석을 하면 안 됨에도 불구하고 고객사 측에서 "참고만 할테니 계량적 분석을 하자"고 요구하는 경우가 있다.

이렇게 **등간 척도나 비율 척도를 사용하더라도 표본 수가 극히 적은 경우, 순서형 척도를 사용하는 경우, 그리고 정규성 검토 결과 정규성에 어긋하는 경우에는 비모적 통계를 이용**하여야 한다. 이에 15~19장까지는 가장 기본적인 비모수적 방법을 이용한 검정방법에 대해서 설명한다.

(예제 16)은 어떤 식품회사에서 신제품을 시장에 출시하기 이전에 남자와 여자 각각 15명씩 사전 맛 테스트를 진행한 결과이다. 맛 평가는 5점 척도로 평가하였으며 남자는 '1', 여자는 '2'로 입력하였다. 여기서 확인하고 싶은 것은 신제품의 맛 평가에 대한 남자와 여자의 차이가 있는가 여부이다.

(예제 16)

	맛평가	성별
1	5.00	1.00
2	3.00	1.00
3	2.00	1.00
4	5.00	1.00
5	5.00	1.00
6	5.00	1.00
7	4.00	1.00
8	5.00	1.00
9	1.00	1.00
10	3.00	1.00

우선 남자와 여자의 맛에 대한 만족도 결과를 살펴보기 위해서 SPSS 메인화면에서 『분석 → 평균비교 → 집단별 평균분석』을 순서대로 클릭하면 [그림 16-1]과 같은 대화창이 나타난다. 종속변수에 맛 평가, 독립변수에 성별을 입력한다.

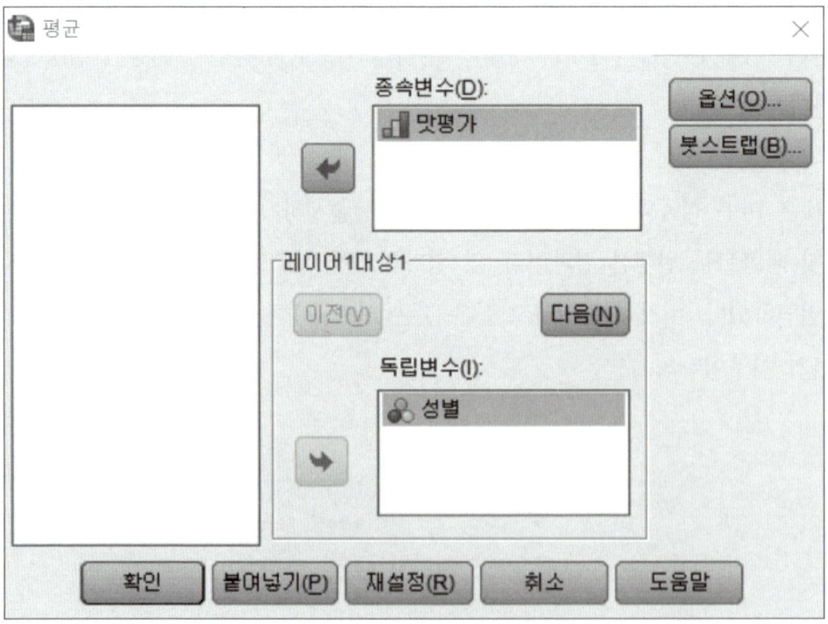

[그림 16-1]

다음은 옵션을 클릭하여 [그림 16-2] 대화창이 나타나면 평균, 케이스 수, 중위수를 셀통계량으로 설정한 후 계속을 클릭하여 이전 화면으로 돌아온 후 확인을 클릭하면 결과가 나타난다.

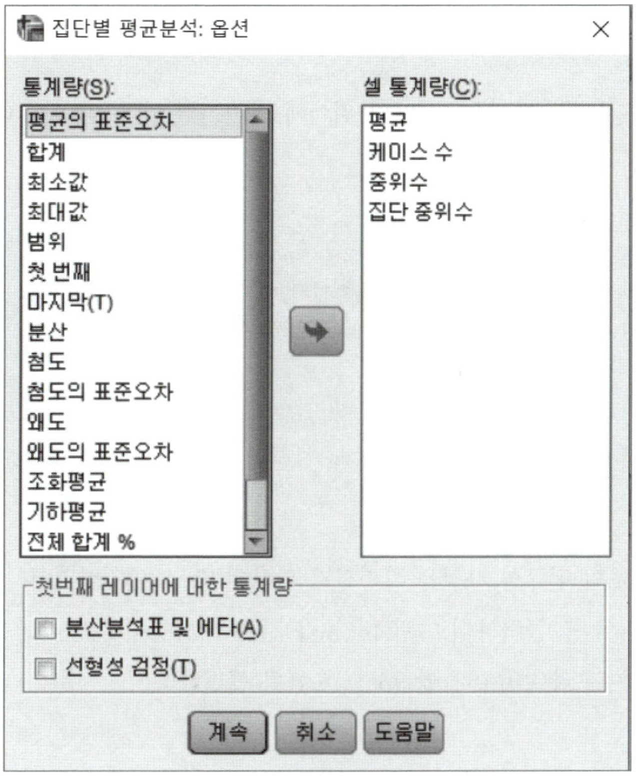

[그림 16-2]

남자와 여자의 맛평가 평균은 각각 (3.87, 4.0)이고 중위수는 각각 (4.0, 4.0)으로 나타났다. 이제 남자보다 여자들의 맛에 대한 선호도가 차이가 있는지를 확인해 보고 싶다.

케이스 처리 요약

	케이스					
	포함		제외		합계	
	N	퍼센트	N	퍼센트	N	퍼센트
맛평가 · 성별	30	100.0%	0	0.0%	30	100.0%

맛-평가

성별	평균	N	중위수
남자	3.8667	15	4
여자	4	15	4
합계	3.9333	30	4

비모수 검정은 평균이 아니라 중심값의 위치에 대한 검정이다. 따라서 다음과 같은 가설을 설정한다.

귀무가설 H_0 : 남자와 여자의 분포 중심은 동일하다.
대립가설 H_1 : 남자와 여자의 분포 중심은 동일하지 않다.
또는
귀무가설 H_0 : 남자의 중심값보다 여자의 중심값이 크지 않다.
대립가설 H_1 : 남자와 중심값보다 여자의 중심값이 크다

우선 모집단 분포의 정규성 가정을 확인하기 위하여 SPSS 메인화면에서 『분석 → 기술통계량 → 데이터 탐색』을 클릭하여 [그림 16-3]과 같은 대화창이 나타나면 분석하고자 하는 반응변수인 맛 평가를 종속변수에 입력하고 도표를 클릭한다.

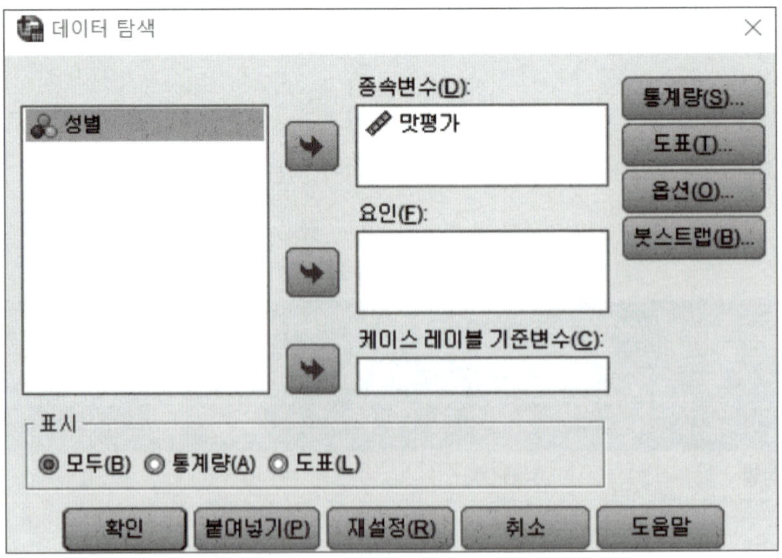

[그림 16-3]

도표를 클릭한 후 [그림 16-4]의 대화창이 나타나면 '검정과 함께 정규성 도표'에 체크를 한 후 계속을 클릭하여 이전 화면으로 돌아온 후 확인을 클릭하여 실행하면 결과가 나타난다.

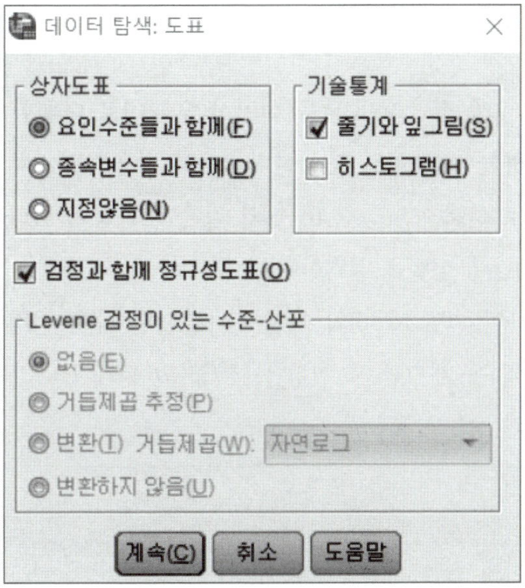

[그림 16-4]

유의확률이 0.00으로서 데이터가 정규분포하는 귀무가설을 기각한다. 따라서 비모수 검정 방법을 살펴보는 것이 타당할 것이다. 참고로 K-S 검정은 검정하고자 하는 분포의 모수를 알고 있을 때 주로 사용하며, Lilliefors 검정은 모수가 알려져 있지 않고 표본데이터로부터 평균과 분산을 추정하고 정규성을 검정할 때 사용한다. SPSS 통계 패키지에서 정규성 검정은 디폴트로 Lilliefors 보정을 한다.

정규성 검정

	Kolmogorov-Smirnov[a]			Shapiro-Wilk		
	통계량	자유도	유의확률	통계량	자유도	유의확률
맛평가	0.223	30	0.001	0.818	30	0.000

a. Lilliefors 유의확률 수정

참고로 『분석 → 비모수검정 → 레거시 대화상자 → 일표본 K-S』를 클릭한 후 대화창이 나타나면 검정변수에 맛 평가를 입력하고, 검정분포에 정규를 체크한 후 확인을 클릭해도 동일한 정규성 검정 결과가 나타난다.

한편 **독립적인 두 집단 분포의 중심위치 차이에 대한 통계적 유의성 확인을 위한 비모수적 검정 방법은 맨위트니**(Mann-Whitney) **검정 방법**을 사용한다.

맨위트니 검정방법은 2개 집단의 표본을 섞어서 순서대로 나열한 후 순위를 매긴 후 각 집단의 순위합을 비교하는 방식으로 분석한다. SPSS 메인화면에서 『분석 → 비모수 검정 → 독립표본』을 차례대로 선택하면 [그림 16-5]와 같은 대화창이 나타난다. 필드를 클릭하여 검정 필드에 맛 평가, 집단에 성별을 입력한다.

다음은 설정을 클릭하여 [그림 16-6]의 화면이 나타나면 사용자 정의에 의한 검정을 선택하고 맨위트니 U(2개 표본)을 체크한 후 실행을 클릭하면 결과가 나타난다.

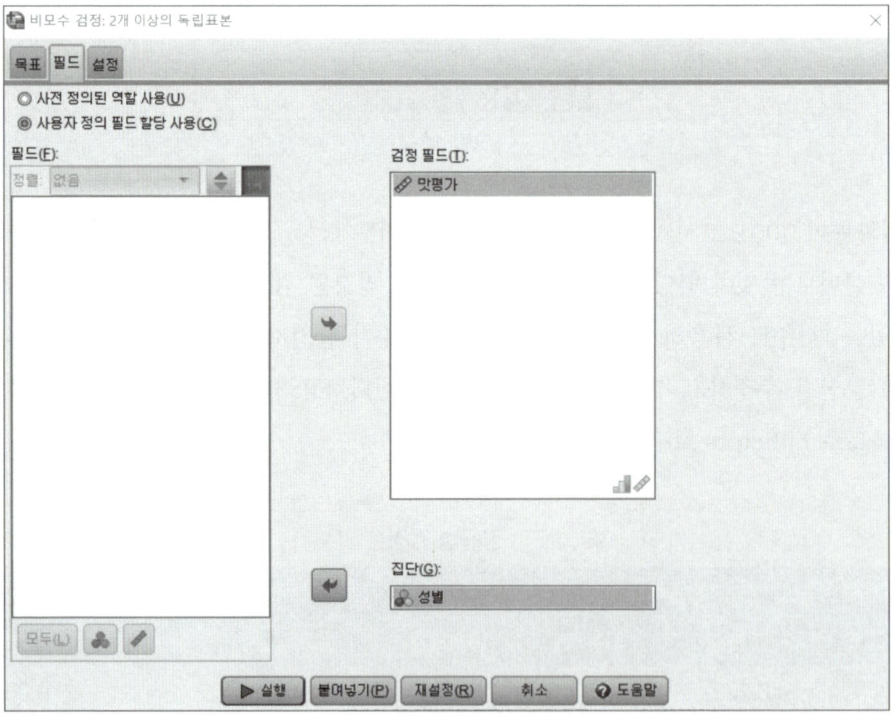

[그림 16-5]

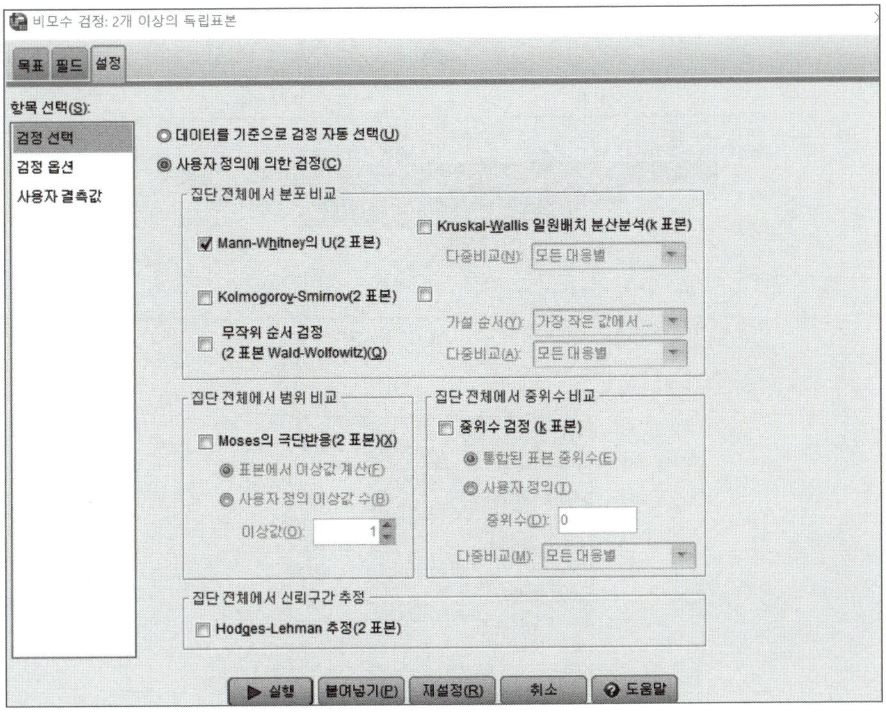

[그림 16-6]

[그림 16-7]과 같이 귀무가설을 기각하지 못한다는 결과가 나타난다. 즉, 남자와 여자의 맛 평가에 대한 분포 중심은 다르지 않다고 판단할 수 있다.

가설검정 요약

	귀무가설	검정	Sig.	의사결정
1	맛평가의 분포는 성별의 범주에서 동일합니다.	독립표본 Mann-Whitney의 U 검정	.838[1]	귀무가설을 유지합니다.

[그림 16-7]

또한 SPSS 결과창에서 그림 16-7의 결과를 더블클릭하면 화면이 활성화되어 [그림 16-8]과 같은 자세한 결과가 나타난다.

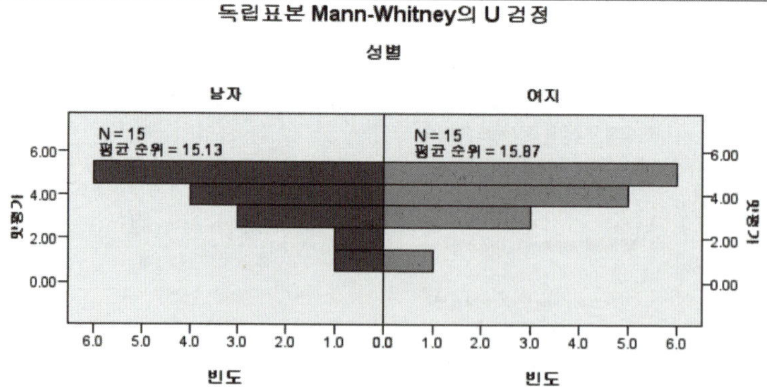

전체 N	30
Mann-Whitney U	118.000
Wilcoxon W	238.000
검정 통계량	118.000
표준 오차	22.893
표준화된 검정 통계	.240
근사 유의수준 (양쪽검정)	.810
정확한 유의수준 (양쪽검정)	.838

[그림 16-8]

참고로 SPSS 메인화면에서『분석 → 비모수 검정 → 레거시 대화상자 → 독립 2표본』을 클릭하여 대화창이 나타나면 검정변수에 맛 평가, 집단변수에 성별을 입력하고 검정 유형에 Mann-Whitney의 U(M)을 체크하고 집단 정의를 클릭하여 집단1과 집단2에 각각 (1, 2)를 입력한 후 계속을 클릭하여 이전 화면으로 돌아와서 확인을 클릭해도 동일한 결과가 나타난다.

다음은 R 프로그램을 이용해서 분석한다.

R

예 16.1 데이터 처리 및 데이터 구조 확인

```
① > library(sjmisc)
  > dt16 <- read_spss('D:/MR/예제/16_비모수_2개집단_독립표본.sav')
  > head(dt16, 5L)
     맛평가 성별
  1      5    1
  2      3    1
  3      2    1
  4      5    1
  5      5    1
  > str(dt16)
  'data.frame':       30 obs. of  2 variables:
  $ 맛평가: Factor w/ 5 levels "1", "2", "3", "4",..: 5 3 2 5 5 5 4 5 1 3 ...
    ..- attr(*, "labels")= Named num [1:5] 1 2 3 4 5
    .. ..- attr(*, "names")= chr [1:5] "매우불만" "약간불만" "보통"
  "약간만족" ...
  $ 성별  : Factor w/ 2 levels "1", "2": 1 1 1 1 1 1 1 1 1 1 ...
    ..- attr(*, "labels")= Named num [1:2] 1 2
    .. ..- attr(*, "names")= chr [1:2] "남자" "여자"
  > get_labels(dt16$맛평가)
  [1] "매우불만" "약간불만" "보통"     "약간만족" "매우만족"
```

① sjlabelled 라이브러리를 활성화하여, read_spss 명령어를 통해 dt16 이름으로 SPSS 데이터를 불러올 수 있다. 해당 데이터는 어떤 식품회사에서 신제품을 시장에 출시하기 이전에 남자와 여자 각각 15명씩 맛 테스트를 진행한 결과이다.

맛 평가는 5점 척도로 평가하였으며 남자는 1, 여자는 2로 입력하였다. 여기서는 샘플 데이터가 많지 않아 비모수 검정을 통해 신제품의 맛 평가에 대한 남자와 여자의 중심값 차이가 있는지를 알아보고자 한다.

head 명령어를 통해 첫 5행에 대한 데이터 입력 형태를 확인하였으며, str 명령어를 통해 dt16 데이터 구조를 확인하였다. dt16 데이터는 데이터 프레임으로 저장되어 있고 30개의 샘플 데이터 및 2개 변수가 있으며, 맛 평가 및 성별 변수는 명목형(factor)으로 저장되어 있으며 맛 평가는 Named num [1:5] 1 2 3 4 5를 통해 매우 불만, 약간 불만, 보통, 약간 만족 순으로 레이블이 있음을 확인할 수 있다. 범주가 많아 5개에 대한 레이블 확인이 어려울 경우 get_labels 명령어를 통해 확인할 수 있다. 성별은 Named num [1:2] 1 2를 통해 1, 2에 대해 레이블이 남자, 여자로 붙어 있음을 알 수 있다.

R

예 16.2 평균 및 중위수 확인

```
② > dt16_n <- as_numeric(dt16)
  > library(dplyr)
  > dt16_n %>%
     group_by(성별) %>%
     summarise(평균 = mean(맛평가, na.rm = TRUE),
               중위수 = median(맛평가, na.rm = TRUE),
               n = n() )
  # A tibble: 2 × 4
      성별   평균  중위수    n
     <dbl>  <dbl>  <dbl>  <int>
  1     1   3.87      4    15
  2     2   4         4    15
```

② 그룹별 평균 및 중위수 등을 살펴보기 위해 명목형으로 저장된 변수들을 sjlabelled 라이브러리에서 제공하는 as_numeric 명령어를 통해 숫자형 변수들로 바꿀 수 있다. dplyr 라이브러리에서 제공하는 명령어 및 %>% 기호를 이용해 요약 통계를 계산할 수 있다. group_by 명령어는 범주형 변수로 나누는 기준 변수를 설정하고 summarise 명령어 안에는 샘플 수, 평균, 중위수 등을 설정할 수 있다. 분석 결과, 남자(1)의 맛 평가 평균점수가 3.87로 여자(2)보다 조금 낮으며, 중위수는 4점으로 남녀 모두 같다는 것을 확인하였다.

R

예 16.3 정규성 검정1

```
③ > ks.test(dt16_n$맛평가, "pnorm", mean = mean(dt16_n$맛평가),
        sd = sd(dt16_n$맛평가))

        Asymptotic one-sample Kolmogorov-Smirnov test

data:  dt16_n$맛평가
D = 0.22267, p-value = 0.1021
alternative hypothesis: two-sided

Warning message:
In ks.test.default(dt16_n$맛평가, "pnorm", mean = mean(dt16_n$맛평가), : ties
should not be present for the one-sample Kolmogorov-Smirnov test

> library(nortest)
> lillie.test(dt16_n$맛평가)

        Lilliefors (Kolmogorov-Smirnov) normality test

data:  dt16_n$맛평가
D = 0.22267, p-value = 0.0005719
```

③ 모수적 분석을 위해 Kolmogorov–Smirnov 정규성 검정을 먼저 고려하였다. ks.test 명령어를 통해 정규성 검정을 실시하였으나, 경고 메시지에 나와 있는 것처럼 동점 데이터가 많은 경우 그 결과가 왜곡될 수 있다. 따라서 Lilliefors 검정(Kolmogorov–Smirnov 검정의 수정 버전)을 사용하여 정규성 검정을 수행하였다. Lilliefors 검정은 lillie.test(연속형 데이터) 형태로 사용한다. 분석 결과, 유의확률 0.0005719로 나타나 유의수준 0.05보다 작아 정규성 가정에 대한 귀무가설을 기각한다.

R

예 16.4 정규성 검정2

```
④ > shapiro.test(dt16_n$맛평가)


        Shapiro–Wilk normality test


    data:  dt16_n$맛평가
    W = 0.81803, p–value = 0.0001422
```

④ SPSS에서는 정규성 검정에 대한 다른 방법으로 Shapiro 검정 결과도 함께 제시해 주고 있다. R에서는 shapiro.test 명령어를 이용하며, shapiro.test(연속형 데이터) 형태로 사용한다. 분석 결과, 유의확률 0.0001422로 나타나 유의수준 0.05보다 작아 정규성 귀무가설을 기각한다.

R

예 16.5 독립표본의 Mann–Whitney 검정

```
⑤ > g1 <- subset(dt16_n, 성별==1)[,1]
  > g2 <- subset(dt16_n, 성별==2)[,1]
  > wilcox.test(g2, g1, correct=TRUE, paired=FALSE)
```

```
        Wilcoxon rank sum test with continuity correction

    data:  g2 and g1
    W = 118, p-value = 0.8271
    alternative hypothesis: true location shift is not equal to 0
```

⑤ 독립표본의 Mann-Whitney 검정은 wilcox.test 명령어를 사용한다. wilcox.test 명령어는 wilcox.test(그룹1, 그룹2) 형태로 사용하며, paired 옵션을 FALSE로 설정한다. correct 옵션은 Yates의 연속성 보정 여부를 결정한다. 분석 결과, 유의확률은 0.8271로 유의수준 0.05보다 커서 귀무가설을 채택한다. 즉, 남자와 여자의 맛 평가에 대한 분포 중심은 다르지 않다고 판단할 수 있다.

CHAPTER

17

두 집단 대응표본 중심값 검정 : 윌콕슨 부호순위합 검정

앞의 (예제 16)에서는 동일한 신제품을 남자와 여자 각각 독립된 집단에서 취식한 후 평가를 하게 하였다. 즉, 남자집단의 신제품에 대한 평가와 여자집단의 신제품에 대한 평가치는 서로 아무런 영향을 받지 않는 서로 독립적인 실험설계이다. 그러나 만약 동일한 집단에게 N브랜드의 신제품과 D브랜드의 신제품을 모두 취식한 후 각각 평가를 하게 한다면 응답자의 입맛이나 개인의 취향에 따라 N브랜드와 D브랜드 신제품의 평가에 서로 영향을 받을 것이다. 이렇게 **평가 또는 관측 대상인 2개의 집단(제품)이 서로 무관하지 않고 상호 영향을 미치는 연구설계를 sequential test 라고 하며 이 같은 표본을 대응표본**이라고 한다. 참고로 이러한 실험설계의 경우 한 명의 응답자에게 2개 이상의 제품을 순차적으로 테스트하는데 이때 순서에 의한 bias를 배제하기 위하여 테스트 순서를 로테이션한다.

(예제 16)의 **독립적인 2개 집단의 분포 중심 위치에 대한 차이를 검정하는 비모수적 방법으로 맨-위트니(Mann-Whitney) 검정방법을 사용했다면 2개 집단의 대응표본에서 사용하는 비모수적 방법은 윌콕슨의 부호 순위 검정(Wilcoxon's Signed Rank Test)을 사용한다.** (예제 17)은 동일한 응답자 40명에게 N제품과 D제품을 각각 차례대로 취식한 후 맛에 대한 평가를 받은 데이터이다.

(예제 17)

N제품	D제품
100.00	75.00
100.00	75.00
75.00	100.00
100.00	100.00
50.00	75.00
100.00	100.00
75.00	100.00
100.00	75.00
100.00	75.00
100.00	75.00

먼저 데이터의 정규성을 확인해 보기 위해 SPSS 메인화면에서 『분석 → 기술통계량 → 데이터 탐색』을 차례대로 클릭하면 [그림 17-1]의 대화창이 나타난다. 변수 N제품과 D제품을 종속변수에 선택하고 도표를 클릭한 후 [그림 17-2]의 대화창이 나타나면 '검정과 함께 정규

성 도표'에 체크를 한 후 계속을 클릭하여 이전 화면으로 돌아온다.

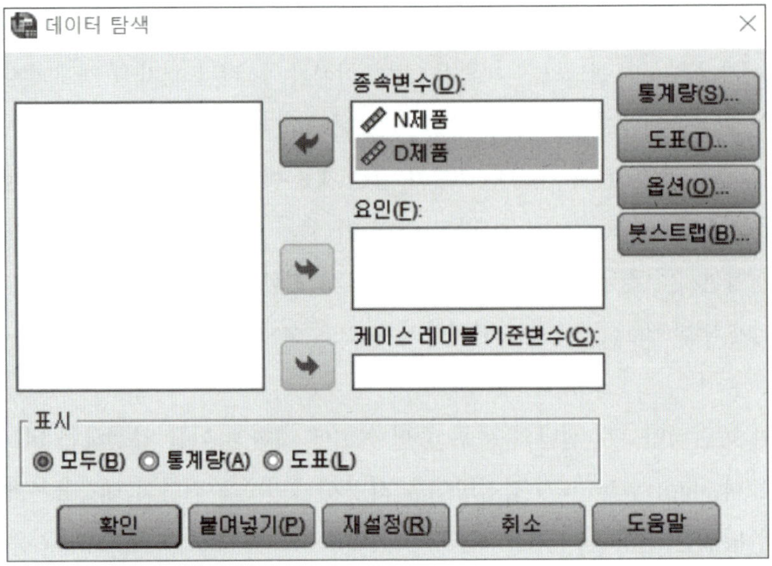

[그림 17-1]

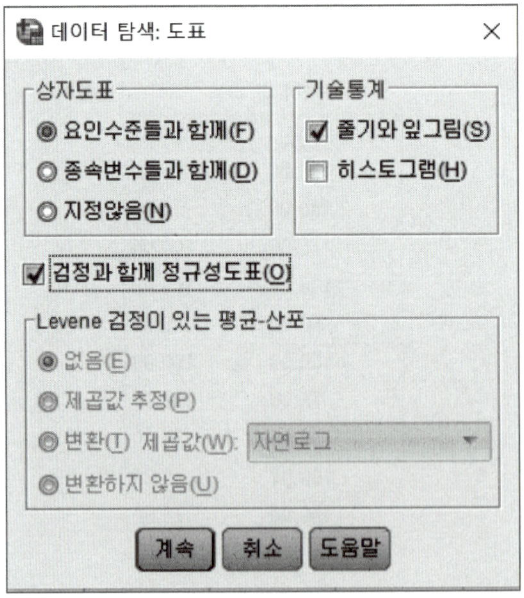

[그림 17-2]

확인을 클릭하면 결과가 나타난다. 유의확률이 0.000으로 정규성 가정을 기각한다. 따라서 비모수적 검정방법을 사용하도록 한다.

정규성 검정

	Kolmogorov-Smirnov			Shapiro-Wilk		
	통계량	자유도	유의확률	통계량	자유도	유의확률
N제품	.283	40	.000	.778	40	.000
D제품	.257	40	.000	.782	40	.000

조사연구 실무에서 이 같은 제품 테스트는 대량의 큰 표본 수를 진행하지 않는 경우가 많은데 이는 제품 테스트에 주로 사용하는 유치조사(HUT, Home Used Test), CLT(Central Location, Test), Gang Survey, FGD/FGI(Focus Group Discussion/Interview) 등의 조사 방법이 비용이 많이 소요되기 때문이기도 하고 FGD나 FGI 같은 일반적으로 표본 수가 적은 정성적 조사 방법을 진행하면서 간이 조사 방식으로 약식 설문조사를 병행하기 때문이기도 한다.

이렇게 표본 수가 적을 경우 비율 척도나 등간 척도를 사용해도 정규성 가정이 어긋나는 경우가 많으므로 항상 정규성을 확인해 보고 유의성 검정 방법을 선택하는 것이 좋다. 또한 앞에서도 언급했듯이 조사 실무에서 사용하는 5점 척도나 7점 척도 등의 리커트 척도는 표본 수가 크다고 해도 정규성이 어긋나는 경우가 많으므로 항상 정규성 검토를 진행하고 연구 가설에 대한 검정을 하는 습관을 가지는 것이 좋다.

이 조사에서는 2개 브랜드의 맛에 대한 평가가 같은지 다른지를 확인하고 싶은 목적이므로 다음과 같은 가설을 설정한다.

> 귀무가설 H_0 : N제품과 D제품의 맛 평가에 대한 분포의 중심위치는 동일하다.
> 대립가설 H_1 : N제품과 D제품의 맛 평가에 대한 분포의 중심위치는 동일하지 않다.

기본적인 분석 알고리즘은

① 각 관측치 쌍의 차이를 구하고

② (D제품 − N제품) 차의 부호(+ 또는 −)를 구한 다음

③ 각 관측치 쌍의 차이에 대한 절댓값을 구한다.

④ 다음은 절댓값에 의한 순위를 구한 다음

⑤ +의 (절댓값)순위를 합하고, −의 (절댓값)순위를 합한 후

⑥ +의 순위합이 −의 순위합보다 크면 D제품의 맛에 대한 평가가 N제품의 맛에 대한 평가보다 중심위치가 크다고 결론 내리는 방식이다.

이때 검정 통계량은 + 순위합을 사용하기도 하고 +순위합과 −순위합 중 더 작은 순위합을 사용하는 경우도 있다.

먼저 데이터의 정규성을 검토하기 위해 SPSS 메인화면에서 『분석 → 기술통계량 → 데이터 탐색』을 클릭하면 [그림 17−3]의 대화창이 나타나는데 종속변수에 N제품과 D제품을 입력하고 도표를 클릭하여 [그림 17−4]의 대화창이 나타나면 '검정과 함께 정규성 검토'를 선택하고 계속을 클릭하여 이전 화면으로 돌아온 후 확인을 클릭하여 실행하면 결과가 나타난다.

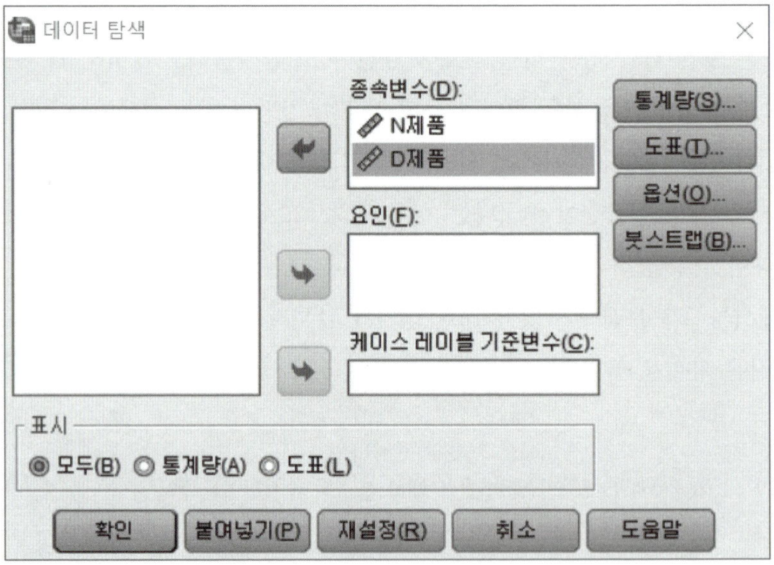

[그림 17-3]

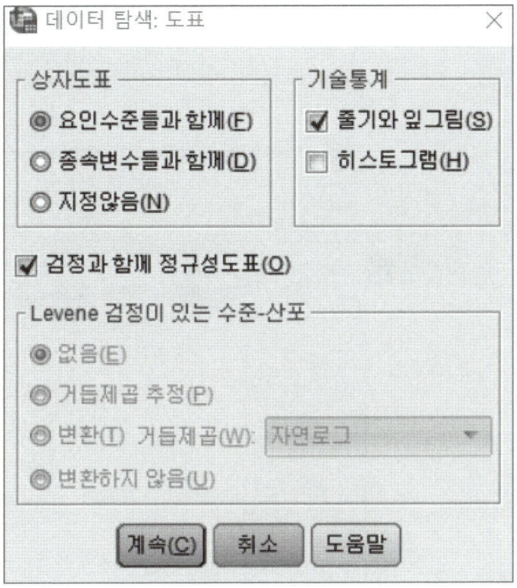

[그림 17-4]

모집단의 데이터가 정규분포라는 가정에 대한 유의확률이 0.000으로 귀무가설을 기각한다. 따라서 비모수 검정을 사용하는 것이 권장된다.

정규성 검정

	Kolmogorov-Smirnov			Shapiro-Wilk		
	통계량	자유도	유의확률	통계량	자유도	유의확률
N제품	0.283	40	0.000	0.778	40	0.000
D제품	0.257	40	0.000	0.782	40	0.000

이제 SPSS 메인화면에서 『분석 → 비모수검정 → 대응표본』을 차례대로 선택하면 [그림 17-5]의 대화창이 나타난다. 필드를 선택한 후 검정필드에 N제품과 D제품을 입력한다. 다음은 설정을 선택하여 [그림 17-6]의 대화창에서 '검정사용자의 정의'를 체크하고 '윌콕슨 대응표집 쌍부호 순위 (2개 표본)'과 핫지스-레만(2개 표본)'을 체크한다.

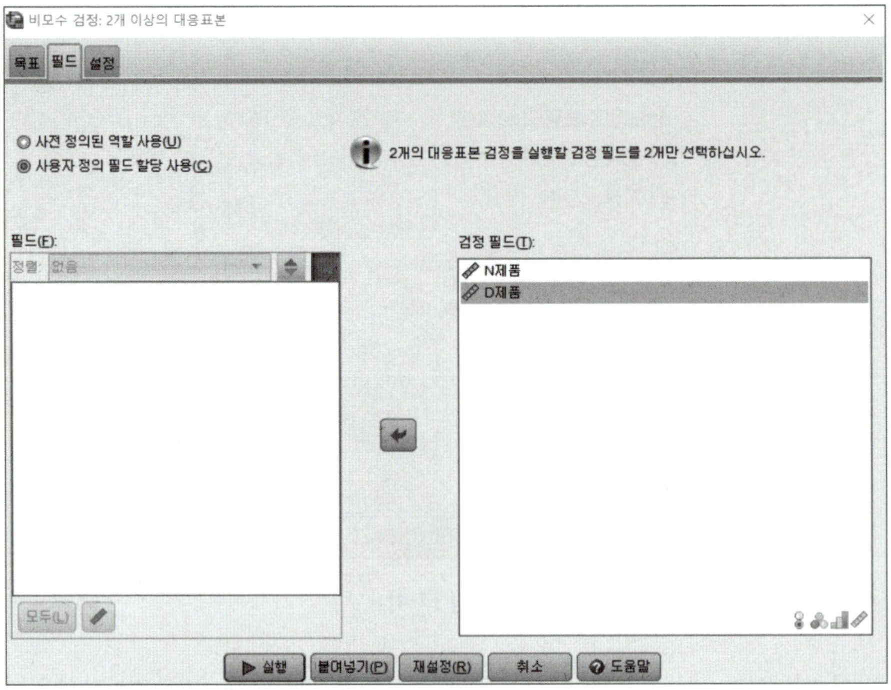
비모수 검정: 2개 이상의 대응표본
목표
필드
설정
사전 정의된 역할 사용(U)
사용자 정의 필드 할당 사용(C)
2개의 대응표본 검정을 실행할 검정 필드를 2개만 선택하십시오.
필드(F):
정렬: 없음
검정 필드(T):
N제품
D제품
모두(L)
실행
붙여넣기(P)
재설정(R)
취소
도움말

[그림 17-5]

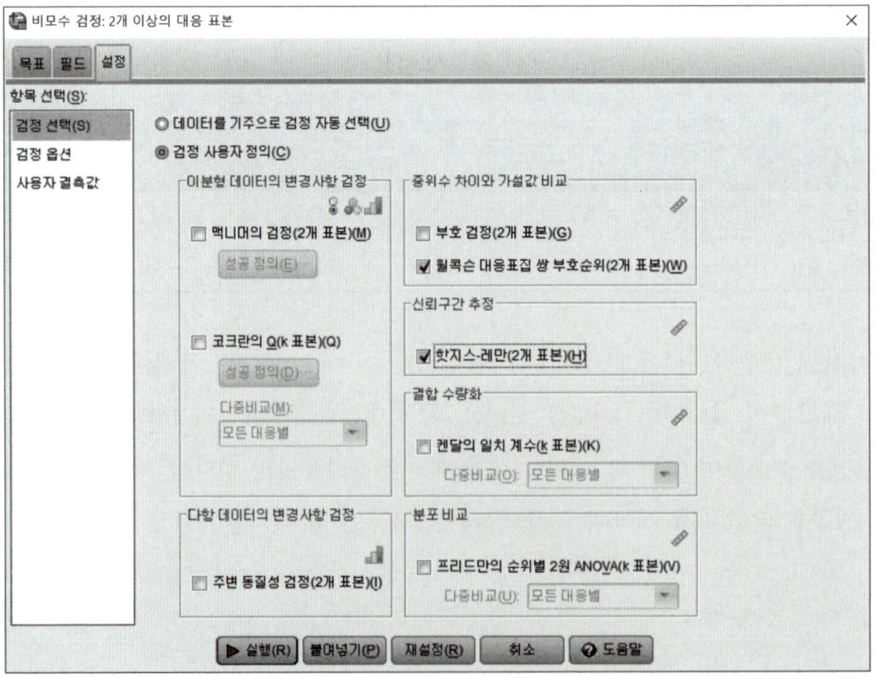
비모수 검정: 2개 이상의 대응 표본
목표
필드
설정
항목 선택(S):
검정 선택(S)
검정 옵션
사용자 결측값
데이터를 기준으로 검정 자동 선택(U)
검정 사용자 정의(C)
이분형 데이터의 변경사항 검정
맥니머의 검정(2개 표본)(M)
성공 정의(E)...
코크란의 Q(k 표본)(Q)
성공 정의(D)...
다중비교(M):
모든 대응별
중위수 차이와 가설값 비교
부호 검정(2개 표본)(G)
윌콕슨 대응표집 쌍 부호순위(2개 표본)(W)
신뢰구간 추정
핫지스-레만(2개 표본)(H)
결합 수량화
켄달의 일치 계수(k 표본)(K)
다중비교(O):
모든 대응별
다항 데이터의 변경사항 검정
주변 동질성 검정(2개 표본)(I)
분포 비교
프리드만의 순위별 2원 ANOVA(k 표본)(V)
다중비교(U):
모든 대응별
실행(R)
붙여넣기(P)
재설정(R)
취소
도움말

[그림 17-6]

실행을 클릭하면 결과가 나타난다. 유의확률이 0.860으로 귀무가설를 기각하지 못한다. 즉 N제품과 D제품의 맛에 대한 차이는 통계적으로 유의하지 않다고 판단한다.

가설검정 요약

	널 가설	검정	유의수준	의사결정
1	N라면 및 D라면 사이의 중위수 차이가 0입니다.	대응 표본 Wilcoxon 서명된 순위 검정	.860	널 가설을 유지합니다.

근사 유의수준이 표시됩니다. 유의수준이 .05입니다.

SPSS 결과 화면창에서 검정결과 요약표를 더블클릭하면 화면이 활성화되면서 [그림 17-7]과 같이 자세한 결과가 나타난다.

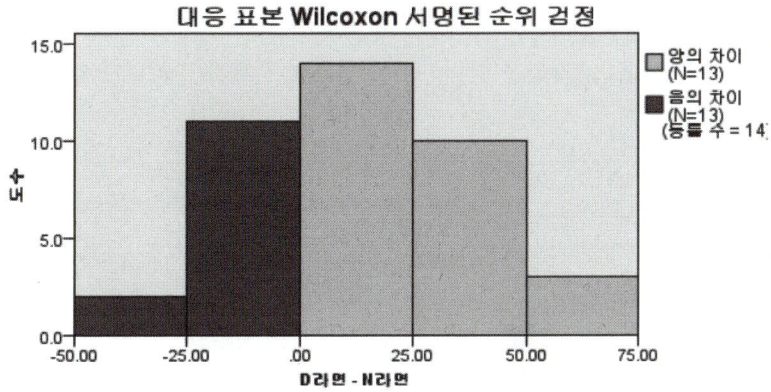

한계 N	40
검정 통계량	182.000
표준오차	36.814
표준화된 검정 통계량	.177
근사 유의수준 (양쪽검정)	.860

신뢰구간 요약

신뢰구간 유형	매개변수	추정값	95% 신뢰구간	
			하한	상한
대응 표본 Hodges-Lehman 중앙값 차이	N제품과(와) D제품 사이의 중앙값 차이	.000	-12.500	12.500

(N제품 − D제품)의 차이가 양(+)인 것이 13개, 음(−)인 것이 14개로 차이가 크지 않고, 신뢰구간이 0을 포함하고 있으므로 두 표본의 중심위치는 차이가 없다고 결론 내릴 수 있다.

이번에는 레거시 대화상자를 이용해서 분석해 보도록 한다. SPSS 메인 화면에서 『분석 → 비모수검정 → 레거시 대화상자 → 대응2표본』을 차례대로 클릭하면 [그림 17-7]과 같은 대화창이 나타난다. 검정대응 변수1과 변수2에 각각 N제품과 D제품을 입력하고 검정 유형에 Wilcoxon을 체크한다. 옵션을 선택하여 통계량의 '기술통계'을 체크한 후 계속을 클릭하여 이전 화면으로 돌아온다. 확인을 클릭하여 실행하면 결과가 나타난다.

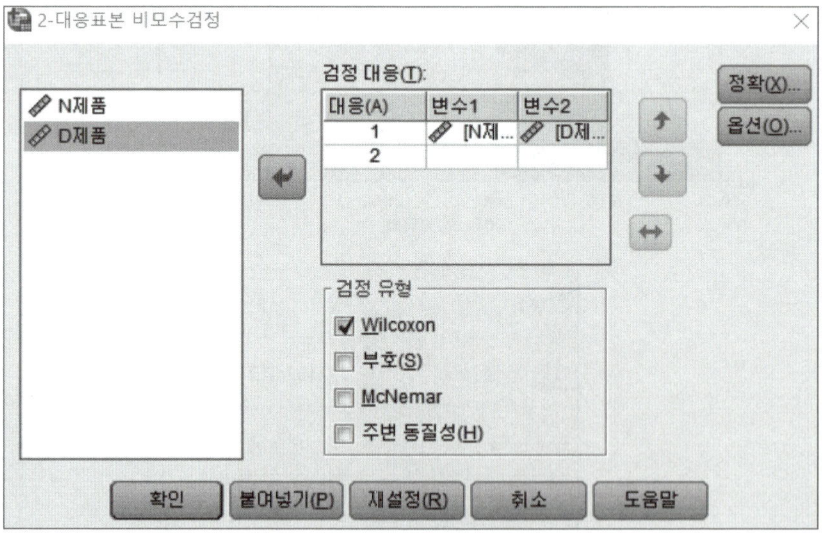

[그림 17-7]

N제품과 D제품의 맛에 대한 평가의 평균값은 각각 81.3, 81.9로 나타났다. 또한 (D제품 − N제품)의 차이가 음(−)인 경우와 양(+)인 경우가 각각 13개이며 같은 경우도 14개로 나타나 2개 브랜드의 맛에 대한 평가가 큰 차이가 없음을 직관적으로 추측할 수 있다. 유의확률은

0.860으로 귀무가설을 기각할 수 없으므로 두 개 브랜드의 맛에 대한 평가는 통계적으로 유의한 차이가 나지 않는다고 판단할 수 있다.

기술통계량

	N	평균	표준편차	최솟값	최댓값
N제품	40	81.25	19.40625	50	100
D제품	40	81.875	16.97236	50	100

순위

		N	평균순위	순위합
D제품 - N제품	음의 순위	13[a]	13.00	169.00
	양의 순위	13[b]	14.00	182.00
	동률	14[c]		
	합계	40		

a. D제품 < N제품
b. D제품 > N제품
c. D제품 = N제품

검정통계량

	D제품 - N제품
Z	-.177
근사 유의확률(양측)	.860

참고로 SPSS 비모수검정에서 레거시 대화상자가 있고 일표본, 독립표본, 대응표본으로 접근하는 방식이 따로 있는데 레거시 대화상자의 경우 전통적인 SPSS 비모수 방법이고 일표본, 독립표본, 대응표본은 비교적 새 버전인데 시각화나 사후검정 등의 기능이 강화되어 있는 한편 레거시 대화상자는 표본 수가 적을 때 정확 검정(Exact Tests)을 계산해 주는 기능을 제공한다. 물론, 기본적인 유의확률은 동일하게 나타난다.

다음은 R 프로그램을 이용해서 분석한다.

R

예 17.1 데이터 처리 및 데이터 구조 확인

```
① > library(sjmisc)
  > dt17 <- read_spss('D:/MR/예제/17_비모수_2개집단_대응표본.sav')
  > head(dt17, 5L)
   N제품 D제품
  1  100   75
  2  100   75
  3   75  100
  4  100  100
  5   50   75
  > str(dt17)
  'data.frame':     40 obs. of  2 variables:
  $ N제품: num  100 100 75 100 50 100 75 100 100 100 ...
   ..- attr(*, "format.spss")= chr "F8.2"
  $ D제품: num  75 75 100 100 75 100 100 75 75 75 ...
   ..- attr(*, "format.spss")= chr "F8.2"
```

① sjmisc 라이브러리를 활성화하여, read_spss 명령어를 통해 dt17 이름으로 SPSS 데이터를 불러올 수 있다. 해당 데이터는 동일한 집단에게 N브랜드의 신제품과 D브랜드의 신제품을 모두 취식하게 한 후 각각 평가를 하여 얻은 결과이다. head 명령어를 통해 첫 5행에 대한 데이터 입력 형태를 확인하였으며, str 명령어를 통해 dt17 데이터 구조를 확인하였다. dt17 데이터는 데이터 프레임으로 저장되어 있고 40개의 샘플 데이터 및 2개 변수가 있으며, N제품 및 D제품은 숫자형(num)으로 저장되어 있다.

R

예 17.2 정규성 검정 : N제품

```
② > ks.test(dt17$N제품, "pnorm",
              mean = mean(dt17$N제품),
              sd = sd(dt17$N제품),
              exact = TRUE)

        Exact one-sample Kolmogorov-Smirnov test

    data:  dt17$N제품
    D = 0.28302, p-value = 0.002504
    alternative hypothesis: two-sided

    Warning message:
    In ks.test.default(dt17$N제품, "pnorm", mean = mean(dt17$N제품),  :
    ties should not be present for the one-sample Kolmogorov-Smirnov test
    > shapiro.test(dt17$N제품)

        Shapiro-Wilk normality test

    data:  dt17$N제품
    W = 0.77845, p-value = 2.481e-06
```

② Kolmogorov-Smirnov 검정을 통해 주어진 샘플 데이터가 특정 분포를 따르는지를 검정할 수 있다. ks.test 명령어를 통해 Kolmogorov-Smirnov 검정을 할 수 있다. ks.test 명령어는 ks.test(단변량 데이터, 누적분포함수(CDF), 검정용 평균, 검정용 표준편차) 형태로 사용한다. 분석 결과, 유의확률은 0.002504로 유의수준 0.05보다 작아 정규성 가정을 기각할 수 있다. 따만 경고 메시지에 나와 있는 것처럼 전통적인 Kolmogorov–Smirnov 검정은 동점 데이터가 있을 때 적절하지 않을 수 있다. 이어서 Shapiro–Wilk 검정을 통해 데이터의 정규성 가정에 대한 검정도 하였으며 마찬가지로 유의확률 2.481e–06 로 매우 작아 샘플 데이터에 대한 정규성 가정을 기각하며, 이후 비모수적 방법으로 검정을 진행한다.

R

예 17.3 정규성 검정 : D제품

```
③ > library(nortest)
  > lillie.test(dt17$D제품)

        Lilliefors (Kolmogorov–Smirnov) normality test

  data:  dt17$D제품
  D = 0.25729, p–value = 3.954e–07

  > shapiro.test(dt17$D제품)

        Shapiro–Wilk normality test

  data:  dt17$D제품
  W = 0.78231, p–value = 2.958e–06
```

③ nortest 라이브러리에서 제공하는 lillie.test 명령어를 활용하여 Lilliefors 검정(Kolmogorov–Smirnov 검정의 수정 버전)을 수행할 수 있다. 분석 결과, D제품은 유의확률 3.954e–07로 나타나 유의수준 0.05보다 작아 정규성 가정을 기각한다. shapiro.test 검정에서도 동일한 결과를 확인할 수 있다.

R

예 17.4 대응표본의 윌콕슨 순위 검정

```
> wilcox.test(dt17$D제품, dt17$N제품,
              paired=TRUE,
              conf.int=TRUE, conf.level=0.95,
              exact=FALSE, correct=FALSE)

    Wilcoxon signed rank test

data:  dt17$D제품 and dt17$N제품
V = 182, p-value = 0.8599
alternative hypothesis: true location shift is not equal to 0
95 percent confidence interval:
-12.50004  12.50001
sample estimates:
(pseudo)median
4.330211e-05  paired = FALSE) :
tie가 있어 정확한 p값을 계산할 수 없습니다
```

④ 대응표본의 윌콕슨(Wilcoxon) 부호 순위 검정을 하기 위해, wilcox.test 명령어를 사용한다. 해당 명령어는 wilcox.test(숫자형 변수1, 숫자형 변수2, paired=TRUE) 형태로 사용한다. 분석 결과 D제품 − N제품의 양의 순위합은 182이며 유의확률은 0.8599로 나타나 귀무가설을 채택한다. 즉, 한 명의 응답자로부터 받은 D제품과 N제품의 구매의향의 중심값에는 차이가 없는 것으로 해석할 수 있다.

CHAPTER

18

3개 이상 집단 독립표본 중심값 검정 : 크루스칼-왈리스 검정

앞서 6장의 **일원배치분산분석이 3개 이상 독립적인 집단의 평균값 차이에 대한 모수적 검정방법이었다면 비모수적 검정방법으로 크루스칼-왈리스**(Kruskal-wallis) 검정방법이 사용된다.

순서형 척도이거나 표본 수가 적을 경우, 비율형 척도나 등간 척도의 정규성 검정이 받아들여지지 않을 경우에 사용하며 평균값 차이가 아닌 중심값의 차이에 대한 유의성을 검정하는 방식으로 접근한다.

이는 두 개 집단의 중심위치에 대한 윌콕슨의 순위합 검정을 일반화한 방법이라고 할 수 있는데 접근 방법도 유사하다. 3개 이상 집단의 측정값을 모두 섞은 후 순위를 매기고, 각 집단의 측정값에 대한 순위의 합을 이용하는 방법이다.

(예제 18)은 3개 브랜드(a, b, c)의 신제품에 대한 구매의향을 5점 척도로 평가받은 데이터이다.

(예제 18)

구매의향	브랜드
4.00	1.00
4.00	1.00
3.00	1.00
3.00	1.00
3.00	1.00
4.00	1.00
5.00	1.00
3.00	1.00
4.00	1.00
4.00	1.00

먼저 기초 통계량을 확인해 보기 위해 SPSS 메인화면에서 『분석 → 기술통계량 → 데이터 탐색』을 차례대로 클릭한 후 [그림 18-1]과 같이 종속변수에 구매의향, 요인에 브랜드를 입력하고 확인을 클릭하여 실행하면 결과가 나타난다.

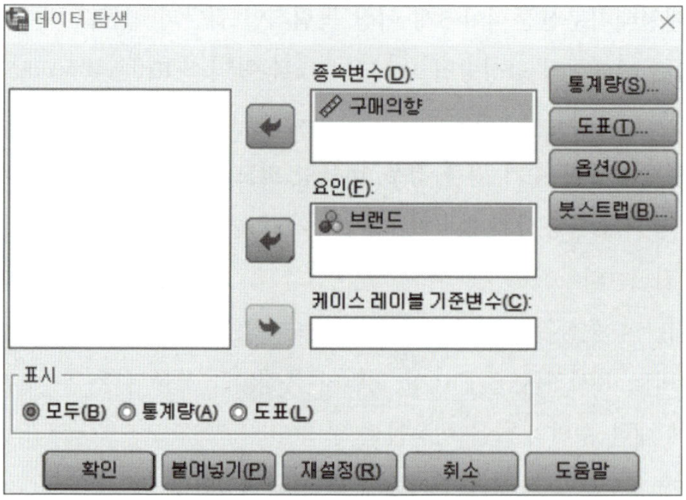

[그림 18-1]

(a, b, c) 3개의 브랜드를 각각 21명이 평가를 하였고 각각의 평균값은 (4.0, 3.8, 3.7)로 나타남을 볼 수 있다. 독자들은 실제 실행을 하여 확인하기 바란다.

이제 다음과 같은 가설을 설정할 수 있다.

귀무가설 H_0 : 3개 브랜드 구매의향의 분포중심(중앙값)은 모두 동일하다.
대립가설 H_1 : 3개 브랜드 구매의향의 분포중심(중앙값)은 모두 동일하지 않다.

먼저 정규성 검정을 위해 SPSS 메인화면에서 『분석 → 기술통계량 → 데이터 탐색』을 차례대로 클릭하여 [그림 18-2]와 같은 대화창이 나타나면 종속변수에 구매의향, 요인에 브랜드를 입력하고 도표를 클릭한다.

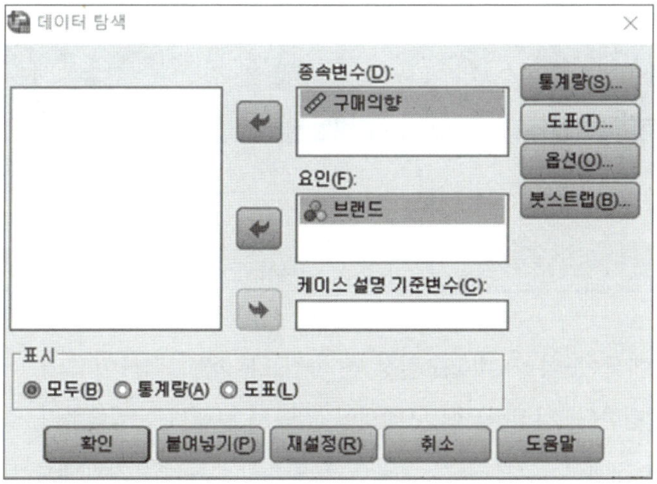

[그림 18-2]

[그림 18-3]의 화면에서 '검정과 함께 정규성 도표'을 체크한 후 계속을 클릭하여 이전 화면으로 돌아온다. 확인을 클릭하여 실행한다.

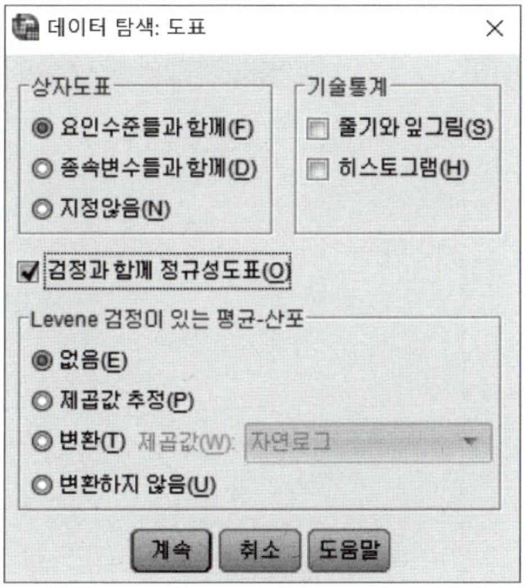

[그림 18-3]

3개 브랜드의 유의확률이 모두 0.05보다 작으므로 95% 신뢰수준하에서 정규성 가정을 기각할 수 있다. 따라서 모수적 방법인 일원배치분산분석을 사용할 수 없으므로 비모수적 방법인 크루스칼-왈리스(Kruskal-wallis) 방법으로 유의성 검정을 진행한다.

정규성 검정

브랜드		Kolmogorov-Smirnov			Shapiro-Wilk		
		통계량	자유도	유의확률	통계량	자유도	유의확률
구매의향	a	.310	21	.000	.784	21	.000
	b	.315	21	.000	.840	21	.003
	c	.337	21	.000	.738	21	.000

SPSS 메인화면에서 『분석 → 비모수검정 → 독립표본』을 클릭하여 [그림 18-4]의 화면이 나타나면 필드를 선택한다. 검정필드에 구매의향, 집단에 브랜드를 입력한다. 다음은 설정 창을 클릭해서 [그림 18-5]에서 검정사용자 정의 – 크루스칼왈리스을 차례대로 클릭한 후, 다중비교에 모든 대응별 선택 후 실행을 클릭하면 결과가 나타난다.

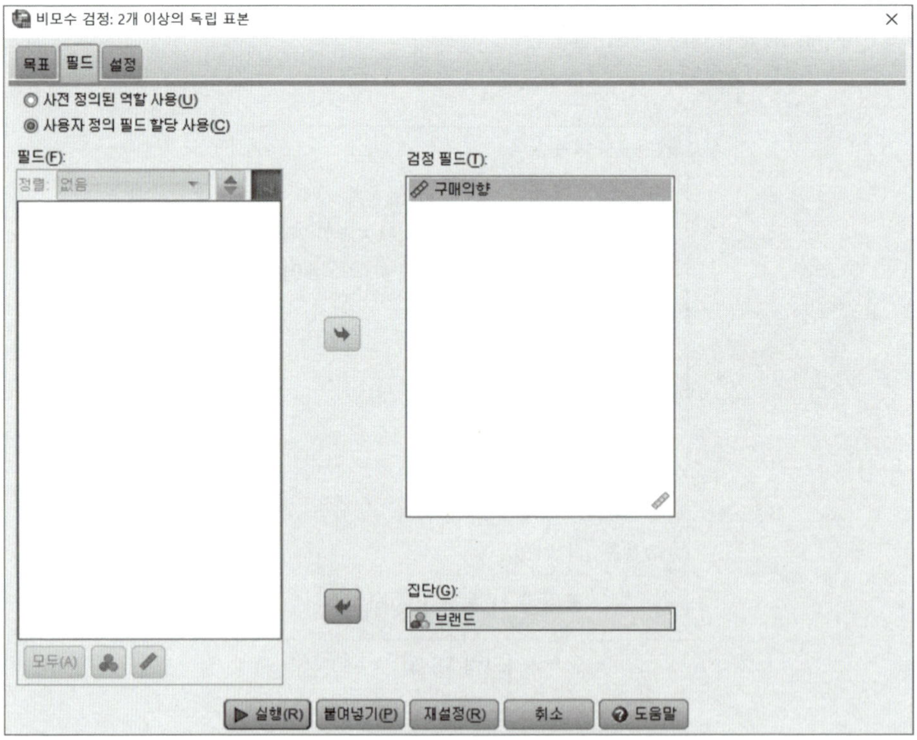

[그림 18-4]

[그림 18-6]과 같이 귀무가설을 기각할 수 없다고 나타난다. 즉 3개 브랜드의 구매의향은 통계적으로 유의한 차이가 있다고 판단할 수 없다. 참고로 앞서 다중비교를 선택한 것은 만

약 귀무가설이 기각될 시 유의한 차이가 나는 집단을 사후검정하기 위한 옵션이다.

다음은 레거시 대화상자를 이용하여 확인해 보도록 하겠다. SPSS 메인화면에서 '분석 → 비모수검정 → 레거시 대화상자 → 독립K표본'을 차례대로 클릭한 후, [그림 18-7] 대화창이 나타나면 검정변수에 구매의향, 집단변수에 브랜드를 설정 후 Kruskal-Wallis를 체크한다. 다음은 집단변수의 범위지정을 클릭하여 [그림 18-8]과 같은 대화창이 나타나면 최솟값에 '1', 최댓값에 '3'을 입력한다. 이는 브랜드의 숫자가 3개이므로 분석할 집단의 개수가 3개임을 지정하는 것이다.

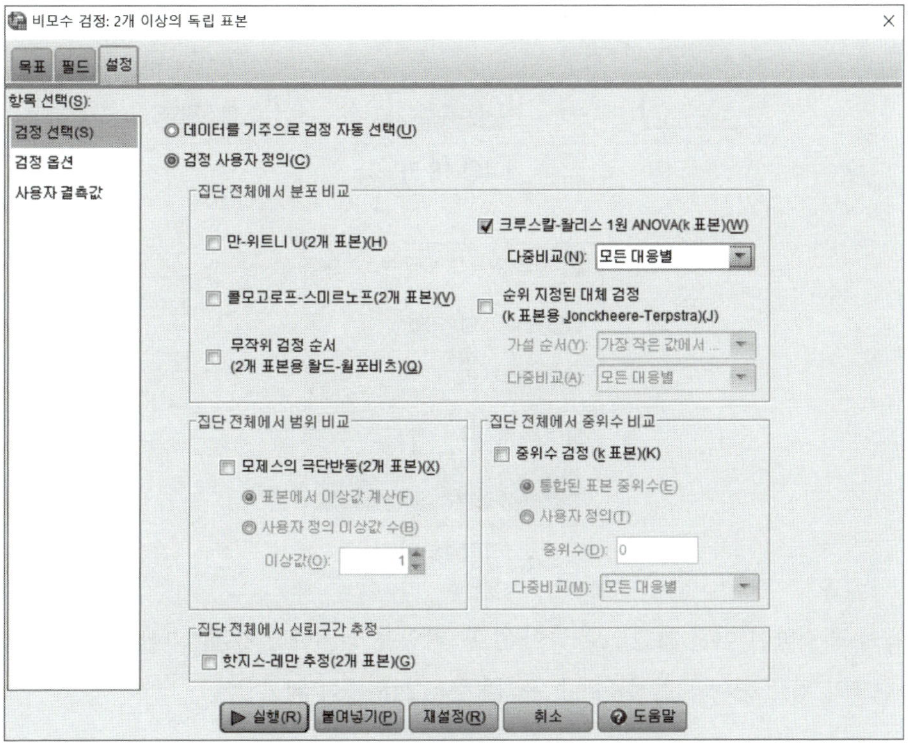

[그림 18-5]

가설검정 요약

	널 가설	검정	유의수준	의사결정
1	구매의향의 분포가 브랜드의 범주에서 같습니다.	독립표본 Kruskal-Wallis 검정	.245	널 가설을 유지합니다.

근사 유의수준이 표시됩니다. 유의수준이 .05입니다.

[그림 18-6]

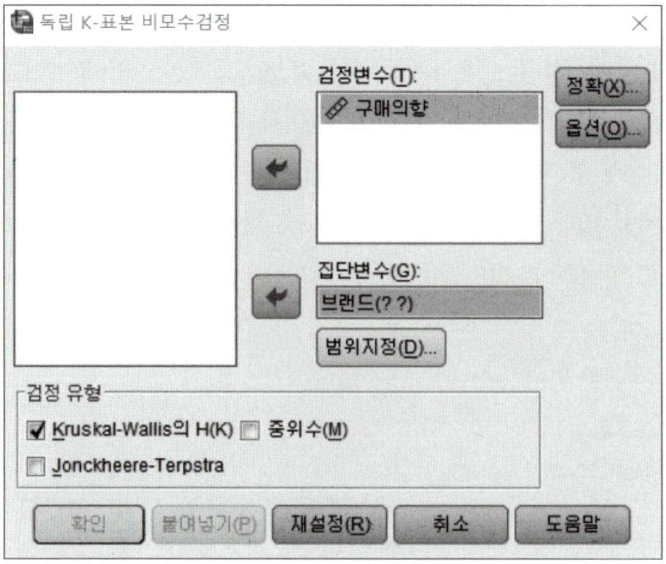

[그림 18-7]

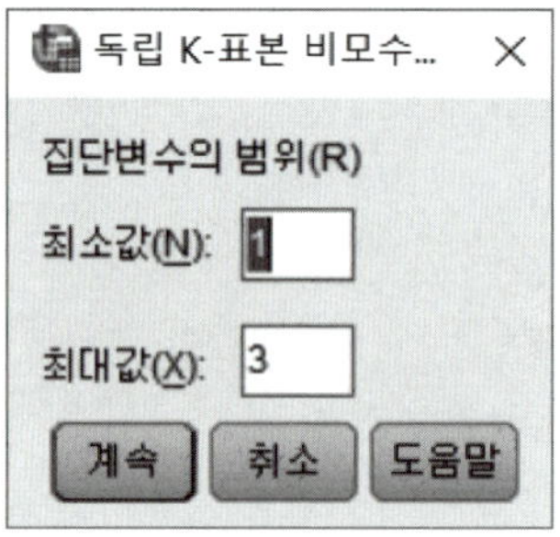

[그림 18-8]

계속을 클릭하여 이전 화면으로 돌아온 후 확인을 클릭하면 결과가 나타난다. (a, b, c) 3개 브랜드의 평균 순위와 검정통계량, 유의확률 0.245 등이 제시된다.

순위

브랜드		N	평균순위
구매의향	a	21	36.14
	b	21	32.07
	c	21	27.79
	합계	63	

검정통계량[a,b]

	구매의향
카이제곱	2.813
자유도	2
근사 유의확률	.245

a. Kruskal Wallis 검정
b. 집단변수: 브랜드

독자들은 앞의 일원배치분산분석 예제 데이터를 비모수적 방법인 Kruskal-Wallis 방법으로 확인해 보기 바란다. 거의 동일한 결과가 나타남을 볼 수 있다.

다음은 R 프로그램을 이용해서 분석한다.

R

예 18.1 데이터 처리 및 데이터 구조 확인

```
① > library(sjmisc )
  > dt18 <- read_spss('D:/MR/예제/18_비모수_3개이상_독립표본.sav')
  > head(dt18, 5L)
    구매의향 브랜드
  1      4     1
  2      4     1
  3      3     1
  4      3     1
  5      3     1
  > str(dt18)
  'data.frame':     63 obs. of  2 variables:
  $ 구매의향: num  4 4 3 3 3 4 5 3 4 4 ...
    ..- attr(*, "format.spss")= chr "F8.2"
  $ 브랜드  : Factor w/ 3 levels "1", "2", "3": 1 1 1 1 1 1 1 1 1 1 ...
```

```
..- attr(*, "labels")= Named num [1:3] 1 2 3
.. ..- attr(*, "names")= chr [1:3] "a" "b" "c"
```

① sjmisc 라이브러리를 활성화하여, read_spss 명령어를 통해 dt18 이름으로 SPSS 데이터를 불러올 수 있다. 해당 데이터는 21명의 응답자로부터 3개 브랜드 (a, b, c)의 신제품에 대한 구매의향을 5점 척도로 평가받은 데이터이다.

head 명령어를 통해 첫 5행에 대한 데이터 입력 형태를 확인하였으며, str 명령어를 통해 dt18 데이터 구조를 확인하였다. dt18 데이터는 데이터 프레임으로 저장되어 있고 63개의 샘플 데이터 및 2개 변수가 있으며, 구매의향은 숫자형(num)으로 저장되어 있으며, 브랜드 변수는 명목형(factor)으로 저장되어 있고 Named num [1:3] 1 2 3를 통해 1, 2, 3에 레이블이 있고, chr [1:3] "a" "b" "c"를 통해 길이가 3인 벡터형으로 1에는 a, 2에는 b, 3에는 c 레이블이 붙어 있음을 알 수 있다. 여기서는 비모수 검정을 통해 3개 브랜드에 대한 구매의향의 분포중심(중앙값)이 모두 동일한지를 알아보고자 하며, 크루스칼-왈리스 검정을 통해 확인할 수 있다.

R

예 18.2 정규성 검정 : N제품

```
② > library(nortest)
> lillie.test(subset(dt18, 브랜드==1)$구매의향) #a

     Lilliefors (Kolmogorov-Smirnov) normality test

data:  subset(dt18, 브랜드 == 1)$구매의향
D = 0.30952, p-value = 1.257e-05

> lillie.test(subset(dt18, 브랜드==2)$구매의향) #b
```

```
    Lilliefors (Kolmogorov-Smirnov) normality test
data:  subset(dt18, 브랜드 == 2)$구매의향
D = 0.31458, p-value = 8e-06

> lillie.test(subset(dt18, 브랜드==3)$구매의향) #c

    Lilliefors (Kolmogorov-Smirnov) normality test

data:  subset(dt18, 브랜드 == 3)$구매의향
D = 0.3372, p-value = 9.526e-07
```

② 모수적 분석 방법인 일원배치분산분석 사용을 검토하기 위해 우선 정규성 검정을 진행하고자 한다. nortest 라이브러리에서 제공하는 lillie.test 명령어를 활용하여 Lilliefors 검정(Kolmogorov-Smirnov 검정의 수정 버전)을 수행할 수 있다.
브랜드별 구매의향 데이터에 대한 정규성 검정을 위해 subset 명령어를 통해 a, b, c 브랜드별 구매의향 데이터를 추출한 후 정규성 검정을 한 결과, a, b, c의 유의확률이 각각 1.257e-05, 8e-06, 9.526e-07으로 유의수준 0.05보다 작아 정규성 가정을 기각한다. 따라서 비모수적 방법을 적용한다.

R

예 18.3 독립표본에 대한 크루스칼-왈리스(Kruskal-Wallis) 검정

```
③ > library(doBy)
  > dt18$rank <- rank(dt18$구매의향)
  > summaryBy(rank~브랜드, data=dt18, FUN=c(length, mean))
    브랜드 rank.length rank.mean
  1      1          21  36.14286
  2      2          21  32.07143
```

```
3   3        21       27.78571
> kruskal.test(구매의향~브랜드, data=dt18)

    Kruskal-Wallis rank sum test

data: 구매의향 by 브랜드
Kruskal-Wallis chi-squared = 2.8135, df = 2, p-value = 0.2449
```

③ 먼저 doBy 라이브러리에서 제공하는 summaryBy 명령어를 통해 브랜드별 순위 평균을 계산하였다. rank 명령어를 통해 구매의향 데이터에 대한 순위 변수를 만든 후, summaryBy(순위 변수 ~ 명목형 변수, 데이터, 함수) 형태를 사용하여 브랜드별 평균 순위를 계산하였다. 브랜드1 > 브랜드2 > 브랜드3 순으로 순위 평균이 높았지만, 비모수적 검정 방법인 크루스칼-왈리스(Kruskal-Wallis) 검정 결과 유의확률이 0.2449로 유의수준 0.05보다 커서 귀무가설을 채택한다. 즉, 통계적으로는 3개 브랜드의 순위 차이가 있다고 볼 수 없다.

CHAPTER

19

3개 이상 집단 대응표본 중심값 검정 : 프리드만 검정

3개 이상 독립집단의 분포중심 차이에 대한 검정에 크루스칼-왈리스 방법을 사용한다면 대응표본에는 프리드만(Friedman) **검정방법을 사용**한다. 실제 조사연구 실무에서는 맛/향기/디자인 등의 신제품 테스트, 광고효과 조사 등 각각의 피평가 대상을 서로 다른 독립적인 집단이 평가하기보다는 한 명의 응답자가 2개 이상의 제품이나 대상을 평가하는 경우가 많다. 이는 2개 이상의 제품이나 대상에 대한 상호 상대평가의 목적도 있지만 CLT, FGD, Gang Survey 등의 조사를 진행하는 데 소요되는 비용과 시간을 단축시키기 위한 목적도 있다.

이렇게 **한 사람이 2개 이상의 대상을 평가하면 개별 응답자의 특성이나 성향이 2개 이상 대상의 평가에 반영될 것이다. 따라서 2개 이상 피평가 대상은 서로 독립적일 수 없으며 이러한 집단을 대응집단**이라고 한다.

(예제 19)는 OO식품회사에서 3개의 즉석식품(Q, X, D)에 대한 컨셉을 차례대로 설명한 후 구매의향을 5점 척도로 질문하여 얻은 데이터이다. 3개 제품에 대한 구매의향의 차이가 있는지를 확인해보자. 먼저 정규성을 확인해 보기 위하여 SPSS 메인화면에서 『분석 → 기술통계량 → 데이터 탐색』을 차례대로 클릭한 후 [그림 19-1] 대화창이 나타나면 종속변수에 각각의 브랜드(Q, X, D)를 입력한다.

(예제 19)

Q	X	D
4.00	3.00	4.00
4.00	4.00	4.00
3.00	2.00	3.00
3.00	3.00	3.00
3.00	3.00	3.00
4.00	4.00	4.00
5.00	5.00	5.00
3.00	3.00	3.00
4.00	5.00	5.00
4.00	4.00	4.00

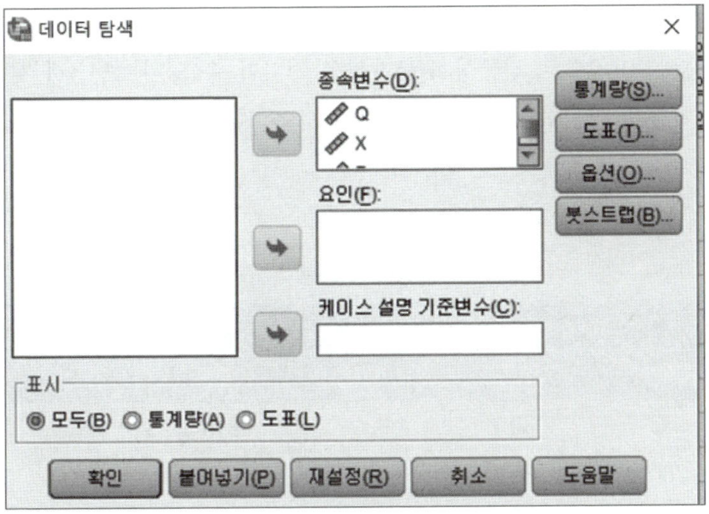

[그림 19-1]

도표를 클릭하여 [그림 19-2] 대화창이 나타나면 '검정과 함께 정규성도표'를 체크한 후 계속을 클릭하여 이전 화면으로 돌아와서 확인을 클릭하면 결과가 나타난다.

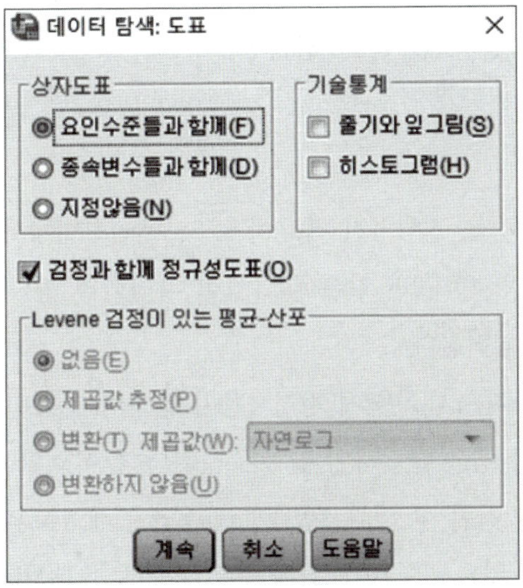

[그림 19-2]

3개 제품의 평균값, 신뢰구간, 분산 등 기초통계량과 다음과 같은 정규성 검정 결과가 나타난다. 유의확률이 0.00으로 정규성 귀무가설을 기각할 수 있다. 즉, 3개 제품의 구매의향 데이터가 모두 정규분포를 하는 모집단으로부터 추출되었다고 할 수 없으므로 비모수적 방법을 사용한다.

정규성 검정

	Kolmogorov-Smirnova			Shapiro-Wilk		
	통계량	자유도	유의확률	통계량	자유도	유의확률
Q	.233	30	.000	.813	30	.000
X	.260	30	.000	.868	30	.001
D	.256	30	.000	.787	30	.000

비모수 검정은 평균값이 아닌 분포의 중심값 위치 차이의 유의성을 검정하므로 다음과 같은 가설을 설정한다.

> 귀무가설 H_0 : 3개 제품 구매의향의 분포중심(중앙값)은 모두 동일하다
> 대립가설 H_1 : 3개 제품 구매의향의 분포중심(중앙값)은 모두 동일하지 않다.

프리드만(Friedman) 검정을 진행하기 위하여 SPSS 메인화면에서 『분석 → 비모수검정 → 대응표본』을 클릭하여 [그림 19-3]과 같은 대화창이 나타나면 필드를 선택한 후 검정필드에 3개의 브랜드(Q, X, D)를 입력한다.

설정을 선택하여 [그림 19-4] 대화창에 검정사용자 정의의 '분포비교-프리드만', 다중비교-모든대응별을 선택한 후 실행을 클릭하면 결과가 나타난다. 유의확률이 0.076으로 95% 신뢰수준하에서 귀무가설을 기각할 수 없다. 즉, 3개 제품의 구매의향은 통계적으로 유의한 차이가 난다고 할 수 없다. 다음은 레거시 대화상자를 이용해서 분석해 본다. SPSS 메인화면에서 『분석 → 비모수검정 → 레거시 대화상자 → 대응K표본』을 차례대로 클릭하여 [그림 19-5] 대화창이 나타나면 검정변수에 (Q, X, D)를 입력한 후 Friedman(F)을 체크하고 확인을 클릭하면 결과가 나타난다.

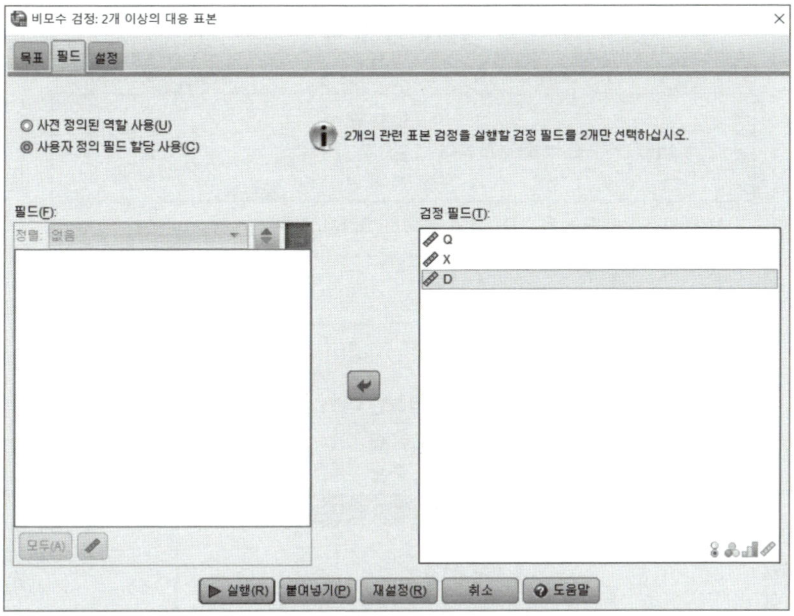
비모수 검정: 2개 이상의 대응 표본
목표
필드
설정
사전 정의된 역할 사용(U)
사용자 정의 필드 할당 사용(C)
2개의 관련 표본 검정을 실행할 검정 필드를 2개만 선택하십시오.
필드(F):
정렬: 없음
검정 필드(T):
Q
X
D
모두(A)
실행(R)
붙여넣기(P)
재설정(R)
취소
도움말

[그림 19-3]

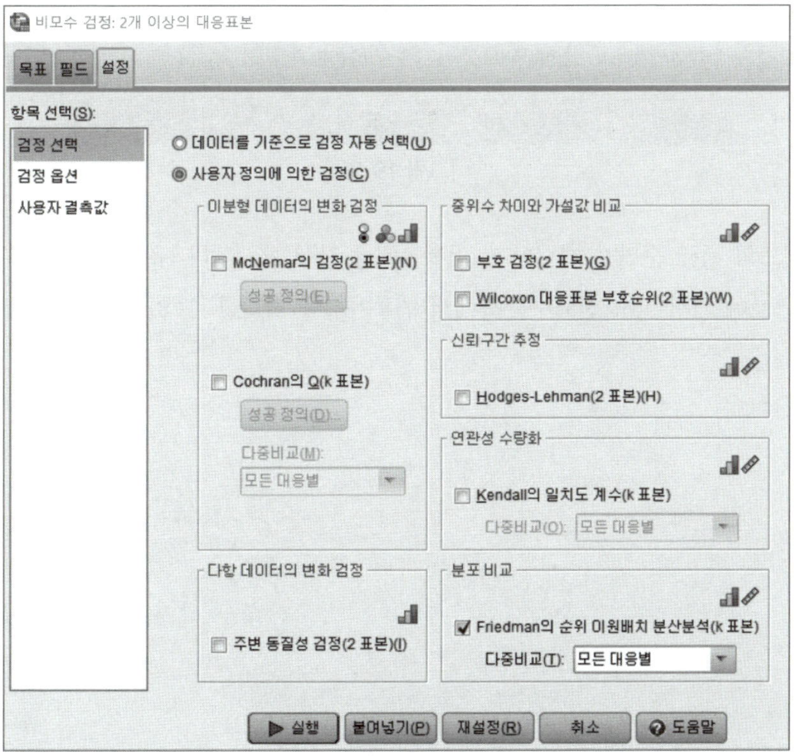
비모수 검정: 2개 이상의 대응표본
목표
필드
설정
항목 선택(S):
검정 선택
검정 옵션
사용자 결측값
데이터를 기준으로 검정 자동 선택(U)
사용자 정의에 의한 검정(C)
이분형 데이터의 변화 검정
McNemar의 검정(2 표본)(N)
성공 정의(E)...
Cochran의 Q(k 표본)
성공 정의(D)...
다중비교(M):
모든 대응별
중위수 차이와 가설값 비교
부호 검정(2 표본)(G)
Wilcoxon 대응표본 부호순위(2 표본)(W)
신뢰구간 추정
Hodges-Lehman(2 표본)(H)
연관성 수량화
Kendall의 일치도 계수(k 표본)
다중비교(O):
모든 대응별
다항 데이터의 변화 검정
주변 동질성 검정(2 표본)(I)
분포 비교
Friedman의 순위 이원배치 분산분석(k 표본)
다중비교(T):
모든 대응별
실행
붙여넣기(P)
재설정(R)
취소
도움말

[그림 19-4]

가설검정 요약

	귀무가설	검정	Sig.	의사결정
1	Q, X and D의 분포는 동일합니다.	대응 표본 Friedman의 순위별 분산 이차원 분석	.076	귀무가설을 유지합니다.

근사 유의수준이 표시됩니다. 유의 수준은 .05입니다.

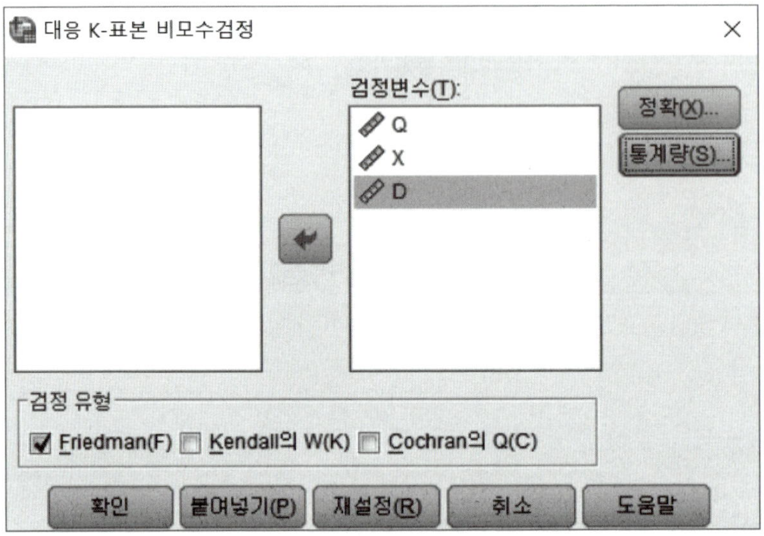

[그림 19-5]

3개 브랜드의 평균 순위가 제시되고, 검정통계량 값이 제시된다. 유의확률이 0.076으로 유의확률 0.05보다 커서 95% 신뢰수준하에서 귀무가설을 기각할 수 없다.

순위

	평균순위
Q	2.20
X	1.90
D	1.90

검정통계량

N	30
카이제곱	5.143
자유도	2
근사 유의확률	.076

그러나 95% 신뢰수준하에서는 귀무가설을 기각할 수 없지만 유의확률이 0.076으로 0.1보다는 작으므로 90% 신뢰수준 하에서는 귀무가설을 기각할 수 있다.

이처럼 **유의수준을 어떻게 설정하느냐에 따라 귀무가설의 기각 여부가 달라지고, 유의수준은 연구자가 결정하는 데 조사 연구 결과의 중요성과 실무적 사용 용도 등을 고려하여 결정한다.**

또한 다양한 연구조사에서 사용하는 가설검정은 유의확률을 주로 보는데 표본 수가- 커지면 유의확률이 작아지는 경향이 있어서 이 또한 실무적 관점에서는 주의가 필요하다.

예를 들어 K개 집단의 평균값 차이에 대한 유의성 검정을 한다고 할 때 집단 간 평균값 차이가 비슷하다고 해도 표본 수에 따라 유의확률이 달라진다. 즉, 실제 모집단은 유의한 차이가 나도 표본 수가 작으면 유의확률이 커서 유의하지 않다고 판단될 가능성이 있으며 반대로 모집단은 유의한 차이가 나지 않음에도 불구하고 표본 수가 크면 유의확률이 작아서 유의하다고 판단될 가능성이 있다.

따라서 **실무에서 의사결정을 할 때는 통계적 이론에 의한 원칙도 중요하지만 실무적 관점에서의 의사결정도 중요하다**는 게 수십년 동안 실무에서 조사연구를 수행한 저자들의 생각이다.

다음은 R 프로그램을 이용해서 분석한다.

R

예 19.1 데이터 처리 및 데이터 구조 확인

```
① > library(sjmisc)
  > dt19 <- read_spss('D:/MR/예제/19_비모수_3개이상_대응표본.sav')
  > head(dt19, 5L)
    Q X D
  1 4 3 4
  2 4 4 4
  3 3 2 3
  4 3 3 3
  5 3 3 3
  > str(dt19)
  'data.frame':     30 obs. of  3 variables:
  $ Q: num  4 4 3 3 3 4 5 3 4 4 ...
    ..- attr(*, "format.spss")= chr "F8.2"
  $ X: num  3 4 2 3 3 4 5 3 5 4 ...
    ..- attr(*, "format.spss")= chr "F8.2"
  $ D: num  4 4 3 3 3 4 5 3 5 4 ...
    ..- attr(*, "format.spss")= chr "F8.2"
```

① sjmisc 라이브러리를 활성화하여, read_spss 명령어를 통해 dt19 이름으로 SPSS 데이터를 불러올 수 있다. 해당 데이터는 OO식품회사에서 3개의 즉석식품 (Q, X, D)에 대한 컨셉을 차례대로 설명한 후 30명의 응답자로부터 구매의향을 질문하여 얻은 데이터이다.

head 명령어를 통해 첫 5행에 대한 데이터 입력 형태를 확인하였으며, str 명령어를 통해 dt19 데이터 구조를 확인하였다. dt19 데이터는 데이터 프레임으로 저장되어 있고 30개의 샘플 데이터 및 3개 변수가 있으며, Q, X, D 변수는 숫자형(num)으로 저장되어 있음을 확인할 수 있다. 여기서는 비모수 검정을 통해 동일한 응답자로부터 얻은

3개 제품에 대한 구매의향의 분포중심(중앙값)이 모두 동일한지를 알아보고자 하며, 프리드만 검정을 통해 확인할 수 있다.

R

예 19.2 정규성 검정

②
```
> shapiro.test(dt19$Q)

        Shapiro-Wilk normality test

data:  dt19$Q
W = 0.81252, p-value = 0.0001118

> shapiro.test(dt19$X)

        Shapiro-Wilk normality test

data:  dt19$X
W = 0.86771, p-value = 0.00149

> shapiro.test(dt19$D)

        Shapiro-Wilk normality test

data:  dt19$D
W = 0.78672, p-value = 3.79e-05
```

② 모수적 검정인 샤피로-윌크(Shapiro-Wilk) 검정 결과, Q, X, D 변수는 각각 유의확률이 0.0001118, 0.00149, 3.79e-05로 유의수준 0.05보다 작아 귀무가설을 기각한다. 즉, 정규분포에 대한 가정을 기각하게 된다.

R

예 19.3 대응표본에 대한 프리드만(Friedman) 검정

```
③ > library(reshape2)
  > dt19$id <- 1:nrow(dt19)
  > dt19.long <- melt(dt19, id.vars="id",
  +                  measure.vars=c("Q", "X", "D"),
  +                  variable.name="즉석식품컨셉",
  +                  value.name="구매의향" )

  > friedman.test(구매의향 ~ 즉석식품컨셉 | id, data=dt19.long)

        Friedman rank sum test

  data:  구매의향 and 즉석식품컨셉 and id
  Friedman chi-squared = 5.1429,
  df = 2, p-value = 0.07643

  > colMeans(t(apply(dt19[,1:3],1,rank))) #SPSS에서 제공하는 평균순위
   Q   X   D
  2.2 1.9 1.9
```

③ 대응표본에 대한 프리드만(Friedman) 검정을 하기 위해, 먼저 reshape2 라이브러리를 활성화하고 응답자에 대한 변수(id)를 추가한 후 melt 명령어를 사용하여 데이터를 long 포맷으로 전환하였다. 프리드만 검정은 friedman.test 명령어를 사용하며, friedman.test(반응변수~명목형 변수 | 응답자 식별변수, 데이터) 형태로 사용한다. 분석 결과, 유의확률은 0.07643으로 유의수준 0.05 기준에서는 귀무가설을 채택한다. 즉 Q, X, D 즉석식품컨셉의 구매의향은 차이가 있다고 보기 어렵다. 참고로 SPSS에서는 3개 변수에 대한 평균순위를 제공하는데, 이는 낮은 점수에 높은 순위를 부여하고 동점에 대해서는 평균 순위를 부여한 결과이다.

찾아보기